Ley reguladora de la Jurisdicción Contencioso-administrativa

Biblioteca de Textos Legales

CONSEJO ASESOR

Ignacio Arroyo Martínez
Rodrigo Bercovitz Rodríguez-Cano
Enrique Gimbernat Ordeig
Juan Martín Queralt

Ley reguladora de la Jurisdicción Contencioso-administrativa

Edición preparada por
JOSÉ ANTONIO COLMENERO GUERRA
Profesor Titular de Derecho Procesal
de la Universidad Pablo de Olavide de Sevilla

Bajo la dirección de
VÍCTOR MORENO CATENA
Catedrático de Derecho Procesal
de la Universidad Carlos III de Madrid

VIGÉSIMA SEXTA EDICIÓN

1.ª edición, 1998
26.ª edición, septiembre 2025
(edición cerrada en junio 2025)

Diseño de cubierta: J. M. Domínguez y J. Sánchez Cuenca

© del prólogo, VÍCTOR MORENO CATENA, 1998
© de las notas, JOSÉ ANTONIO COLMENERO GUERRA y VÍCTOR MORENO
   CATENA, 2025
© de la edición, EDITORIAL TECNOS (GRUPO ANAYA, S.A.), 2025
   Valentín Beato, 21 - 28037 Madrid

PAPEL DE FIBRA
CERTIFICADA

ISBN: 978-84-309-9301-7
Depósito Legal: M-14242-2025

Printed in Spain

ÍNDICE SISTEMÁTICO

MODIFICACIONES A LA LEY REGULADORA
DE LA JURISDICCIÓN CONTENCIOSO-ADMINISTRATIVA

PRÓLOGO

Tras más de cuarenta años de vigencia de la Ley de la Jurisdicción Contencioso-administrativa (LJCA) de 27 de diciembre de 1956, las Cortes Generales acaban de aprobar un nuevo texto que sustituye a este cuerpo legal, sin duda uno de los más importantes de todo el sistema jurídico español no sólo por lo que representa en sí una ley de esta envergadura, sino sobre todo porque la LJCA de 1956 supuso una ruptura esencial con la situación anterior, abriendo el ordenamiento español al efectivo control jurisdiccional de la Administración, así como por la claridad y técnica normativa que se elogia con la inmensa mayoría de juristas.

A pesar de todo, y sin desdecir ni un ápice las excelencias de la ley que ahora se deroga, la realidad de la justicia administrativa en España ha llegado a ser en la actualidad absolutamente desoladora, pues el incremento exponencial de la litigiosidad en este orden jurisdiccional no se ha acompasado con las precisas reformas para hacerle frente, y se ha ido acumulando también exponencialmente el número de asuntos pendientes.

A esta situación de práctico colapso se ha llegado por la concurrencia en el tiempo de un conjunto heterogéneo de factores, entre los que se pueden citar en primer lugar el ya conocido y recurrente de la carencia de medios materiales y de medios personales, sin que esto suponga olvidar que se han hecho importantes y meritorios esfuerzos presupuestarios para mitigar las insuficiencias de la jurisdicción, también en el orden contencioso-administrativo, aunque los ritmos de reacción del poder político han ido muy por detrás de las demandas sociales (en este caso, de las demandas contencioso-administrativas). Junto con este elemento ya tradicional de la carencia de medios, adobado tal vez con una cierta complacencia de los poderes públicos, era también imprescindible poner al día los instrumentos normativos con los que opera la jurisdicción y tiene que responder eficazmente, pues la realidad litigiosa presente está muy lejos, no sólo en el tiempo, de la que afrontó el legislador de 1956, y en el momento presente nos hallamos ante un embalsamiento de más de trescientos mil procesos contencioso-administrativos pendientes, realidad ante la que se ven impotentes las instituciones para darle salida en un plazo razonable.

En tal estado de cosas, la situación del orden jurisdiccional administrativo no admitía soluciones parciales, de cortas miras, sino que demandaba una respuesta rotunda, valiente y global. Esta respuesta rupturista con la Ley de 1956, sin abdicar de los méritos que la adornaron, se ha producido en varios frentes, que van desde la organización de los tribunales hasta los principios del procedimiento.

Desde el punto de vista de la organización judicial, la Ley jurisdiccional de 1998 presenta una innovación sustancial que merece una especial ponderación, pues definitivamente se consigue poner en funcionamiento los Juzgados de lo Contencioso-administrativo, que son órganos unipersonales con competencia para resolver en asuntos de menor entidad económica o jurídica, regulados ya en la Ley Orgánica del Poder Judicial (LOPJ) de 1985, pero que hasta el presente no han sido creados, a la espera de la que se ha convertido en la última de las leyes anunciadas y prometidas (en estrictos términos, exigidas) por la Disposición Adicional 1.ª de la LOPJ.

No obstante, con la obligada modificación de la LOPJ por la LO 6/1998, de 13 de julio, se han regulado ahora unos desconocidos Juzgados Centrales de lo Contencioso-administrativo, órganos unipersonales que se insertan en el ámbito de la Audiencia Nacional, haciendo crecer una vez más el entramado judicial que se creó en los Decretos-leyes de 4 de enero de 1977, cuando se suprimió el Tribunal y los Juzgados de Orden Público. Si bien se mira, y con independencia de estos extravagantes órganos, rechazados con sólidos argumentos por algunos grupos parlamentarios, la organización judicial en el orden contencioso-administrativo es totalmente continuista con la situación anterior, y ni siquiera se ha llegado a considerar que la distribución de los asuntos dejara de responder al criterio de la jerarquía del acto, sino al de su naturaleza y contenido.

De todos modos, la Ley de la Jurisdicción Contencioso-administrativa de 1998 llega tarde, pero no sólo tarde respecto del compromiso de remitir una ley jurisdiccional en el plazo de un año que

se impuso al Gobierno en 1985, sino también porque es práctica-
mente (con algunas modificaciones, que no siempre introducen
mejoras) el texto que se había aprobado por consenso en la anterior legislatura y que por la disolución anticipada de las Cortes no
pudo terminar su tramitación parlamentaria y entrar en vigor, con
lo que hubiéramos adelantado dos años en el empeño de hacer
funcionar esta orden jurisdiccional. Pero, aunque tardía, la nueva
ley no puede por menos que ser recibida con esperanza, ya que
contiene efectivamente algunos elementos muy importantes que pueden funcionar como piezas útiles y piedras angulares de la Jurisdicción Contencioso-administrativa del siglo XXI.

La primera idea motriz de la ley, a la que era ajena de ley de
1956, es dispensar a los ciudadanos una tutela judicial efectiva en
la justicia administrativa, aunque no olvida la posición de defensa
de los intereses públicos que las Administraciones representan; la
perspectiva ahora ha cambiado sustancialmente, y el punto de
mira debe ponerse en quien demanda justicia, que es el fin esencial
de la jurisdicción; naturalmente que para ello el aparato judicial
debe funcionar con eficacia y eliminar los insoportables atascos,
pero no porque estética o funcionalmente los retrasos no sean
sostenibles, sino esencialmente porque con ellos se está vulnerando
el derecho fundamental a la tutela judicial efectiva, precisamente
por los órganos estatales encargados de su defensa y satisfacción,
los tribunales de justicia.

Así pues, la Ley de la Jurisdicción Contencioso-administrativa
de 1998 pretende regular durante las próximas décadas la actividad de los órganos del Poder Judicial para dispensar a los ciudadanos una tutela efectiva de sus derechos e intereses legítimos
frente a las Administraciones Públicas, y para controlar potestad
reglamentaria y de la legalidad de la actuación administrativa, de
acuerdo con los preceptos y principios constitucionales.

Es verdad que las leyes procesales y las normas de organización
de tribunales, por sí solas, no sirven para resolver los problemas de
la litigiosidad en un determinado orden jurisdiccional, pero también es cierto que pueden a veces crear algunos problemas de difícil solución, o provocar por defectos de técnica legislativa o por
una inadecuada concepción y desarrollo del proceso, atascos des-
comunales o auténticos colapsos en la Administración de Justicia,
que requieran soluciones de emergencia que casi nunca acaban de
arreglar la situación.

La Ley de la Jurisdicción Contencioso-administrativa de 1998
presenta indudables aciertos, aunque contiene defectos importan-

tes, en algunos casos fruto de la precipitación y de la improvisación con que en la discusión parlamentaria se han conducido los diversos grupos.

Una de las primeras características de la nueva ley es la definición más precisa y completa del ámbito de la Jurisdicción Contencioso-administrativa, sujetando al control judicial cualquier actividad tanto de las Administraciones Públicas como de órganos públicos que no forman parte de la Administración cuando esté sujeta al Derecho administrativo.

Especial mención merece a este respecto la atribución a la jurisdicción Contencioso-administrativa de todos los procesos en que se ventile la exigencia de responsabilidad patrimonial de la Administración Pública, evitando la dispersión en diferentes órdenes jurisdiccionales, aunque se mantiene la competencia de la jurisdicción penal para la responsabilidad derivada de los actos delictivos. Aunque pueda compartirse el principio, eliminando la competencia del orden civil o laboral cuando de exigencia de responsabilidad patrimonial se trate, es lo cierto que al legislador le han pasado desapercibidos todos los graves problemas que la responsabilidad patrimonial de la Administración suscita, al tratarse siempre de una responsabilidad por hecho ajeno, que puede ser, a su vez, directa o subsidiaria, con lo que la intervención de las personas que intervinieron en los hechos es determinante a la hora de establecer la responsabilidad y de cuantificarla.

No se halla alejada de esta cuestión la intervención de las partes en el proceso contencioso-administrativo, materia en la que el legislador ha sido continuista, recogiendo las modificaciones que se han ido produciendo a lo largo de los años. Se atribuye legitimación activa con más amplitud, pero el legislador ha encorsetado deliberadamente las posibilidades que la LOPJ abrió en punto a la legitimación de grupos. Presenta como un logro la ley la supresión de la figura del coadyuvante, aunque más bien parece todo lo contrario, puesto que no cabe duda alguna de que, si bien son tutelables tanto los derechos subjetivos como los intereses legítimos, es lo cierto que hay intereses subordinados y la figura del coadyuvante desempeñaba un papel de gran relevancia para entender y sustanciar un buen número de procesos administrativos.

Aún en el ámbito de la intervención de las partes en el proceso, es preciso destacar con un criterio desfavorable lo que parece ser una concesión corporativa: la preceptiva intervención de abogado en todos los procedimientos, cualquiera que sea la materia, la cuantía y el órgano jurisdiccional ante el que se sustancie, de tal manera que en una impugnación por una multa de tráfico de cinco mil pesetas debe el recurrente comparecer asistido de abogado.

En la tipología de los procesos la ley establece dos ordinarios y tres especiales, el primero de ellos para la protección de los derechos fundamentales —lo que implica la derogación de la Ley 62/1978—, el segundo para la cuestión de ilegalidad y el tercero para la suspensión administrativa previa de acuerdos. Pero lo más importante es señalar que efectivamente se abordan las especialidades en el proceso contencioso-administrativo derivadas del objeto del litigio y, muy especialmente, cuando se trata de la impugnación de disposiciones de carácter general, el recurso contra la inactividad de la Administración y el planteado contra actuaciones constitutivas de vías de hecho.

Como una concesión a la oralidad, durante la tramitación parlamentaria se ha introducido en la ley un nuevo proceso abreviado, a través del cual los Juzgados de lo Contencioso-administrativo habrán de resolver determinados asuntos de menor relevancia económica —de hasta 500.000 pesetas— o de personal que no afecten al nacimiento o extinción de la relación de servicio de los funcionarios públicos de carrera. Esto da idea de que el tipo de asuntos que se van a ventilar por este cauce serán esencialmente todo el grueso del derecho administrativo sancionador y los asuntos de personal; es decir, un muy elevado porcentaje del total de los procesos contencioso-administrativos. Con esta premisa era esperable una cuidadosa y cerrada regulación, que, sin embargo, no se ha producido. El procedimiento se introdujo en la Comisión del Congreso, en donde se establecían, en ocho apartados, sus líneas básicas con un marcado carácter oral; al final de la discusión en la Comisión del Senado los ocho apartados pasaron a ser los actuales veintitrés, en donde de forma sincopada se pretende diseñar todo el procedimiento oral, pero el resultado no ha sido muy relevante. En efecto, incidiendo en aspectos muy circunstanciales y poco relevantes se dejan huérfanos de regulación un buen número de problemas que el proceso suscita, de modo que una vez más la precipitación ha hecho mella en el legislador, y ha empañado la feliz idea de proporcionar una justicia rápida en los asuntos a que se contrae este procedimiento.

El régimen de recursos comprende la apelación para algunas sentencias dictadas por los Juzgados de lo Contencioso-administrativo y varios recursos de casación, con la indudable complicación normativa, que se resuelve no sin problemas de aplicación, de la existencia del Derecho autonómico y de los Tribunales Superiores de Justicia y la obligada unificación en la interpretación y aplicación del emanado de las Comunidades Autónomas en esa instancia judicial.

Finalmente se introducen medidas cautelares que pueden resultar eficaces si de una vez por todas cala en la cultura judicial española la virtualidad de este mecanismo asegurador y, en algún caso, anticipador de la tutela judicial.

Es de destacar, por último, el avance que para la ejecución de las sentencias y, en definitiva, para la efectividad de la tutela judicial suponen las normas reguladoras de la ejecución, que introducen mecanismos de garantía que permiten mirar con optimismo el futuro de este «agujero negro» de la jurisdicción, especialmente en el orden administrativo.

Así pues, debemos dar la bienvenida a la Ley de la Jurisdicción Contencioso-administrativa de 1998, que da un paso muy importante en la doble dirección de proporcionar a los ciudadanos una tutela judicial más efectiva en el ejercicio de sus derechos e intereses legítimos y, por otra parte, permite un control más eficaz por los tribunales de la potestad reglamentaria, de la legalidad de la actuación administrativa y del sometimiento de la Administración Pública a los fines que la justifican. Como siempre, crucemos los dedos a la hora de poner en práctica la ley; una *vacatio* de cinco meses, con el debido estudio y preparación, pueden permitir afrontar su entrada en vigor con tranquila esperanza.

VÍCTOR MORENO CATENA

Madrid, 16 de julio de 1998

LEY 29/1998, DE 13 DE JULIO, REGULADORA DE LA JURISDICCIÓN CONTENCIOSO-ADMINISTRATIVA

(*BOE* n.º 167, de 14 de julio de 1998)

EXPOSICIÓN DE MOTIVOS

I. JUSTIFICACIÓN DE LA REFORMA

La Jurisdicción Contencioso-administrativa es una pieza capital de nuestro Estado de Derecho. Desde que fue instaurada en nuestro suelo por las Leyes de 2 de abril y 6 de julio de 1845, y a lo largo de muchas vicisitudes, ha dado sobrada muestra de sus virtualidades. Sobre todo desde que la Ley de 27 de diciembre de 1956 la dotó de las características que hoy tiene y de las atribuciones imprescindibles para asumir la misión que le corresponde de controlar la legalidad de la actividad administrativa, garantizando los derechos e intereses legítimos de los ciudadanos frente a las extralimitaciones de la Administración.

Dicha Ley, en efecto, universalmente apreciada por los principios en los que se inspira y por la excelencia de su técnica, que combina a la perfección rigor y sencillez, acertó a generalizar el control judicial de la actuación administrativa, aunque con algunas excepciones notorias que imponía el régimen político bajo el que fue aprobada. Ratificó con énfasis el carácter judicial del orden contencioso-administrativo, ya establecido por la legislación precedente, preocupándose por la especialización de sus Magistrados. Y dio luz a un procedimiento simple y en teoría ágil, coherente con su propósito de lograr una justicia eficaz y ajena a interpretaciones y prácticas formalistas que pudieran enervar su buen fin. De esta manera, la Ley de la Jurisdicción Contencioso-administrativa de 1956 abrió una vía necesaria, aunque no suficiente, para colmar las numerosas lagunas y limitaciones históricas de nuestro Estado de Derecho, oportunidad que fue adecuadamente aprovechada por una jurisprudencia innovadora, alentada por el espectacular desarrollo que ha experimentado la doctrina española del Derecho Administrativo.

Sin embargo, las cuatro décadas transcurridas desde que aquella Ley se aprobó han traído consigo numerosos y trascendentales cambios, en el ordenamiento jurídico, en las instituciones político-administrativas y en la sociedad. Estos cambios exigen, para alcanzar los mismos fines institucionales, soluciones necesariamente nuevas, pues, no obstante la versatilidad de buena parte de su articulado, la Ley de 1956 no está ajustada a la evolución del ordenamiento y a las demandas que la sociedad dirige a la Administración de Justicia.

Ante todo, hay que tener en cuenta el impacto producido por la Constitución de 1978. Si bien algunos de los principios en que ésta se funda son los mismos que inspiraron la reforma jurisdiccional de 1956 y que fue deduciendo la jurisprudencia elaborada a su amparo, es evidente que las consecuencias que el texto constitucional depara en punto al control judicial de la actividad administrativa son muy superiores. Sólo a raíz de la Constitución de 1978 se garantizan en nuestro país plenamente los postulados del Estado de Derecho y, entre ellos,

el derecho de toda persona a la tutela judicial efectiva de sus derechos e intereses legítimos, el sometimiento de la Administración pública a la Ley y al derecho y el control de la potestad reglamentaria y de la legalidad de la actuación administrativa por los Tribunales. La proclamación de estos derechos y principios en la Constitución y su eficacia jurídica directa han producido la derogación implícita de aquellos preceptos de la Ley Jurisdiccional que establecían limitaciones en el acceso a los recursos o en su eficacia carentes de justificación en un sistema democrático. Pero el alcance de este efecto derogatorio en relación a algunos extremos de la Ley de 1956 ha seguido siendo objeto de polémica, lo que hacía muy conveniente una clarificación legal. Además, la jurisprudencia, tanto constitucional como contencioso-administrativa, ha extraído de los principios y preceptos constitucionales otras muchas reglas, que imponen determinadas interpretaciones de dicha Ley, o incluso sostienen potestades y actuaciones judiciales no contempladas expresamente en su texto. Por último, la influencia de la Constitución en el régimen de la Jurisdicción Contencioso-administrativa no se reduce a lo que disponen los artículos 9.1, 24, 103.1 y 106.1.

De manera más o menos mediata, la organización, el ámbito y extensión material y el funcionamiento de este orden jurisdiccional se ve afectado por otras muchas disposiciones constitucionales, tanto las que regulan principios sustantivos y derechos fundamentales, como las que diseñan la estructura de nuestra Monarquía parlamentaria y la organización territorial del Estado. Como el resto del ordenamiento, también el régimen legal de la Jurisdicción Contencioso-administrativa debe adecuarse por entero a la letra y al espíritu de la Constitución.

Por otra parte, durante los últimos lustros la sociedad y la Administración españolas han experimentado enormes transformaciones. La primera es hoy incomparablemente más desarrollada, más libre y plural, emancipada y consciente de sus derechos que hace cuarenta años. Mientras, la Administración reducida, centralizada y jerarquizada de antaño se ha convertido en una organización extensa y compleja, dotada de funciones múltiples y considerables recursos, descentralizada territorial y funcionalmente. Al hilo de estas transformaciones han variado en buena medida y se han diversificado las formas jurídicas de la organización administrativa, los fines, el contenido y las formas de la actividad de la Administración, los derechos que las personas y los grupos sociales ostentan frente a ella y, en definitiva, el sistema de relaciones regido por el Derecho Administrativo.

Todos estos cambios repercuten de una u otra forma sobre la Jurisdicción contencioso-administrativa. Concebida en origen como jurisdicción especializada en la resolución de un limitado número de conflictos jurídicos, ha sufrido hasta la saturación el extraordinario incremento de la litigiosidad entre ciudadanos y Administraciones y de éstas entre sí que se ha producido en los últimos tiempos. En este aspecto los problemas son comunes a los que los sistemas de control judicial de la Administración están soportando en otros muchos países. Pero además, el instrumental jurídico que en el nuestro se otorga a la Jurisdicción para el cumplimiento de sus fines ha quedado relativamente desfasado. En particular, para someter a control jurídico las actividades materiales y la inactividad de la Administración, pero también para hacer ejecutar con prontitud las propias decisiones judiciales y para adoptar medidas cautelares que aseguren la eficacia del proceso. De ahí que, pese al aumento de los efectivos de la Jurisdicción, pese al esfuerzo creativo de la jurisprudencia, pese al desarrollo de la justicia cautelar y a otros remedios parciales, la Jurisdicción Contencioso-administrativa esté atravesando un período crítico ante el que es preciso reaccionar mediante las oportunas reformas.

Algunas de ellas, ciertamente, ya han venido afrontándose por el legislador en diferentes textos, más lejanos o recientes. De hecho, las normas que han modificado o que complementan en algún aspecto el régimen de la Jurisdicción son ya tan numerosas y dispersas que justificarían de por sí una refundición.

La reforma que ahora se aborda, que toma como base los trabajos parlamentarios realizados durante la anterior Legislatura —en los que se alcanzó un estimable grado de consenso en muchos aspectos—, va bastante más allá. De un lado tiene en cuenta esas modificaciones parciales o indirectas, pero no sólo para incorporarlas a un texto único, sino también para corregir aquellos de sus elementos que la práctica judicial o la crítica doctrinal han revelado inapropiados o susceptibles de mejora. De otro lado, pretende completar la adecuación del régimen jurídico del recurso contencioso-administrativo a los valores y principios constitucionales, tomando en consideración las aportaciones de la jurisprudencia del Tribunal Constitucional y del Tribunal Supremo, la nueva organización del Estado y la evolución de la doctrina jurídica. Por último, persigue dotar a la Jurisdicción Contencioso-administrativa de los instrumentos necesarios para el ejercicio de su función, a la vista de las circunstancias en que hoy en día se enmarca.

Desde este último punto de vista, la reforma compagina las medidas que garantizan la plenitud material de la tutela judicial en el orden Contencioso-administrativo y el criterio favorable al ejercicio de las acciones y recursos y a la defensa de las partes, sin concesión alguna a tentaciones formalistas, con las que tienen por finalidad agilizar la resolución de los litigios. La preocupación por conseguir un equilibrio entre las garantías, tanto de los derechos e intereses públicos y privados en juego como del acierto y calidad de las decisiones judiciales, con la celeridad de los procesos y la efectividad de lo juzgado constituye uno de los ejes de la reforma. Pues es evidente que una justicia tardía o la meramente cautelar no satisfacen el derecho que reconoce el artículo 24.1 de la Constitución.

Bien es verdad que lograr una justicia ágil y de calidad no depende solamente de una reforma legal. También es cierto que el control de la legalidad de las actividades administrativas puede y debe ejercerse asimismo por otras vías complementarias de la judicial, que sería necesario perfeccionar para evitar la proliferación de recursos innecesarios y para ofrecer fórmulas poco costosas y rápidas de resolución de numerosos conflictos. Pero, en cualquier caso, el régimen legal de la Jurisdicción Contencioso-administrativa, insustituible en su doble función garantizadora y creadora de jurisprudencia, debe adaptarse a las condiciones del momento para hacer posible aquel objetivo.

En virtud de estas premisas, la reforma es a la vez continuista y profundamente renovadora. Continuista porque mantiene la naturaleza estrictamente judicial que la Jurisdicción Contencioso-administrativa ya tenía en la legislación anterior y que la Constitución ha venido a consolidar definitivamente; porque mantiene asimismo el carácter de juicio entre partes que el recurso contencioso-administrativo tiene y su doble finalidad de garantía individual y control del sometimiento de la Administración al derecho, y porque se ha querido conser-

var, conscientemente, todo aquello que en la práctica ha funcionado bien, de conformidad con los imperativos constitucionales.

No obstante, la trascendencia y amplitud de las transformaciones a las que la institución debe acomodarse hacían inevitable una revisión general de su régimen jurídico, imposible de abordar mediante simples retoques de la legislación anterior. Además, la reforma no sólo pretende responder a los retos de nuestro tiempo, sino que, en la medida de lo posible y con la necesaria prudencia, mira al futuro e introduce aquí y allá preceptos y cláusulas generales que a la doctrina y a la jurisprudencia corresponde dotar de contenido preciso, con el fin de perfeccionar el funcionamiento de la Jurisdicción.

II.   ÁMBITO Y EXTENSIÓN
DE LA JURISDICCIÓN
CONTENCIOSO-ADMINISTRATIVA

Fiel al propósito de no alterar más de lo necesario la sistemática de la Ley anterior, el nuevo texto legal comienza definiendo el ámbito propio, el alcance y los límites de la Jurisdicción Contencioso-administrativa. Respetando la tradición y de conformidad con el artículo 106.1 de la Constitución, se la asigna el control de la potestad reglamentaria y de la legalidad de la actuación administrativa sujeta a Derecho Administrativo. Sin embargo, la Ley incorpora a la definición del ámbito de la Jurisdicción ciertas novedades, en parte obligadas y todas ellas trascendentales.

En primer lugar, era necesario actualizar el concepto de Administración pública válido a los efectos de la Ley, en atención a los cambios organizativos que se han venido produciendo y en conexión con lo que disponen otras Leyes. También era imprescindible confirmar en ésta la sujeción al enjuiciamiento de la Jurisdicción Contencioso-administrativa de actos y disposiciones emanados de otros órganos públicos que no forman parte de la Administración, cuando dichos actos y disposiciones tienen, por su contenido y efectos, una naturaleza materialmente administrativa. Sin intención de inmiscuirse en ningún debate dogmático, que no es tarea del legislador, la Ley atiende a un problema práctico, consistente en asegurar la tutela judicial de quienes resulten afectados en sus derechos o intereses por dichos actos y disposiciones, en casi todo semejantes a los que emanan de las Administraciones públicas.

En segundo término, es evidente que a la altura de nuestro tiempo histórico el ámbito material de la Jurisdicción quedaría muy incompleto si aquélla se limitara a enjuiciar las pretensiones que se deduzcan en relación con las disposiciones de rango inferior a la Ley y con los actos y contratos administrativos en sentido estricto. Lo que realmente importa y lo que justifica la existencia de la propia Jurisdicción contencioso-administrativa es asegurar, en beneficio de los interesados y del interés general, el exacto sometimiento de la Administración al derecho en todas las actuaciones que realiza en su condición de poder público y en uso de las prerrogativas que como tal le corresponde. No toda la actuación administrativa, como es notorio, se expresa a través de reglamentos, actos administrativos o contratos públicos, sino que la actividad prestacional, las actividades negociables de diverso tipo, las actuaciones materiales, las inactividades u omisiones de actuaciones debidas expresan también la voluntad de la Administración, que ha de estar sometida en todo caso al imperio de la Ley. La imposibilidad legal de controlar mediante los recursos contencioso-administrativos estas otras manifestaciones de la acción administrativa, desde hace tiempo criticada, resulta ya injustificable, tanto a la luz de los principios constitucionales como en virtud de la crecida importancia cuantitativa y cualitativa de tales manifestaciones. Por eso la nueva Ley somete a control de la Jurisdicción la actividad de la Administración pública de cualquier clase que esté sujeta al Derecho Administrativo, articulando para ello las acciones procesales oportunas.

En esta línea, la Ley precisa la competencia del orden jurisdiccional contencioso-administrativo para conocer de las cuestiones que se susciten en relación no sólo con los contratos administrativos, sino también con los actos separables de preparación y adjudicación de los demás contratos sujetos a la legislación de contratos de las Administraciones públicas. Se trata, en definitiva, de adecuar la vía contencioso-administrativa a la legislación de contratos, evitando que la pura y simple aplicación del Derecho privado en actuaciones directamente conectadas a fines de utilidad pública se realice, cualquiera que sean las razones que la determinen, en infracción de los principios generales que han de regir, por imperativo constitucional y del Derecho comunitario europeo, el comportamiento contractual de los sujetos públicos. La garantía de la necesaria observancia de tales principios, muy distintos de los que rigen la contratación puramente privada, debe corresponder, como es natural, a la Jurisdicción Contencioso-administrativa.

Algo parecido debe decirse de las cuestiones que se susciten en relación con la responsabilidad patrimonial de la Administración pública. Los principios de su peculiar régimen jurídico, que tiene cobertura constitucional, son de naturaleza pública y hoy en día la Ley impone que en todo caso la responsabilidad se exija a través de un mismo tipo de procedimiento administrativo. Por eso parece muy conveniente unificar la competencia para conocer de este tipo de asuntos en la Jurisdicción contencioso-administrativa, evitando la dispersión de acciones que actualmente existe y garantizando la uniformidad jurisprudencial, salvo, como es lógico, en aquellos casos en que la responsabilidad derive de la comisión de una infracción penal.

La delimitación del ámbito material de la Jurisdicción lleva también a precisar algunas exclusiones. La nueva Ley respeta en tal sentido la atribución de ciertas competencias relacionadas con la actividad administrativa a otros órdenes jurisdiccionales que establecen otras Leyes, en su mayor parte por razones pragmáticas, y tiene en cuenta lo dispuesto por la más reciente legislación sobre los conflictos jurisdiccionales y de atribuciones. En cambio, la Ley no recoge ya, entre estas exclusiones, la relativa a los llamados actos políticos del Gobierno, a que se refería la Ley de 1956.

Sobre este último aspecto conviene hacer alguna precisión. La Ley parte del principio de sometimiento pleno de los poderes públicos al ordenamiento jurídico, verdadera cláusula regia del Estado de Derecho. Semejante principio es incompatible con el reconocimiento de cualquier categoría genérica de actos de autoridad —llámense actos políticos, de Gobierno, o de dirección política— excluida *per se* del control jurisdiccional. Sería ciertamente un contrasentido que una Ley que pretende adecuar el régimen legal de la Jurisdicción Contencioso-administrativa a la letra y al espíritu de la Constitución, llevase a cabo la introducción de toda una esfera de actuación gubernamental inmune al derecho. En realidad, el propio concepto de «acto político» se halla hoy en franca retirada en el Derecho público europeo. Los intentos encaminados a mantenerlo, ya

sea delimitando genéricamente un ámbito en la actuación del poder ejecutivo regido sólo por el Derecho Constitucional, y exento del control de la Jurisdicción Contencioso-administrativa, ya sea estableciendo una lista de supuestos excluidos del control judicial, resultan inadmisibles en un Estado de Derecho.

Por el contrario, y por si alguna duda pudiera caber al respecto, la Ley señala —en términos positivos— una serie de aspectos sobre los que en todo caso siempre será posible el control judicial, por amplia que sea la discrecionalidad de la resolución gubernamental: los derechos fundamentales, los elementos reglados del acto y la determinación de las indemnizaciones procedentes.

III. LOS ÓRGANOS
DE LA JURISDICCIÓN
Y SUS COMPETENCIAS

Dado que, como se ha expuesto, la Jurisdicción Contencioso-administrativa se enfrenta a un gravísimo problema por la avalancha creciente de recursos, es obvio que la reforma de sus aspectos organizativos debía considerarse prioritaria.

La novedad más importante en este capítulo consiste en la regulación de las competencias de los Juzgados de lo Contencioso-administrativo. La creación de estos órganos judiciales, que previó la Ley Orgánica del Poder Judicial, fue recibida en su día con división de opiniones. Si, por un lado, parecía imprescindible descongestionar a los Tribunales de lo Contencioso-administrativo de un buen número de asuntos, por otro surgieron dudas acerca de la idoneidad de los Juzgados, órganos unipersonales, para afrontar el ejercicio de las competencias que habrían de corresponderles en virtud de la cláusula general establecida en la citada Ley Orgánica.

Ciertamente, la complejidad técnica de muchos de los asuntos y la trascendencia política de otros que habrían de enjuiciar a tenor de dicha cláusula ha dado origen a una larga controversia, que era necesario resolver para implantar definitivamente los Juzgados.

La presente reforma aborda el problema con decisión y con cautela a la vez. Define la competencia de los Juzgados mediante un sistema de lista tasada. En la elaboración de esta lista se ha tenido en cuenta la conveniencia de atribuir a estos órganos unipersonales un conjunto de competencias relativamente uniformes y de menor trascendencia económica y social, pero que cubren un elevado porcentaje de los recursos que cotidianamente se interponen ante los órganos de la Jurisdicción. De esta manera es posible aportar remedio a la saturación que soportan los Tribunales Superiores de Justicia, que se verán descargados de buen número de pleitos, aunque conservan la competencia para juzgar en primera instancia los más importantes *a priori* y toda la variedad de los que se incluyen en la cláusula residual, que ahora se traslada a su ámbito competencial. Por su parte, los Juzgados obtienen un conjunto de competencias que pueden razonablemente ejercer y que parecen suficientes para consolidar la experiencia. Nada impide, antes al contrario, que tras un primer período de rodaje la lista de competencias se revise a la vista de esa experiencia. De todas formas, es evidente que el éxito de la reforma depende más que nada de la pronta y adecuada selección y formación de los titulares de los Juzgados.

No termina aquí la reforma en cuanto a órganos unipersonales. Se regulan también las competencias de los Juzgados Centrales de lo Contencioso-administrativo, con jurisdicción en toda España, para contribuir a paliar la sobrecarga de trabajo de órganos jurisdiccionales actualmente muy saturados.

IV. LAS PARTES

La regulación de las partes que se contenía en la Ley de 27 de diciembre de 1956, fundada en un criterio sustancialmente individualista con ciertos ribetes corporativos, ha quedado hace tiempo superada y ha venido siendo corregida por otras normas posteriores, además de reinterpretada por la jurisprudencia en un sentido muy distinto al que originariamente tenía. La nueva Ley se limita a recoger sucesivas modificaciones, clarificando algunos puntos todavía oscuros y sistematizando los preceptos de la manera más sencilla posible. Lo que se pretende es que nadie, persona física o jurídica, privada o pública, que tenga capacidad jurídica suficiente y sea titular de un interés legítimo que tutelar, concepto comprensivo de los derechos subjetivos pero más amplio, pueda verse privado del acceso a la justicia.

Sobre esta base, que ya se deduce de la Constitución, las novedades de la Ley tienen un carácter esencialmente técnico. Las más significativas se incorporan en los preceptos que regulan la legitimación. En cuanto a la activa, se han reducido a sistema todas las normas generales o especiales que pueden considerarse vigentes y conformes con el criterio elegido. El enunciado de supuestos da idea, en cualquier caso, de la evolución que ha experimentado el recurso contencioso-administrativo, hoy en día instrumento útil para una pluralidad de fines: la defensa del interés personal, la de los intereses colectivos y cualesquiera otros legítimos, incluidos los de naturaleza política, mecanismo de control de legalidad de las Administraciones inferiores, instrumento de defensa de su autonomía, cauce para la defensa de derechos y libertades encomendados a ciertas instituciones públicas y para la del interés objetivo de la Ley en los supuestos legales de acción popular, entre otros.

Por lo que se refiere a la legitimación pasiva, el criterio de fondo es el mismo y conduce a simplificar las reglas anteriores. En particular, carece de sentido mantener la figura del coadyuvante, cuando ninguna diferencia hay ya entre la legitimación por derecho subjetivo y por interés legítimo. En cambio, ha parecido necesario precisar un poco más qué Administración tiene carácter de demandada en caso de impugnación de actos sujetos a fiscalización previa y, sobre todo, atribuir también este carácter, en caso de impugnación indirecta de una disposición general, a la Administración autora de la misma, aunque no lo sea de la actuación directamente recurrida. Esta previsión viene a dar cauce procesal al interés de cada Administración en defender en todo caso la legalidad de la normas que aprueba y constituye una de las especialidades de los recursos que versan sobre la conformidad a derecho de disposiciones generales, que se desgranan a lo largo de todo el articulado.

En cuanto a la representación y defensa, se distingue entre órganos colegiados y unipersonales. En los primeros, procurador y abogado son obligatorios; en los segundos, el procurador es potestativo y el abogado obligatorio. Los funcionarios públicos podrán comparecer por sí mismos en cuestiones de personal que no impliquen separación de empleados públicos inamovibles.

Por lo que atañe a la representación y defensa de las Administraciones públicas y órganos constitucionales, la Ley se remite a lo que disponen la Ley Orgánica del Poder Judicial y la Ley de Asistencia Jurídica al Estado e Instituciones Públicas para todo tipo de procesos, así como a las normas que sobre la materia y en el marco de sus competencias hayan dictado las Comunidades Autónomas, pues no hay en los contencioso-administrativos ninguna peculiaridad que merezca recogerse en norma con rango de Ley.

V. OBJETO DEL RECURSO

Los escasos preceptos incluidos en los dos primeros capítulos del Título III contienen algunas de las innovaciones más importantes que la Ley introduce en nuestro sistema del control judicial de la Administración. Se trata nada menos que de superar la tradicional y restringida concepción del recurso contencioso-administrativo como una revisión judicial de actos administrativos previos, es decir, como un recurso al acto, y de abrir definitivamente las puertas para obtener justicia frente a cualquier comportamiento ilícito de la Administración. Pero al mismo tiempo, es necesario diferenciar las pretensiones que pueden deducirse en cada caso, pues es evidente que la diversidad de actuaciones y omisiones que pueden ser objeto del recurso no permiten seguir configurando éste como una acción procesal uniforme. Sin merma de sus características comunes, empezando por el *nomen iuris*, el recurso admite modulaciones de relieve en función del objeto sobre el que recae. Cohonestar los elementos comunes y los diferenciales en un esquema simple y flexible es otro de los objetivos de la reforma.

Por razón de su objeto se establecen cuatro modalidades de recurso: el tradicional dirigido contra actos administrativos, ya sean expresos o presuntos; el que, de manera directa o indirecta, versa sobre la legalidad de alguna disposición general, que precisa de algunas reglas especiales; el recurso contra la inactividad de la Administración y el que se interpone contra actuaciones materiales constitutivas de vía de hecho.

Del recurso contra actos, el mejor modelado en el período precedente, poco hay que renovar. La Ley, no obstante, depura el ordenamiento anterior de algunas normas limitativas que carecen de justificación, aunque mantiene la inadmisibilidad del recurso contra actos confirmatorios de otros firmes y consentidos. Esta última regla se apoya en elementales razones de seguridad jurídica, que no sólo deben tenerse en cuenta en favor del perjudicado por un acto administrativo, sino también en favor del interés general y de quienes puedan resultar individual o colectivamente beneficiados o amparados por él. Por lo demás, el relativo sacrificio del acceso a la tutela judicial que se mantiene por dicha causa resulta hoy

menos gravoso que antaño, si se tiene en cuenta la reciente ampliación de los plazos del recurso administrativo ordinario, la falta de eficacia que la legislación en vigor atribuye, sin límite temporal alguno, a las notificaciones defectuosas e inclusive la ampliación de las facultades de revisión de oficio. Conservar esa excepción es una opción razonable y equilibrada.

En cambio, ha parecido necesario destacar en el texto de la Ley las peculiaridades de los recursos en que se enjuicia la conformidad a derecho de las disposiciones generales, hasta ahora no suficientemente consideradas. En realidad, los efectos que tienen estos tipos de recurso y, en particular, la declaración de ilegalidad de una disposición general por cualquier vía que se produzca, no pueden compararse, en términos generales, con los del recurso contra actos. La diferencia asume cada vez mayor relieve en la práctica, si se tiene en cuenta la extensión y relevancia que en el polifacético Estado moderno ha asumido la producción reglamentaria.

La nueva Ley asegura las más amplias posibilidades de someter a control judicial la legalidad de las disposiciones generales, preservando los que se han dado en llamar recursos directo e indirecto y eliminando todo rastro de las limitaciones para recurrir que estableció la legislación anterior. Ahora bien, al mismo tiempo procura que la impugnación de las disposiciones generales se tramite con celeridad y que aboque siempre a una decisión judicial clara y única, de efectos generales, con el fin de evitar innecesarios vacíos normativos y situaciones de inseguridad o interinidad en torno a la validez y vigencia de las normas. Este criterio se plasma, entre otras muchas reglas de detalle, en el tratamiento procesal que se da al denominado recurso indirecto.

Hasta ahora ha existido una cierta confusión en la teoría jurídica y en la práctica judicial sobre los efectos de esta clase de recurso, cuando la norma que aplica el acto impugnado es considerada contraria a derecho. Y, lo que es más grave, el carácter difuso de este tipo de control ha generado situaciones de inseguridad jurídica y desigualdad manifiesta, pues según el criterio de cada órgano judicial y a falta de una instancia unificadora, que no siempre existe, determinadas disposiciones se aplican en unos casos o ámbitos y se inaplican en otros. La solución pasa por unificar la decisión judicial sobre la legalidad de las disposiciones generales en un solo órgano, el que en cada caso es competente para conocer del recurso directo contra ellas, dotando siempre a esa decisión de efectos *erga omnes*. De ahí que, cuando sea ese mismo órgano el que conoce de un recurso indirecto, la Ley disponga que declarará la validez o nulidad de la disposición general. Para cuando el órgano competente en un recurso de este tipo sea otro distinto del que puede conocer del recurso directo contra la disposición de que se trate, la Ley introduce la cuestión de ilegalidad.

La regulación de este procedimiento ha tenido en cuenta la experiencia de la cuestión de inconstitucionalidad prevista por el artículo 163 de la Constitución y se inspira parcialmente en su mecánica; las analogías acaban aquí. La cuestión de ilegalidad no tiene otro significado que el de un remedio técnico tendente a reforzar la seguridad jurídica, que no impide el enjuiciamiento de las normas por el Juez o Tribunal competente para decidir sobre la legalidad del acto aplicativo del reglamento cuya ilegalidad se aduce, pero que pretende alcanzar una decisión unitaria a todo eventual pronunciamiento indirecto sobre su validez.

Largamente reclamado por la doctrina jurídica, la Ley crea un recurso contra la inactividad de la Administración, que tiene precedentes en otros ordenamientos europeos. El recurso se dirige a obtener de la Administración, mediante la correspondiente sentencia de condena, una prestación material debida o la adopción de un acto expreso en procedimientos iniciados de oficio, allí donde no juega el mecanismo del silencio administrativo. De esta manera se otorga un instrumento jurídico al ciudadano para combatir la pasividad y las dilaciones administrativas. Claro está que este remedio no permite a los órganos judiciales sustituir a la Administración en aspectos de su actividad no prefigurados por el derecho, incluida la discrecionalidad en el *quando* de una decisión o de una actuación material, ni les faculta para traducir en mandatos precisos las genéricas e indeterminadas habilitaciones u obligaciones legales de creación de servicios o realización de actividades, pues en tal caso estarían invadiendo las funciones propias de aquélla. De ahí que la Ley se refiera siempre a prestaciones concretas y actos que tengan un plazo legal para su adopción y de ahí que la eventual sentencia de condena haya de ordenar estrictamente el cumplimiento de las obligaciones administrativas en los concretos términos en que estén establecidas. El recurso contencioso-administrativo,

por su naturaleza, no puede poner remedio a todos los casos de indolencia, lentitud e ineficacia administrativas, sino tan sólo garantizar el exacto cumplimiento de la legalidad.

Otra novedad destacable es el recurso contra las actuaciones materiales en vía de hecho. Mediante este recurso se pueden combatir aquellas actuaciones materiales de la Administración que carecen de la necesaria cobertura jurídica y lesionan derechos e intereses legítimos de cualquier clase. La acción tiene una naturaleza declarativa y de condena y a la vez, en cierto modo, interdictal, a cuyo efecto no puede dejar de relacionarse con la regulación de las medidas cautelares. Por razón de la materia, la competencia del orden jurisdiccional contencioso-administrativo para conocer de estos recursos se explica sobradamente.

En el caso del recurso contra la inactividad de la Administración, la Ley establece una reclamación previa en sede administrativa; en el del recurso contra la vía de hecho, un requerimiento previo de carácter potestativo, asimismo en sede administrativa. Pero eso no convierte a estos recursos en procesos contra la desestimación, en su caso por silencio, de tales reclamaciones o requerimientos. Ni, como se ha dicho, estas nuevas acciones se atienen al tradicional carácter revisor del recurso contencioso-administrativo, ni puede considerarse que la falta de estimación, total o parcial, de la reclamación o el requerimiento constituyan auténticos actos administrativos, expresos o presuntos. Lo que se persigue es sencillamente dar a la Administración la oportunidad de resolver el conflicto y de evitar la intervención judicial. En caso contrario, lo que se impugna sin más trámites es, directamente, la inactividad o actuación material correspondiente, cuyas circunstancias delimitan el objeto material del proceso.

El resto de los preceptos del Título III se ciñe a introducir algunas mejoras técnicas. La preocupación por agilizar la tramitación de las causas es dominante y, en particular, explica la regla que permite al Juez o Tribunal suspender la tramitación de los recursos masivos que tengan idéntico objeto y resolver con carácter preferente uno o varios de ellos. De esta manera se puede eludir la reiteración de trámites, pues los efectos de la primera o primeras sentencias resultantes podrían aplicarse a los demás casos en vía de ejecución o, eventualmente, podrían inducir al desistimiento de otros recursos.

VI. EL PROCEDIMIENTO

1. La regulación del procedimiento contencioso-administrativo ordinario se basa en el esquema de la legislación anterior. Sin embargo, las modificaciones son muy numerosas, pues, por una parte, se han tenido muy en cuenta la experiencia práctica y las aportaciones doctrinales y, por otra, se han establecido normas especiales para diferentes tipos de recursos, que no precisan de un procedimiento especial. Basado en principios comunes y en un mismo esquema procesal, la Ley arbitra un procedimiento dúctil, que ofrece respuestas parcialmente distintas para cada supuesto. En todo momento se ha buscado conciliar las garantías de eficacia y celeridad del proceso con las de defensa de las partes.

Constituye una novedad importante la introducción de un procedimiento abreviado para determinadas materias de cuantía determinada limitada, basado en el principio de oralidad.

Las garantías que la Ley establece para lograr la pronta y completa remisión del expediente administrativo al órgano judicial han sido reformadas con la intención de poner definitivamente coto a prácticas administrativas injustificables y demasiado extendidas, que alargan la tramitación de muchas causas. Incompatibles con los deberes que la Administración tiene para con los ciudadanos y con el de colaboración con la Administración de Justicia, es necesario que dichas prácticas queden desterradas para siempre.

En la línea de procurar la rápida resolución de los procesos, la Ley arbitra varias facultades en manos de las partes o del órgano judicial, tales como la posibilidad de iniciar el recurso mediante demanda en algunos casos, la de solicitar que se falle sin necesidad de prueba, vista o conclusiones o la de llevar a cabo un intento de conciliación. Del criterio de los Jueces y Magistrados y de la colaboración de las partes dependerá que estas medidas alcancen sus fines.

Por lo que se refiere a la sentencia, la Ley sigue de cerca la regulación anterior. En particular, se mantiene la referencia de la conformidad o disconformidad de la disposición, actuación o acto genéricamente al derecho, al ordenamiento jurídico, por entender —en frase de la exposición de motivos de la Ley de 1956— que reconducirla simplemente a las Leyes equivale a olvidar que lo jurídico no se encierra y circunscribe a las disposiciones escritas, sino que se extiende a los principios y a la normatividad inmanente en la naturaleza de las instituciones. Añade, no obstante, algunas prescripciones sobre el contenido y efectos de algunos fallos estimatorios: los que condenen a la Administración a hacer algo, los que estimen pretensiones de resarcimiento de daños y perjuicios, los que anulen disposiciones generales y los que versen sobre actuaciones discrecionales. En relación con estos últimos, la Ley recuerda la naturaleza de control en derecho que tiene el recurso contencioso-administrativo y de ahí que precise que no pueden los Jueces y Tribunales determinar el contenido discrecional de los actos que anulen. Como es lógico, esta regla no pretende coartar en absoluto la potestad de los órganos judiciales para extender su control de los actos discrecionales hasta donde lo exija el sometimiento de la Administración al derecho, es decir mediante el enjuiciamiento de los elementos reglados de dichos actos y la garantía de los límites jurídicos de la discrecionalidad.

2. Por lo que se refiere a los recursos contra las resoluciones judiciales, la Ley se atiene en general a lo que dispuso la reciente Ley 10/1992, de 30 de abril, de Medidas Urgentes de

Reforma Procesal. Pero introduce algunos cambios necesarios, motivados unos por la creación de los Juzgados de lo Contencioso-administrativo, que conduce a reimplantar los recursos de apelación contra sus resoluciones, y otros por la experiencia, breve pero significativa, derivada de aquella última reforma procesal.

El nuevo recurso de apelación ordinario contra las sentencias de los Juzgados no tiene, sin embargo, carácter universal. No siendo la doble instancia en todo tipo de procesos una exigencia constitucional, ha parecido conveniente descargar a los Tribunales Superiores de Justicia de conocer también en segunda instancia de los asuntos de menor entidad, para resolver el agobio que hoy padecen. Sin embargo, la apelación procede siempre que el asunto no ha sido resuelto en cuanto al fondo, en garantía del contenido normal del derecho a la tutela judicial efectiva, así como en el procedimiento para la protección de los derechos fundamentales, en los litigios entre Administraciones y cuando se resuelve la impugnación indirecta de disposiciones generales, por la mayor trascendencia que *a priori* tienen todos estos asuntos.

La Ley eleva sustancialmente la cuantía de los que tienen acceso a la casación ordinaria y en menor medida la de los que pueden acceder a la casación para unificación de doctrina. Aunque rigurosa, la medida es necesaria a la vista de la experiencia de los últimos años, pues las cuantías fijadas por la Ley 10/1992 no han permitido reducir la abrumadora carga de trabajo que pesa sobre la Sala de lo Contencioso-administrativo del Tribunal Supremo. Si bien las nuevas reglas eliminan la posibilidad de doble instancia en muchos supuestos, la alternativa sería consentir el agravamiento progresivo de aquella carga, ya hoy muy superior a lo que sería razonable. Los efectos de tal situación son mucho más perniciosos, pues se corre el riesgo de alargar la resolución de los recursos pendientes ante el Tribunal Supremo hasta extremos totalmente incompatibles con el derecho a una justicia efectiva. Por otro lado, no es posible aumentar sustancialmente el número de Secciones y Magistrados del Alto Tribunal, que ha de poder atender a su importantísima función objetiva de fijar la doctrina jurisprudencial.

Se regulan dos modalidades de recurso para la unificación de doctrina, cuyo conocimiento corresponderá, respectivamente, al Tribunal Supremo y a los Tribunales Superiores de Justicia.

Se ha considerado oportuno mantener el recurso de casación en interés de la Ley, que se adapta a la creación de los Juzgados de lo Contencioso-administrativo y que, junto al tradicional recurso de revisión, cierra el sistema de impugnaciones en este orden jurisdiccional.

3. La Ley ha realizado un importante esfuerzo para incrementar las garantías de ejecución de las sentencias, desde siempre una de las zonas grises de nuestro sistema contencioso-administrativo. El punto de partida reside en la imperiosa obligación de cumplir las resoluciones judiciales y colaborar en la ejecución de lo resuelto, que la Constitución prescribe, y en la potestad de los órganos judiciales de hacer ejecutar lo juzgado, que la propia Constitución les atribuye. Prescripciones que entroncan directamente con el derecho a la tutela judicial efectiva, ya que, como viene señalando la jurisprudencia, ese derecho no se satisface mediante una justicia meramente teórica, sino que conlleva el derecho a la ejecución puntual de lo fallado en sus propios términos. La negativa, expresa o implícita, a cumplir una resolución judicial constituye un atentado a la Constitución frente al que no caben excusas.

La Ley Orgánica del Poder Judicial, que eliminó la potestad gubernativa de suspensión e inejecución de sentencias, abrió paso, en cambio, a la expropiación de los derechos reconocidos por éstas frente a la Administración. Sin embargo, no especificó las causas de utilidad pública e interés social que habrían de legitimar el ejercicio de esta potestad expropiatoria. La Ley atiende a esta necesidad, concretando tres supuestos muy determinados, entre los que debe destacarse el de la preservación del libre ejercicio de los derechos fundamentales y libertades públicas.

A salvo lo anterior, la Ley regula la forma de ejecutar las sentencias que condenan a la Administración al pago de cantidad, sin eliminar la prerrogativa de inembargabilidad de los bienes y derechos de la Hacienda Pública, ya que dicha modificación no puede abordarse aisladamente en la Ley Jurisdiccional, sino —en su caso— a través de una nueva regulación, completa y sistemática, del estatuto jurídico de los bienes públicos. Pero compensa al interesado económicamente frente a cualquier retraso injustificado, previene frente a las ejecuciones aparentes, declarando la nulidad de pleno derecho de los actos contrarios a los pronunciamientos y estableciendo una forma rápida para anularlos, y especifica las formas posibles de ejecución forzosa de las sentencias que condenan a la Administración a realizar una actividad o dictar un acto y otorga a los órganos judiciales potestades sancionadoras para lograr la efectividad de lo mandado, aparte las consecuencias que se deduzcan en el ámbito penal.

Dos novedades importantes completan este capítulo de la Ley. La primera se refiere a la posibilidad de extender los efectos de una sentencia firme en materia de personal y en materia tributaria a personas distintas de las partes que se encuentren en situación idéntica. Aun regulada con la necesaria cautela, la apertura puede ahorrar la reiteración de múltiples procesos innecesarios contra los llamados actos en masa. La segunda consiste en otorgar al acuerdo de conciliación judicial la misma fuerza que a la sentencia a efectos de ejecución forzosa, lo que refuerza el interés de la Ley por esta forma de terminación del procedimiento.

4. De los recursos especiales se ha suprimido el de personal, aunque subsisten algunas especialidades relativas a esta materia a lo largo del articulado. Se trae al texto de la Ley Jurisdiccional la regulación del proceso especial en materia de derechos fundamentales, con el mismo carácter preferente y urgente que ya tiene y con importantes variaciones sobre la normativa vigente, cuyo carácter restrictivo ha conducido, en la práctica, a un importante deterioro de esta vía procesal. La más relevante novedad es el tratamiento del objeto del recurso —y, por tanto, de la sentencia— de acuerdo con el fundamento común de los procesos contencioso-administrativos, esto es, contemplando la lesión de los derechos susceptibles de amparo desde la perspectiva de la conformidad de la actuación administrativa con el ordenamiento jurídico. La Ley pretende superar, por tanto, la rígida distinción entre legalidad ordinaria y derechos fundamentales, por entender que la protección del derecho fundamental o libertad pública no será factible, en muchos casos, si no se tiene en cuenta el desarrollo legal de los mismos.

El procedimiento de la cuestión de ilegalidad, que se inicia de oficio, auna la garantía de defensa de las partes con la celeridad que le es inherente.

Por último, el procedimiento en caso de suspensión administrativa previa de acuerdos se adapta a los supuestos legales de suspensión previstos en la legislación vigente, al tiempo que establece las reglas que permiten su rápida tramitación.

5. De las disposiciones comunes sobresale la regulación de las medidas cautelares. El espectacular desarrollo de estas medidas en la jurisprudencia y la práctica procesal de los últimos años ha llegado a desbordar las moderadas previsiones de la legislación anterior, certificando su antigüedad en este punto. La nueva Ley actualiza considerablemente la regulación de la materia, amplía los tipos de medidas cautelares posibles y determina los criterios que han de servir de guía a su adopción.

Se parte de la base de que la justicia cautelar forma parte del derecho a la tutela efectiva, tal como tiene declarado la jurisprudencia más reciente, por lo que la adopción de medidas provisionales que permitan asegurar el resultado del proceso no debe contemplarse como una excepción, sino como facultad que el órgano judicial puede ejercitar siempre que resulte necesario.

La Ley aborda esta cuestión mediante una regulación común a todas las medidas cautelares, cualquiera que sea su naturaleza. El criterio para su adopción consiste en que la ejecución del acto o la aplicación de la disposición pueden hacer perder la finalidad del recurso, pero siempre sobre la base de una ponderación suficientemente motivada de todos los intereses en conflicto.

Además, teniendo en cuenta la experiencia de los últimos años y la mayor amplitud que hoy tiene el objeto del recurso contencioso-administrativo, la suspensión de la disposición o acto recurrido no puede constituir ya la única medida cautelar posible. La Ley introduce en consecuencia la posibilidad de adoptar cualquier medida cautelar, incluso las de carácter positivo. No existen para ello especiales restricciones, dado el fundamento común a todas las medidas cautelares. Corresponderá al Juez o Tribunal determinar las que, según las circunstancias, fuesen necesarias. Se regulan medidas *inaudita parte debitoris* —con comparecencia posterior sobre el levantamiento, mantenimiento o modificación de la medida adoptada—, así como medidas previas a la interposición del recurso en los supuestos de inactividad o vía de hecho.

TÍTULO PRIMERO*

Del orden jurisdiccional contencioso-administrativo

CAPÍTULO PRIMERO

ÁMBITO

Artículo 1.º 1. Los Juzgados y Tribunales del orden contencioso-administrativo conocerán de las pretensiones que se deduzcan en relación con la actuación de las Administraciones públicas sujeta al Derecho Administrativo, con las disposiciones generales de rango inferior a la Ley y con los Decretos legislativos cuando excedan los límites de la delegación.

2. Se entenderá a estos efectos por Administraciones Públicas:

a) La Administración General del Estado.

b) Las Administraciones de las Comunidades Autónomas.

c) Las Entidades que integran la Administración local.

d) Las Entidades de Derecho público que sean dependientes o estén vinculadas al Estado, las Comunidades Autónomas o las Entidades locales.

---

* La Disp. Adic. 1.ª de la LO 7/2015, de 21 de julio (*BOE* del 22), por la que se modifica la LOPJ, establece que, a partir del 1 de octubre, todas las referencias a Secretarios judiciales, Secretarios sustitutos profesionales, Instituto de Medicina Legal e Instituto Nacional de Toxicología, deberán entenderse hechas, respectivamente, a Letrados de la Administración de Justicia, Letrados de la Administración de Justicia suplentes, Instituto de Medicina Legal y Ciencias Forenses e Instituto Nacional de Toxicología y Ciencias Forenses. Conforme a la Disp. Adic. 9.ª LEC, añadida por el RD-ley 6/2023, de 19 de diciembre (*BOE* del 20), «Las referencias que la presente Ley u otras hagan a la sede de la Oficina judicial, o del Juzgado o Tribunal, se entenderán efectuadas también a la sede judicial electrónica y a la Carpeta Justicia, cuando ésta o aquélla dispongan de los servicios o aplicaciones que permitan realizar el trámite, presentación o actuación telemáticamente». Conforme a la Disp. Adic. 1.ª de la LO 1/2025, de 2 de enero (*BOE* del 3), de medidas en materia de eficiencia del Servicio Público de Justicia (LOMESPJ), una vez constituidos e implantados, de forma efectiva, los Tribunales de Instancia (que en el caso del orden Contencioso será el 31 de diciembre), las referencias a los Juzgados de lo Contencioso-Administrativo se entenderán referidas a las Secciones de lo Contencioso-Administrativo de los Tribunales de Instancia. La misma consideración tendrán las referencias a los Juzgados Centrales respecto de las Secciones de lo Contencioso-Administrativo del Tribunal Central de Instancia. Los jueces, juezas, magistrados y magistradas de dichos juzgados pasarán a ocupar la plaza en la Sección respectiva con la misma numeración cardinal del juzgado de procedencia y en la Sección conociendo de todas las materias que tuvieran atribuidas en el mismo y de aquellos asuntos que en ellos estuvieren en trámite o no hubieren concluido mediante resolución que implique su archivo definitivo (Disp. Trans. 1.ª LOMESPJ).

3. Conocerán también de las pretensiones que se deduzcan en relación con:

a) Los actos y disposiciones en materia de personal, administración y gestión patrimonial sujetos al derecho público adoptados por los órganos competentes del Congreso de los Diputados, del Senado, del Tribunal Constitucional, del Tribunal de Cuentas y del Defensor del Pueblo, así como de las Asambleas Legislativas de las Comunidades Autónomas y de las instituciones autonómicas análogas al Tribunal de Cuentas y al Defensor del Pueblo.

b) Los actos y disposiciones del Consejo General del Poder Judicial y la actividad administrativa de los órganos de gobierno de los Juzgados y Tribunales, en los términos de la Ley Orgánica del Poder Judicial.

c) La actuación de la Administración electoral, en los términos previstos en la Ley Orgánica del Régimen Electoral General.

Art. 2.º El orden jurisdiccional contencioso-administrativo conocerá de las cuestiones que se susciten en relación con:

a) La protección jurisdiccional de los derechos funda-

mentales, los elementos reglados y la determinación de las indemnizaciones que fueran procedentes, todo ello en relación con los actos del Gobierno o de los Consejos de Gobierno de las Comunidades Autónomas, cualquiera que fuese la naturaleza de dichos actos.

b) Los contratos administrativos y los actos de preparación y adjudicación de los demás contratos sujetos a la legislación de contratación de las Administraciones públicas.

c) Los actos y disposiciones de las Corporaciones de Derecho público, adoptados en el ejercicio de funciones públicas.

d) Los actos administrativos de control o fiscalización dictados por la Administración concedente, respecto de los dictados por los concesionarios de los servicios públicos que impliquen el ejercicio de potestades administrativas conferidas a los mismos, así como los actos de los propios concesionarios cuando puedan ser recurridos directamente ante este orden jurisdiccional de conformidad con la legislación sectorial correspondiente.

e) La responsabilidad patrimonial de las Administracio-

Art. 2.ºe): Letra redactada conforme a la Disp. Adic. 14.ª1 de la LO 19/2003, de 23 de diciembre (*BOE* del 26), de modificación de la Ley Orgánica del Poder Judicial.

nes públicas, cualquiera que sea la naturaleza de la actividad o el tipo de relación de que derive, no pudiendo ser demandadas aquéllas por este motivo ante los órdenes jurisdiccionales civil o social, aun cuando en la producción del daño concurran con particulares o cuenten con un seguro de responsabilidad.

f) Las restantes materias que le atribuya expresamente una Ley.

Art. 3.º No corresponden al orden jurisdiccional contencioso-administrativo:

a) Las cuestiones expresamente atribuidas a los órdenes jurisdiccionales civil, penal y social, aunque estén relacionadas con la actividad de la Administración pública.

b) El recurso contencioso-disciplinario militar.

c) Los conflictos de jurisdicción entre los Juzgados y Tribunales y la Administración pública y los conflictos de atribuciones entre órganos de una misma Administración.

d) Los recursos directos o indirectos que se interpongan contra las Normas Forales fiscales de las Juntas Generales de los Territorios Históricos de Álava, Guipúzcoa y Vizcaya, que corresponderán, en exclusiva, al Tribunal Constitucional, en los términos establecidos por la disposición adicional quinta de su Ley Orgánica.

Art. 4.º 1. La competencia del orden jurisdiccional contencioso-administrativo se extiende al conocimiento y decisión de las cuestiones prejudiciales e incidentales no pertenecientes al orden administrativo, directamente relacionadas con un recurso contencioso-administrativo, salvo las de carácter constitucional y penal y lo dispuesto en los Tratados internacionales.

2. La decisión que se pronuncie no producirá efectos fuera del proceso en que se dic-

---

Art. 3.ºd): Letra añadida por la Disp. Adic. única de la LO 1/2010, de 19 de febrero (*BOE* del 20), de modificación de las leyes orgánicas del Tribunal Constitucional y del Poder Judicial. La redacción de dicha letra ha sido declarada constitucional por la STC 118/2016, de 23 de junio, siempre que sea interpretada conforme al FJ 3.*d*).

Art. 4.º: La STS (Sala 3.ª), de 28 de junio de 2005 (*BOE* de 10 de octubre), fija la siguiente doctrina legal: «la suspensión del procedimiento por prejudicialidad prevista en el artículo 43 de la Ley de Enjuiciamiento Civil no es supletoriamente aplicable a la Jurisdicción Contencioso-administrativa en aquellos supuestos en los que la cuestión previa a dilucidar consiste en la determinación sobre la legalidad o validez de una disposición de carácter general de rango reglamentario».

te y no vinculará al orden jurisdiccional correspondiente.

Art. 5.º 1. La Jurisdicción
Contencioso-administrativa es
improrrogable.
2. Los órganos de este orden jurisdiccional apreciarán
de oficio la falta de jurisdicción
y resolverán sobre la misma,
previa audiencia de las partes y
del Ministerio Fiscal por plazo
común de diez días.
3. En el supuesto previsto
en el apartado anterior, si la
nueva demanda que se formule
ante el juzgado o tribunal competente del orden jurisdiccional
indicado en la referida resolución se presenta en el plazo de
un mes desde que fuera notificada, se entenderá presentada
en la fecha en que se inició el
plazo para interponer el recurso contencioso-administrativo,
si se hubiere formulado éste siguiendo las indicaciones de la
notificación del acto o ésta fuese defectuosa. Al objeto de
acreditar tales extremos la parte interesada podrá solicitar
testimonio de los particulares
necesarios al órgano judicial
que haya dictado la resolución
a que se refiere el apartado anterior.

CAPÍTULO II

ÓRGANOS Y COMPETENCIAS

Art. 6.º El orden jurisdiccional contencioso-administrativo se halla integrado por los
siguientes órganos:
a) Juzgados de lo Contencioso-administrativo.
b) Juzgados Centrales de lo
Contencioso-administrativo.
c) Salas de lo Contencioso-
administrativo de los Tribunales Superiores de Justicia.
d) Sala de lo Contencioso-
administrativo de la Audiencia
Nacional.
e) Sala de lo Contencioso-
administrativo del Tribunal
Supremo.

Art. 7.º 1. Los órganos del
orden jurisdiccional contencioso-administrativo que fueren
competentes para conocer de un
asunto lo serán también para
todas sus incidencias y para hacer ejecutar las sentencias que
dictaren en los términos señalados en el artículo 103.1.
2. La competencia de los
Juzgados y Salas de lo Contencioso-administrativo no será
prorrogable y deberá ser apreciada por los mismos, inclu-

Art. 5.3: Redactado conforme al art. 102.uno del RD-ley 6/2023, de 19 de diciembre (*BOE* del 20), por el que se aprueban medidas urgentes para la ejecución del Plan
de Recuperación, Transformación y Resiliencia en materia de servicio público de
justicia, función pública, régimen local y mecenazgo.

so de oficio, previa audiencia de las partes y del Ministerio Fiscal por plazo común de diez días.

3. La declaración de incompetencia adoptará la forma de auto y deberá efectuarse antes de la sentencia, remitiéndose las actuaciones al órgano de la jurisdicción que se estime competente para que ante él siga el curso del proceso, con emplazamiento a las partes para que en el plazo de diez días comparezcan ante el mismo. Si la competencia pudiera corresponder a un tribunal superior en grado, se acompañará una exposición razonada, estándose a lo que resuelva éste.

Art. 8.º 1. Los Juzgados de lo Contencioso-Administrativo conocerán, en única o primera instancia según lo dispuesto en esta Ley, de los recursos que se deduzcan frente a los actos de las entidades locales o de las entidades y corporaciones dependientes o vinculadas a las mismas, excluidas las impugnaciones de cualquier clase de instrumentos de planeamiento urbanístico.

2. Conocerán, asimismo, en única o primera instancia de los recursos que se deduzcan frente a los actos administrativos de la Administración de las Comunidades Autónomas, salvo cuando procedan del respectivo Consejo de Gobierno, cuando tengan por objeto:

a) Cuestiones de personal, salvo que se refieran al nacimiento o extinción de la relación de servicio de funcionarios públicos de carrera.

b) Las sanciones administrativas que consistan en multas no superiores a 60.000 euros y en ceses de actividades o privación de ejercicio de derechos que no excedan de seis meses.

c) Las reclamaciones por responsabilidad patrimonial cuya cuantía no exceda de 30.050 euros.

3. Conocerán en única o primera instancia de los recursos que se deduzcan frente a disposiciones y actos de la Administración periférica del Estado y de las Comunidades Autónomas, contra los actos de los organismos, entes, entidades o corporaciones de derecho

---

Art. 7.3: Redactado conforme al art. 102.dos del RD-ley 6/2023, de 19 de diciembre (*BOE* del 20), por el que se aprueban medidas urgentes para la ejecución del Plan de Recuperación, Transformación y Resiliencia en materia de servicio público de justicia, función pública, régimen local y mecenazgo.

Art. 8.º: Redactado conforme a la Disp. Adic. 14.ª2 de la LO 19/2003, de 23 de diciembre (*BOE* del 26), de modificación de la Ley Orgánica del Poder Judicial. V. RD 143/1999, de 29 de enero (*BOE* del 30).

público, cuya competencia no se extienda a todo el territorio nacional y contra las resoluciones de los órganos superiores cuando confirmen íntegramente los dictados por aquéllos en vía de recurso, fiscalización o tutela.

Se exceptúan los actos de cuantía superior a 60.000 euros dictados por la Administración periférica del Estado y los organismos públicos estatales cuya competencia no se extienda a todo el territorio nacional, o cuando se dicten en ejercicio de sus competencias sobre dominio público, obras públicas del Estado, expropiación forzosa y propiedades especiales.

4. Conocerán, igualmente, de todas las resoluciones que se dicten en materia de extranjería por la Administración periférica del Estado o por los órganos competentes de las Comunidades Autónomas.

5. Corresponde conocer a los Juzgados de las impugna-

ciones contra actos de las Juntas Electorales de Zona y de las formuladas en materia de proclamación de candidaturas y candidatos efectuada por cualquiera de las Juntas Electorales, en los términos previstos en la legislación electoral.

6. Conocerán también los Juzgados de lo Contencioso-administrativo de las autorizaciones para la entrada en domicilios y restantes lugares cuyo acceso requiera el consentimiento de su titular, siempre que ello proceda para la ejecución forzosa de actos de la administración pública, salvo que se trate de la ejecución de medidas de protección de menores acordadas por la Entidad Pública competente en la materia.

Asimismo, corresponderá a los Juzgados de lo Contencioso-administrativo la autorización o ratificación judicial de las medidas adoptadas con arreglo a la legislación sanita-

---

Art. 8.º4: Modificado por el art. 3.º de la Ley 37/2011, de 10 de octubre (*BOE* del 11), de medidas de agilización procesal.

Art. 8.º6: Entre la anterior edición de esta legislación y la nueva el apartado ha sido modificado por la Disp. Final 2.ªuno de la Ley 3/2020, de 18 de septiembre (*BOE* del 19), de medidas procesales y organizativas para hacer frente al COVID-19 en el ámbito de la Administración de Justicia, y vuelto a modificar por el art. 12 de la Ley 11/2021, de 9 de julio (*BOE* del 10), de medidas de prevención y lucha contra el fraude fiscal, de transposición de la Directiva (UE) 2016/1164, del Consejo, de 12 de julio de 2016, por la que se establecen normas contra las prácticas de elusión fiscal que inciden directamente en el funcionamiento del mercado interior, de modificación de diversas normas tributarias y en materia de regulación del juego.

Sobre la posibilidad de que las actividades previstas en el precepto sean acordadas por el Juez de Guardia, vid. nota al art. 135 de esta Ley.

ria que las autoridades sanitarias consideren urgentes y necesarias para la salud pública e impliquen limitación o restricción de derechos fundamentales cuando dichas medidas estén plasmadas en actos administrativos singulares que afecten únicamente a uno o varios particulares concretos e identificados de manera individualizada.

Además, los Juzgados de lo Contencioso-administrativo conocerán de las autorizaciones para la entrada e inspección de domicilios, locales, terrenos y medios de transporte que haya sido acordada por la Comisión Nacional de los Mercados y la Competencia, cuando, requiriendo dicho acceso e inspección el consentimiento de su titular, este se oponga a ello o exista riesgo de tal oposición.

Los Juzgados de lo Contencioso-administrativo conocerán también de las autorizaciones para la entrada en domicilios y otros lugares constitucionalmente protegidos, que haya sido acordada por la Administración Tributaria en el marco de una actuación o procedimiento de aplicación de los tributos aún con carácter previo a su inicio formal cuando, requiriendo dicho acceso el consentimiento de su titular, este se oponga a ello o exista riesgo de tal oposición.

Art. 9.º 1. Los Juzgados Centrales de lo Contencioso-administrativo conocerán de los recursos que se deduzcan frente a los actos administrativos que tengan por objeto:

a) En primera o única instancia en las materias de personal cuando se trate de actos dictados por Ministros y Secretarios de Estado, salvo que confirmen en vía de recurso, fiscalización o tutela, actos dictados por órganos inferiores, o se refieran al nacimiento o extinción de la relación de servicio de funcionarios de carrera, o a las materias recogidas en el artículo 11.1.*a*) sobre personal militar.

b) En única o primera instancia contra los actos de los órganos centrales de la Administración General del Estado en los supuestos previstos en el apartado 2.*b*) del artículo 8.º

c) En primera o única instancia de los recursos contencioso-administrativos que se

---

Art. 9.º1: Redactado como art. 9.º por la LO 19/2003, de 23 de diciembre (*BOE* del 26), de modificación de la Ley Orgánica del Poder Judicial, ha sido numerado como apartado 1 por la Disp. Final 43.ª5 de la Ley 2/2011, de 4 de marzo (*BOE* del 5), de Economía Sostenible.

interpongan contra las disposiciones generales y contra los actos emanados de los organismos públicos con personalidad jurídica propia y entidades pertenecientes al sector público estatal con competencia en todo el territorio nacional, sin perjuicio de lo dispuesto en el párrafo *i*) del apartado 1 del artículo 10.

d)   En primera o única instancia, de los recursos contra las resoluciones dictadas por los Ministros y Secretarios de Estado en materia de responsabilidad patrimonial cuando lo reclamado no exceda de 30.050 euros.

e)   En primera instancia, de las resoluciones que acuerden la inadmisión de las peticiones de asilo político.

f)   En única o primera instancia, de las resoluciones que, en vía de fiscalización, sean dictadas por el Comité Español de Disciplina Deporti-

va en materia de disciplina deportiva.

2.   Corresponderá a los Juzgados Centrales de lo Contencioso-Administrativo, la autorización a que se refiere el artículo 8.2 de la Ley 34/2002 así como autorizar la ejecución de los actos adoptados por la Sección Segunda de la Comisión de Propiedad Intelectual para que se interrumpa la prestación de servicios de la sociedad de la información o para que se retiren contenidos que vulneren la propiedad intelectual, en aplicación de la Ley 34/2002, de 11 de julio, de Servicios de la Sociedad de la Información y de Comercio Electrónico.

3.   Igualmente conocerán los Juzgados Centrales de lo Contencioso-Administrativo del procedimiento previsto en el artículo 12 bis de la Ley Orgánica 6/2002, de 27 de junio, de Partidos Políticos.

Art. 9.º1.f): Letra adicionada por la Disp. Final 2.ª de la LO 7/2006, de 21 de noviembre (*BOE* del 22), de protección de la salud y de lucha contra el dopaje en el deporte. Conviene tener presente, conforme a la Disp. Adic. 4.ª de la LO 3/2013, de 20 de junio (*BOE* del 21), de protección de la salud del deportista y lucha contra el dopaje en la actividad deportiva, que el Comité de Disciplina Deportiva queda suprimido y que todas sus funciones pasan a corresponder al Tribunal Administrativo del Deporte.

Art. 9.º2: Añadido por la Disp. Final 43.ª5 de la Ley 2/2011, de 4 de marzo (*BOE* del 5), de Economía Sostenible.

Art. 9.º3: Apartado añadido por la Disp. Final 2.ª de la LO 3/2015, de 30 de marzo (*BOE* del 31), de control de la actividad económico-financiera de los Partidos Políticos, por la que se modifican la LO 8/2007, de 4 de julio, sobre financiación de los Partidos Políticos, la LO 6/2002, de 27 de junio, de Partidos Políticos y la LO 2/1982, de 12 de mayo, del Tribunal de Cuentas.

Art. 10. *Competencias de las Salas de lo Contencioso-Administrativo de los Tribunales Superiores de Justicia.*—1. Las Salas de lo Contencioso-Administrativo de los Tribunales Superiores de Justicia conocerán en única instancia de los recursos que se deduzcan en relación con:

a) Los actos de las Entidades locales y de las Administraciones de las Comunidades Autónomas, cuyo conocimiento no esté atribuido a los Juzgados de lo Contencioso-Administrativo.

b) Las disposiciones generales emanadas de las Comunidades Autónomas y de las Entidades locales.

c) Los actos y disposiciones de los órganos de gobierno de las asambleas legislativas de las Comunidades Autónomas, y de las instituciones autonómicas análogas al Tribunal de Cuentas y al Defensor del Pueblo, en materia de personal, administración y gestión patrimonial.

d) Los actos y resoluciones dictados por los Tribunales Económico Administrativos Regionales y Locales que pongan fin a la vía económico administrativa.

e) Las resoluciones dictadas por el Tribunal EconómicoAdministrativo Central en materia de tributos cedidos.

f) Los actos y disposiciones de las Juntas Electorales Provinciales y de Comunidades Autónomas, así como los recursos contenciosoelectorales contra acuerdos de las Juntas Electorales sobre proclamación de electos y elección y proclamación de Presidentes de Corporaciones locales, en los términos de la legislación electoral.

g) Los convenios entre Administraciones públicas cuyas competencias se ejerzan en el ámbito territorial de la correspondiente Comunidad Autónoma.

h) La prohibición o la propuesta de modificación de reuniones previstas en la Ley Orgánica 9/1983, de 15 de julio, Reguladora del Derecho de Reunión.

i) Los actos y resoluciones dictados por órganos de la Administración General del Estado cuya competencia se extienda a todo el territorio nacional y cuyo nivel orgánico sea inferior al de Ministro o Secretario de Estado en materias de personal, propiedades especiales y expropiación forzosa.

_____

Art. 10: Modificado por la Disp. Final 2.ª dos de la Ley 3/2020, de 18 de septiembre (*BOE* del 19), de medidas procesales y organizativas para hacer frente al COVID-19 en el ámbito de la Administración de Justicia.

j) Los actos y resoluciones de los órganos de las Comunidades Autónomas competentes para la aplicación de la Ley de Defensa de la Competencia.

k) Las resoluciones dictadas por el órgano competente para la resolución de recursos en materia de contratación previsto en el artículo 311 de la Ley 30/2007, de 30 de octubre, de Contratos del Sector Público, en relación con los contratos incluidos en el ámbito competencial de las Comunidades Autónomas o de las Corporaciones locales.

l) Las resoluciones dictadas por los Tribunales Administrativos Territoriales de Recursos Contractuales.

m) Los actos y disposiciones dictados por las autoridades independientes autonómicas u órganos competentes de las Comunidades Autónomas referidos en la Ley reguladora de la protección de las personas que informen sobre infracciones normativas y de lucha contra la corrupción.

n) Cualesquiera otras actuaciones administrativas no atribuidas expresamente a la competencia de otros órganos de este orden jurisdiccional.

2. Conocerán, en segunda instancia, de las apelaciones promovidas contra sentencias y autos dictados por los Juzgados de lo Contencioso-administrativo, y de los correspondientes recursos de queja.

3. También les corresponde, con arreglo a lo establecido en esta Ley, el conocimiento de los recursos de revisión contra las sentencias firmes de los Juzgados de lo Contencioso-administrativo.

4. Conocerán de las cuestiones de competencia entre los Juzgados de lo Contenciosoadministrativo con sede en la Comunidad Autónoma.

5. Conocerán del recurso de casación para la unificación de doctrina previsto en el artículo 99.

6. Conocerán del recurso de casación en interés de la ley previsto en el artículo 101.

7. Conocerán de la solicitud de autorización al amparo del artículo 122 ter, cuando sea formulada por la autoridad de

---

Art. 10.1.k): La referencia al art. 311 ahora debe hacerse al art. 46 de la Ley 9/2017, de 8 de noviembre (*BOE* del 9), de Contratos del Sector Público, por la que se transponen al ordenamiento jurídico español las Directivas del Parlamento Europeo y del Consejo 2014/23/UE y 2014/24/UE, de 26 de febrero de 2014.

Arts. 10.1.m) y n): La letra *m)* modificada y la letra *n)* añadida por la Disp. Final 2.ª1 de la Ley 2/2023, de 20 de febrero (*BOE* del 21), reguladora de la protección de las personas que informen sobre infracciones normativas y de lucha contra la corrupción.

protección de datos de la Comunidad Autónoma respectiva.

8. *Conocerán de la autorización o ratificación judicial de las medidas adoptadas con arreglo a la legislación sanitaria que las autoridades sanitarias de ámbito distinto al estatal consideren urgentes y necesarias para la salud pública e impliquen la limitación o restricción de derechos fundamentales cuando sus destinatarios no estén identificados individualmente.*

Art. 11. 1. La Sala de lo Contencioso-administrativo de la Audiencia Nacional conocerá en única instancia:

a) De los recursos que se deduzcan en relación con las disposiciones generales y los actos de los Ministros, aun cuando se adopten previo informe o acuerdo del Consejo de Ministros o de las Comisiones Delegadas del Gobierno, y de los Secretarios de Estado, en general y en materia de personal cuando se refieran al nacimiento o extinción de la rela-

ción de servicio de funcionarios de carrera. Asimismo, conocerá de los recursos contra los actos de cualesquiera órganos centrales del Ministerio de Defensa referidos a ascensos, orden y antigüedad en el escalafón y destinos.

b) De los recursos contra los actos de los Ministros y Secretarios de Estado cuando rectifiquen en vía de recurso o en procedimiento de fiscalización o de tutela los dictados por órganos o entes distintos con competencia en todo el territorio nacional.

c) De los recursos en relación con los convenios entre Administraciones públicas no atribuidos a los Tribunales Superiores de Justicia.

d) De los actos de naturaleza económico-administrativa dictados por el Ministro de Economía y Hacienda y por el Tribunal Económico-Administrativo Central, con excepción de lo dispuesto en el artículo 10.1.*e*).

e) De los recursos contra los actos dictados por la Comi-

Art. 10.8: Declarado inconstitucional y nulo por la STC 70/2022, de 2 de junio.
Art. 11.1: Modificado por la Disp. Final 2.ª3 de la Ley 3/2020, de 18 de septiembre (*BOE* del 19), de medidas procesales y organizativas para hacer frente al COVID-19 en el ámbito de la Administración de Justicia.
Art. 11.1.a): Modificado por el art. 21.Uno de la LO 1/2025, de 2 de enero (*BOE* del 3), de medidas en materia de eficiencia del Servicio Público de Justicia. Entra en vigor el 3 de abril de 2025 (Disp. Final 38.ª1 LOMESPJ). La Disp. Trans. 9.ª LOMESP, en su apartado primero indica que las reformas serán aplicables exclusivamente a los procedimientos incoados con posterioridad a su entrada en vigor. Sin embargo, la modificación señalada será de aplicación a los recursos contencioso-administrativos que se interpondrán a partir de la entrada en vigor de esta Ley (apdo. 5).

sión de Vigilancia de Actividades de Financiación del Terrorismo, y de la autorización de prórroga de los plazos de las medidas de dicha Comisión, conforme a lo previsto en la Ley de Prevención y Bloqueo de la Financiación del Terrorismo.

f) Las resoluciones dictadas por el Tribunal Administrativo Central de Recursos Contractuales, con excepción de lo dispuesto en el artículo 10.1.*k*).

g) De los recursos contra los actos del Banco de España, de la Comisión Nacional del Mercado de Valores y del FROB adoptados conforme a lo previsto en la Ley 11/2015, de 18 de junio, de recuperación y resolución de entidades de crédito y empresas de servicios de inversión.

h) De los recursos interpuestos por la Comisión Nacional de los Mercados y de la Competencia en defensa de la unidad de mercado.

i) De la autorización o ratificación judicial de las medidas adoptadas con arreglo a la legislación sanitaria que la autoridad sanitaria estatal considere urgentes y necesarias para la salud pública e impliquen la limitación o restricción de derechos fundamentales, cuando sus destinatarios no estén identificados individualmente.

2. Conocerá, en segunda instancia, de las apelaciones contra autos y sentencias dictados por los Juzgados Centrales de lo Contencioso-administrativo y de los correspondientes recursos de queja.

3. Conocerá de los recursos de revisión contra sentencias firmes dictadas por los Juzgados Centrales de lo Contencioso-administrativo.

4. También conocerá de las cuestiones de competencia que se puedan plantear entre los Juzgados Centrales de lo Contencioso-administrativo.

5. Conocerá de la solicitud de autorización al amparo del artículo 122 ter, cuando sea formulada por la Agencia Española de Protección de Datos.

Art. 12. 1. La Sala de lo Contencioso-administrativo del Tribunal Supremo conocerá en única instancia de los recusos que se deduzcan en relación con:

a) Los actos y disposiciones del Consejo de Ministros y

Art. 11.1.i): Declarado inconstitucional y nulo por la STC 70/2022, de 2 de junio.
Art. 11.5: Añadido por la Disp. Final 6.ª2 de la LO 3/2018, de 5 de diciembre (*BOE* del 6), de Protección de Datos Personales y garantía de los derechos digitales.

de las Comisiones Delegadas del Gobierno.

b) Los actos y disposiciones del Consejo General del Poder Judicial y del Fiscal General del Estado.

c) Los actos y disposiciones en materia de personal, administración y gestión patrimonial adoptados por los órganos competentes del Congreso de los Diputados, del Senado, del Tribunal Constitucional, del Tribunal de Cuentas y del Defensor del Pueblo.

2. Conocerá también de:

a) Los recursos de casación de cualquier modalidad, en los términos establecidos por esta Ley, y los correspondientes recursos de queja.

b) Los recursos de casación y revisión contra las resoluciones dictadas por el Tribunal de Cuentas, con arreglo a lo establecido en su Ley de Funcionamiento.

c) Los recursos de revisión contra sentencias firmes dicta-

das por las Salas de lo Contencioso-administrativo de los Tribunales Superiores de Justicia, de la Audiencia Nacional y del Tribunal Supremo, salvo lo dispuesto en el artículo 61.1.1.° de la Ley Orgánica del Poder Judicial.

3. Asimismo conocerá de:

a) Los recursos que se deduzcan en relación con los actos y disposiciones de la Junta Electoral Central, así como los recursos contencioso-electorales que se deduzcan contra los acuerdos sobre proclamación de electos en los términos previstos en la legislación electoral.

b) Los recursos deducidos contra actos de las Juntas Electorales adoptados en el procedimiento para elección de miembros de las Salas de Gobierno de los Tribunales, en los términos de la Ley Orgánica del Poder Judicial.

4. Conocerá de la solicitud de autorización al amparo del artículo 122 ter, cuando sea

---

Art. 12.1.b): Letra añadida por la Disp. final 4.ª de la Ley 16/2022, de 5 de septiembre (*BOE* del 6), de reforma del texto refundido de la Ley Concursal, aprobado por el Real Decreto Legislativo 1/2020, de 5 de mayo, para la transposición de la Directiva (UE) 2019/1023 del Parlamento Europeo y del Consejo, de 20 de junio de 2019, sobre marcos de reestructuración preventiva, exoneración de deudas e inhabilitaciones, y sobre medidas para aumentar la eficiencia de los procedimientos de reestructuración, insolvencia y exoneración de deudas, y por la que se modifica la Directiva (UE) 2017/1132 del Parlamento Europeo y del Consejo, sobre determinados aspectos del Derecho de sociedades (Directiva sobre reestructuración e insolvencia).

Art. 12.4: Añadido por la Disp. Final 6.ª3 de la LO 3/2018, de 5 de diciembre (*BOE* del 6), de Protección de Datos Personales y garantía de los derechos digitales.

formulada por el Consejo General del Poder Judicial.

Art. 13. Para aplicar las reglas de distribución de competencia contenidas en los artículos anteriores, se tendrán en cuenta los siguientes criterios:

a) Las referencias que se hacen a la Administración del Estado, Comunidades Autónomas y Entidades locales comprenden a las Entidades y Corporaciones dependientes o vinculadas a cada una de ellas.

b) La competencia atribuida a los Juzgados y Tribunales para el conocimiento de recursos contra actos administrativos incluye la relativa a la inactividad y a las actuaciones constitutivas de vía de hecho.

c) Salvo disposición expresa en contrario, la atribución de competencia por razón de la materia prevalece sobre la efectuada en razón del órgano administrativo autor del acto.

CAPÍTULO III

COMPETENCIA TERRITORIAL
DE LOS JUZGADOS
Y TRIBUNALES

Art. 14. 1. La competencia territorial de los Juzgados y de los Tribunales Superiores de Justicia se determinará conforme a las siguientes reglas:

1.ª Con carácter general, será competente el órgano jurisdiccional en cuya circunscripción tenga su sede el órgano que hubiere dictado la disposición o el acto originario impugnado.

2.ª Cuando el recurso tenga por objeto actos de las Administraciones públicas en materia de responsabilidad patrimonial, personal, propiedades especiales y sanciones será competente, a elección del demandante, el juzgado o el tribunal en cuya circunscripción tenga aquél su domicilio o se halle la sede del órgano autor del acto originario impugnado.

Cuando el recurso tenga por objeto actos de las Administraciones de las Comunidades Autónomas o de las entidades de la Administración Local, la elección a que se refiere esta regla segunda se entenderá limitada a la circunscripción del Tribunal Superior de Justicia en que tenga su sede el órgano que hubiere dictado el acto originario impugnado.

3.ª La competencia corresponderá al órgano jurisdiccional en cuya circunscripción radiquen los inmuebles afectados cuando se impugnen planes de

---

Art. 14.1.2.ª: Modificada por el art. 3.º de la Ley 37/2011, de 10 de octubre (*BOE* del 11), de medidas de agilización procesal.

ordenación urbana y actuaciones urbanísticas, expropiatorias y, en general, las que comporten intervención administrativa en la propiedad privada.

2. Cuando el acto originario impugnado afectase a una pluralidad de destinatarios y fueran diversos los Juzgados o Tribunales competentes según las reglas anteriores, la competencia vendrá atribuida al órgano jurisdiccional en cuya circunscripción tenga su sede el órgano que hubiere dictado el acto originario impugnado.

CAPÍTULO IV

CONSTITUCIÓN Y ACTUACIÓN
DE LAS SALAS
DE LO CONTENCIOSO-
ADMINISTRATIVO

Art. 15. 1. La Sala de lo Contencioso-administrativo del Tribunal Supremo actuará dividida en Secciones, cuyo Presidente será el que lo fuere de la Sala o el magistrado más antiguo de los que integren la Sección, salvo en el supuesto previsto en el artículo 96.6 en el que la Sección a que se refiere será presidida por el Presidente del Tribunal Supremo.

2. Para la vista o deliberación y fallo será necesaria la concurrencia del que presida y de los Magistrados siguientes:

a) Todos los que componen la Sección para decidir los recursos de casación y revisión.

b) Cuatro en los demás casos.

3. Para el despacho ordinario será suficiente la concurrencia del que presida y dos Magistrados.

Art. 16. 1. La Sala de lo Contencioso-administrativo de la Audiencia Nacional se compondrá de las Secciones que aconseje el número de asuntos, cuyo Presidente será el que lo fuere de la Sala o el Magistrado más antiguo de los integrantes de la Sección.

2. Las Salas de lo Contencioso-administrativo de los Tribunales Superiores de Justicia, cuando el número de sus miembros exceda de cinco, actuarán divididas en Secciones, cuyo Presidente será el que lo fuere de la Sala o el Magistrado más antiguo de los que integren la Sección.

3. Para la vista o deliberación y fallo, y despacho ordinario, será suficiente la concurrencia del que presida y dos Magistrados.

4. La resolución de los recursos de casación en interés de la Ley, de casación para la unificación de doctrina y de revisión se encomendará a una Sección de la Sala de lo Contencioso-administrativo que tenga su sede en

el Tribunal Superior de Justicia compuesta por el Presidente de dicha Sala que la presidirá, por el Presidente o Presidentes de las demás Salas de lo Contencioso-administrativo y, en su caso, de las Secciones de las mismas, en número no superior a dos; y por los Magistrados de la referida Sala o Salas que fueran necesarios para completar un total de cinco miembros.

Si la Sala o Salas de lo Contencioso-administrativo tuviesen más de una Sección, la Sala de Gobierno del Tribunal Superior de Justicia establecerá para cada año judicial el turno con arreglo al cual los Presidentes de Sección ocuparán los puestos de la regulada en este apartado. También lo establecerá entre todos los Magistrados que presten servicio en la Sala o Salas.

CAPÍTULO V

DISTRIBUCIÓN DE ASUNTOS*

Art. 17. 1. La distribución de asuntos entre las diversas Salas de un mismo Tribunal,

---

* El RD-ley 16/2020, de 28 de abril (*BOE* del 29), de medidas procesales y organizativas para hacer frente al COVID-19 en el ámbito de la Administración de Justicia, establecía:

«[...]

»*Art. 7.º Tramitación preferente de determinados procedimientos.*—1. Durante el período que transcurra desde el levantamiento de la suspensión de los plazos procesales declarada por el Real Decreto 463/2020, de 14 de marzo, y hasta el 31 de diciembre de 2020, se tramitarán con preferencia los siguientes expedientes y procedimientos:

»[...]

»*c*) En el orden jurisdiccional contencioso-administrativo, los recursos que se interpongan contra los actos y resoluciones de las Administraciones Públicas por los que se deniegue la aplicación de ayudas y medidas previstas legalmente para paliar los efectos económicos de la crisis sanitaria producida por el COVID-19.

»[...]

»2. Lo dispuesto en el apartado anterior se entiende sin perjuicio del carácter preferente que tengan reconocido otros procedimientos de acuerdo con las leyes procesales.»

»[...]».

Los arts. 8 y 10 del RD 537/2020, de 22 de mayo (*BOE* del 23), establecen que, con efectos desde el día 4 de junio, se alzarán la suspensión de plazos procesales y de los plazos de prescripción y caducidad de derechos y acciones.

No obstante, la Disp. Derog. única de la Ley 3/2020, de 18 de septiembre (*BOE* del 19), de medidas procesales y organizativas para hacer frente al COVID-19 en el ámbito de la Administración de Justicia, deroga el RD-ley 16/2020. Pero su art. 2 (*Tramitación preferente de determinados procedimientos*) establece que:

«1. Hasta el 31 de diciembre de 2020 inclusive se tramitarán con preferencia los siguientes expedientes y procedimientos:

»[...]

o entre las diversas Secciones de una misma Sala, será acordada por la Sala de Gobierno del respectivo Tribunal, teniendo en cuenta la naturaleza y homogeneidad de la materia a que se refieren los recursos.

2. Idéntico criterio se tendrá en cuenta para la distribución de asuntos entre los diversos Juzgados de lo Contencioso-administrativo de una misma población. La aprobación corresponderá a la Sala de Gobierno del Tribunal Superior de Justicia, a propuesta de la Junta de Jueces de este orden jurisdiccional.

3. Los acuerdos sobre distribución de asuntos se adoptarán cada dos años y se comunicarán al Consejo General del Poder Judicial al solo efecto de su publicación, antes de la apertura de Tribunales, en el *Boletín Oficial del Estado* o en el de la Comunidad Autónoma, según corresponda.

En caso de resultar alterada la competencia de los distintos Juzgados con sede en un mismo partido judicial, de las diversas Salas de un mismo Tribunal o de las diversas Secciones de una Sala por razón de una nueva distribución de asuntos, de los procesos en tramitación continuará conociendo y fallará el órgano jurisdiccional que resultare competente al tiempo de la interposición del recurso, según los acuerdos entonces vigentes.

»*c*) En el orden jurisdiccional contencioso-administrativo, los recursos que se interpongan contra los actos y resoluciones de las Administraciones públicas por los que se deniegue la aplicación de ayudas y medidas previstas legalmente para paliar los efectos económicos de la crisis sanitaria producida por el COVID19.

»[…]

»2. Lo dispuesto en el apartado anterior se entiende sin perjuicio del carácter preferente que tengan reconocido otros procedimientos de acuerdo con las leyes procesales.

»[…].»

Art. 17: V. arts. 25 a 33, sobre reparto de asuntos, y los arts. 34 a 37, sobre reparto de ponencias, del Reglamento del CGPJ 1/2005, de 15 de septiembre (*BOE* del 27), de los aspectos accesorios de las actuaciones judiciales.

TÍTULO II

Las partes

CAPÍTULO PRIMERO

CAPACIDAD PROCESAL

Art. 18. Tienen capacidad procesal ante el orden jurisdiccional contencioso-administrativo, además de las personas que la ostenten con arreglo a la Ley de Enjuiciamiento Civil, los menores de edad para la defensa de aquellos de sus derechos e intereses legítimos cuya actuación les esté permitida por el ordenamiento jurídico sin necesidad de asistencia de la persona que ejerza la patria protestad, tutela o curatela.

Los grupos de afectados, uniones sin personalidad o patrimonios independientes o autónomos, entidades todas ellas aptas para ser titulares de derechos y obligaciones al margen de su integración en las estructuras formales de las personas jurídicas, también tendrán capacidad procesal ante el orden jurisdiccional contencioso-administrativo cuando la Ley así lo declare expresamente.

CAPÍTULO II

LEGITIMACIÓN

Art. 19. 1. Están legitimados ante el orden jurisdiccional contencioso-administrativo:

a) Las personas físicas o jurídicas que ostenten un derecho o interés legítimo.

Art. 18: V. arts. 6.º a 9.º de la Ley 1/2000, de 7 de enero (*BOE* del 8), de Enjuiciamiento Civil.

Art. 19.1.a): La Ley 11/2015, de 18 de junio (*BOE* del 19), de recuperación y resolución de entidades de crédito y empresas de servicios de inversión, establece:

«*Art. 72. Especialidades del recurso contra las decisiones y actos administrativos dictados en el marco de procesos de actuación temprana y resolución.*—1. La aprobación de los planes de recuperación y de resolución, por parte del supervisor competente o la autoridad de resolución preventiva competente, pondrá fin a la vía administrativa y será recurrible ante la Sala de lo Contencioso-Administrativo de la Audiencia Nacional.

»2. Los actos y decisiones del supervisor y de las autoridades de resolución competentes dictados en el marco de procesos de actuación temprana y las fases preventiva y ejecutiva de la resolución, pondrán fin a la vía administrativa y serán recurribles ante la Sala de lo Contencioso-Administrativo de la Audiencia Nacional.

b) Las corporaciones, aso- entidades a que se refiere el ar-
ciaciones, sindicatos y grupos y tículo 18 que resulten afectados

---

»La valoración que acompañe a los actos y decisiones del supervisor y de las autoridades de resolución competentes mencionados en el párrafo anterior, no podrá
ser objeto de recurso separado, siendo únicamente impugnable en los recursos que
se planteen contra aquellos actos y decisiones. Si no fuese impugnada, será utilizada
por el tribunal como base de su propia evaluación de los actos o decisiones objeto
del recurso contencioso-administrativo.

»3. La tramitación de los procedimientos de impugnación de resoluciones de las
autoridades de resolución competentes tendrá carácter preferente, salvo respecto del
procedimiento especial para la protección de los derechos fundamentales y la preferencia reconocida a los recursos directos contra disposiciones generales previsto en
el artículo 66 de la Ley 29/1998, de 13 de julio, reguladora de la Jurisdicción Contencioso-administrativa.

»4. En el ejercicio de instrumentos y competencias de resolución, las autoridades
de resolución competentes podrán solicitar y el Tribunal competente deberá suspender, durante el período de tiempo necesario para garantizar la efectividad del objeto
perseguido, cualquier acción o procedimiento judicial del que sea parte la entidad
objeto de resolución.

»*Art. 73. Especialidades del recurso contra las decisiones y actos administrativos
dictados en materia de amortización o conversión de instrumentos de capital y recapitalización interna.*—1. Estarán legitimados para interponer el recurso contencioso-
administrativo contra los actos y decisiones del FROB en materia de amortización
o conversión de instru-mentos de capital y recapitalización interna:

»*a)* Los accionistas o socios de la entidad emisora de los instrumentos de capital
y pasivos admisibles que representen al menos un 5 por 100 del capital social y, en
su caso, la entidad íntegramente participada a través de la cual se haya instrumen-
tado la emisión.

»*b)* Los titulares de valores incluidos en el ámbito de aplicación de la acción
de amortización o conversión de instrumentos de capital y recapitalización interna.

»*c)* El comisario o representante del sindicato o asamblea que agrupe a los
titulares de los valores de una determinada emisión afectada por la acción, siempre que esté facultado para ello en virtud de los términos y condiciones de dicha
emisión y de las reglas que regulen el funcionamiento de dicho sindicato o asamblea.

»*d)* Los depositantes y acreedores de la entidad.

»2. El auto por el que, en su caso, se acuerde la adopción de medidas cautelares
deberá publicarse en el *Boletín Oficial del Estado* y la entidad y el FROB darán la
misma publicidad a dicho auto que a la acción de amortización o conversión de
instrumentos de capital y recapitalización interna.

»3. En el caso de que el recurso contencioso-administrativo interpuesto por los
titulares de valores incluidos en el ámbito de aplicación de la acción de amortización
o conversión de instrumentos de capital y recapitalización interna o por el comisario
o representante del sindicato o asamblea que los agrupe sea estimado, el fallo únicamente tendrá efectos con respecto a la emisión o emisiones en las que hubieran
invertido.

»4. La entidad y el FROB darán la misma publicidad a la sentencia que a la
acción de amortización o conversión de instrumentos de capital y recapitalización
interna.»

o estén legalmente habilitados para la defensa de los derechos e intereses legítimos colectivos.

c) La Administración del Estado, cuando ostente un derecho o interés legítimo, para impugnar los actos y disposiciones de la Administración de las Comunidades Autónomas y de los Organismos públicos vinculados a éstas, así como los de las Entidades locales, de conformidad con lo dispuesto en la legislación de régimen local, y los de cualquier otra entidad pública no sometida a su fiscalización.

d) La Administración de las Comunidades Autónomas, para impugnar los actos y disposiciones que afecten al ámbito de su autonomía, emanados de la Administración del Estado y de cualquier otra Administración u Organismo público, así como los de las Entidades locales, de conformidad con lo dispuesto en la legislación de régimen local.

e) Las Entidades locales territoriales, para impugnar los actos y disposiciones que afecten al ámbito de su autonomía, emanados de las Administraciones del Estado y de las Comunidades Autónomas, así como los de Organismos públicos con personalidad jurídica propia vinculados a una y otras o los de otras Entidades locales.

f) El Ministerio Fiscal para intervenir en los procesos que determine la Ley.

g) Las Entidades de Derecho público con personalidad jurídica propia vinculadas o dependientes de cualquiera de las Administraciones públicas para impugnar los actos o disposiciones que afecten al ámbito de sus fines.

Art. 19.1.f): Así, por ejemplo, la Disp. Adic. 8.ª (*Legitimación del Ministerio Fiscal*) de la Ley 26/2007, de 23 de octubre (*BOE* del 24), de Responsabilidad Medioambiental, establece que:

«1. De conformidad con lo dispuesto en el artículo 19.1.*f)* de la Ley 29/ 1998, de 13 de julio, reguladora de la Jurisdicción Contencioso-administrativa, el Ministerio Fiscal estará legitimado en cualesquiera procesos contencioso-administrativos que tengan por objeto la aplicación de esta Ley.

»A los efectos de lo dispuesto en el párrafo anterior, la autoridad competente pondrá en conocimiento del Ministerio Fiscal todos los supuestos de responsabilidad medioambiental derivados de esta Ley.

»2. Las Administraciones públicas adoptarán las medidas oportunas para que sus autoridades y el personal a su servicio presten al Ministerio Fiscal el auxilio técnico, material o de cualquier otra naturaleza que éste pueda requerir para el ejercicio de sus funciones en los procesos contencioso-administrativos a los que se refiere el apartado anterior, de conformidad con lo establecido en el artículo 4.3 de la Ley 50/1981, de 30 de diciembre, por la que se regula el Estatuto Orgánico del Ministerio Fiscal; el art. 5 de la Ley 12/2023, de 24 de mayo (*BOE* del 25), por el derecho a la vivienda.»

h) Cualquier ciudadano, en ejercicio de la acción popular, en los casos expresamente previstos por las Leyes.

i) Para la defensa del derecho a la igualdad de trato y no discriminación e intolerancia, además de las personas afectadas y siempre con su autorización, estará también legitimada la Autoridad Independiente para la Igualdad de Trato y la

---

Art. 19.1.h): V. arts. 125 CE; arts. 20.3 y 406 LOPJ; art. 48 del RDL 2/2008, de 20 de junio (*BOE* del 26), por el que se aprueba el texto refundido de la Ley de Suelo; art. 109 de la Ley 22/1988, de 28 de julio (*BOE* del 29), de Costas; art. 151.2 de la LO 5/1985, de 19 de junio, sobre régimen electoral general; art. 8.º2 de la Ley 13/1985, de 25 de junio, del patrimonio histórico español. Ahora, también, los arts. 3.º3), 22 y 23 de la Ley 27/2006, de 18 de julio (*BOE* del 19), por la que se regulan los derechos de acceso a la información, de participación pública y de acceso a la justicia en materia de medio ambiente (incorpora las Directivas 2003/4/CE y 2003/35/CE). También pueden citarse, entre otras, algunas leyes reguladoras de Parques Nacionales, como las del Parque de Doñana (art. 11 de la Ley 91/1978, de 28 de diciembre), Tablas de Daimiel (art. 13 de la Ley 25/1980, de 3 de mayo), Garajonay (art. 17 de la Ley 4/1981, de 25 de marzo) y Timanfaya (art. 17 de la Ley 5/1981, de 25 de marzo); con carácter general, sobre esta materia hay que tener en cuenta el art. 23 quáter de la Ley 4/1989, de 27 de marzo, de Conservación de los Espacios Naturales y de la Flora y Fauna Silvestre, introducido por la Disp. Adic. 5.ª de la Ley 15/2002, de 1 de julio, por la que se declara el Parque Nacional marítimo-terrestre de las Islas Atlánticas de Galicia; el art. 22 de la Ley 5/2007, de 3 de abril (*BOE* del 4), de la Red de Parques Nacionales; finalmente, el art. 39 de la Ley 30/2014, de 3 de diciembre (*BOE* del 4), de Parques Nacionales; el art. 10.1 de la Ley 7/2022, de 8 de abril (*BOE* del 9), de residuos y suelos contaminados para una economía circular.
Art. 19.1.i): Letra modificada por la Disp. Final 3.ª1 de la Ley 15/2022, de 12 de julio (*BOE* del 13), integral para la igualdad de trato y la no discriminación.
El art. 29 («Legitimación para la defensa del derecho a la igualdad de trato y no discriminación») de dicha norma establece:
«1. Sin perjuicio de la legitimación individual de las personas afectadas, los partidos políticos, los sindicatos, las asociaciones profesionales de trabajadores autónomos, las organizaciones de personas consumidoras y usuarias y las asociaciones y organizaciones legalmente constituidas que tengan entre sus fines la defensa y promoción de los derechos humanos estarán legitimadas, en los términos establecidos por las leyes procesales, para defender los derechos e intereses de las personas afiliadas o asociadas o usuarias de sus servicios en procesos judiciales civiles, contencioso-administrativos y sociales, siempre que cuenten con su autorización expresa.
»2. A los efectos de lo establecido en el apartado anterior, las asociaciones y organizaciones legalmente constituidas que tengan entre sus fines la defensa y promoción de los derechos humanos tienen que acreditar los siguientes requisitos:
»*a*) Que se hubieran constituido legalmente al menos dos años antes de la iniciación del proceso judicial y que vengan ejerciendo de modo activo las actividades necesarias para alcanzar los fines previstos en sus estatutos, salvo que ejerciten las acciones administrativas o judiciales en defensa de los miembros que la integran.
»*b*) Que según sus estatutos desarrollen su actividad en el ámbito estatal o, en su caso, en un ámbito territorial que resulte afectado por la posible situación de discriminación».

No Discriminación, así como, en relación con las personas afiliadas o asociadas a los mismos, los partidos políticos, los sindicatos, las asociaciones profesionales de trabajadores autónomos, las organizaciones de personas consumidoras y usuarias y las asociaciones y organizaciones legalmente constituidas que tengan entre sus fines la defensa y promoción de los derechos humanos, de acuerdo con lo establecido en la Ley integral para la igualdad de trato y la no discriminación.

Cuando las personas afectadas sean una pluralidad indeterminada o de difícil determinación, la legitimación para instar acciones judiciales en defensa de derechos o intereses difusos corresponderá a la Autoridad Independiente para la Igualdad de Trato y la No Discriminación, a los partidos políticos, los sindicatos y las asociaciones profesionales de trabajadores autónomos más representativos, así como a las organizaciones de personas consumidoras y usuarias de ámbito estatal, y a las organizaciones, de ámbito estatal o del ámbito territorial en el que se produce la situación de dis-

criminación, que tengan entre sus fines la defensa y promoción de los derechos humanos, de acuerdo con lo establecido en la Ley integral para la igualdad de trato y la no discriminación, sin perjuicio en todo caso de la legitimación individual de aquellas personas afectadas que estuviesen determinadas.

La persona acosada será la única legitimada en los litigios sobre acoso sexual y acoso discriminatorio.

j) Para la defensa de los derechos e intereses de las personas víctimas de discriminación por orientación e identidad sexual, expresión de género o características sexuales, además de las personas afectadas y siempre que cuenten con su autorización expresa, estarán también legitimados los partidos políticos, las organizaciones sindicales, las organizaciones empresariales, las asociaciones profesionales de personas trabajadoras autónomas, las asociaciones de personas consumidoras y usuarias y las asociaciones y organizaciones legalmente constituidas que tengan entre sus fines la defensa y promoción de los derechos de las personas lesbianas, gais, bisexuales, trans e in-

---

Art. 19.1.j): Letra añadida por la Disp. Final 4.ª1 de la Ley 4/2023, de 28 de febrero (*BOE* de 1 de marzo), para la igualdad real y efectiva de las personas trans y para la garantía de los derechos de las personas LGTBI.

tersexuales o de sus familias, de acuerdo con lo establecido en la Ley para la igualdad real y efectiva de las personas trans y para la garantía de los derechos de las personas LGTBI.

Cuando las personas afectadas sean una pluralidad indeterminada o de difícil determinación, la legitimación para demandar en juicio la defensa de estos intereses difusos corresponderá exclusivamente a los organismos públicos con competencia en la materia, a los partidos políticos, las organizaciones sindicales, las organizaciones empresariales, las asociaciones profesionales de personas trabajadoras autónomas, las asociaciones de personas consumidoras y usuarias y las asociaciones y organizaciones legalmente constituidas que tengan entre sus fines la defensa y promoción de los derechos de las personas lesbianas, gais, bisexuales, trans e intersexuales o de sus familias.

La persona acosada será la única legitimada en los litigios sobre acoso discriminatorio por razón de orientación e identidad sexual, expresión de género o características sexuales.

k) Los sindicatos estarán también legitimados para actuar, en nombre interés del personal funcionario y estatutario afiliado a ellos que así lo autorice, en defensa de sus derechos individuales, recayendo sobre dichos afiliados los efectos de aquella actuación.

2. La Administración autora de un acto está legitimada para impugnarlo ante este orden jurisdiccional, previa su declaración de lesividad para el interés público en los términos establecidos por la Ley.

3. El ejercicio de acciones por los vecinos en nombre e interés de las Entidades locales se rige por lo dispuesto en la legislación de régimen local.

4. Las Administraciones públicas y los particulares po-

Art. 19.1.k): Añadida por el art. 21.Dos de la LO 1/2025, de 2 de enero (*BOE* del 3), de medidas en materia de eficiencia del Servicio Público de Justicia. Entra en vigor el 3 de abril de 2025 (Disp. Final 38.ª1 LOMESPJ). La Disp. Trans. 9.ª LOMESP, en su apartado primero indica que las reformas serán aplicables exclusivamente a los procedimientos incoados con posterioridad a su entrada en vigor.

Art. 19.3: V. arts. 18.1 y 68 de la Ley 7/1985, de 2 de abril (*BOE* del 3) de Bases del Régimen Local. El art. 18 en la redacción dada por la Ley 57/2003, de 16 de diciembre, de Medidas para la modernización del Gobierno Local.

Art. 19.4: Añadido por el art. 3.º3 de la Ley 34/2010, de 5 de agosto (*BOE* del 9), de modificación de las Leyes 30/2007, de 30 de octubre, de Contratos del Sector Público, 31/2007, de 30 de octubre, sobre procedimientos de contratación en los sectores del agua, la energía, los transportes y los servicios postales, y 29/1998, de 13

drán interponer recurso contencioso-administrativo contra las decisiones adoptadas por los órganos administrativos a los que corresponde resolver los recursos especiales y las reclamaciones en materia de contratación a que se refiere la legislación de Contratos del Sector Público sin necesidad, en el primer caso, de declaración de lesividad.

5. Tendrán legitimación para recurrir ante el orden jurisdiccional contencioso-administrativo las resoluciones del Tribunal Administrativo del Deporte que se dicten en asuntos de disciplina deportiva en materia de dopaje, todas las personas mencionadas en el artículo 40.4 de la Ley Orgánica de Protección de la Salud del Deportista y Lucha contra el Dopaje en la Actividad Deportiva.

Art. 20. No pueden interponer recurso contencioso-administrativo contra la actividad de una Administración pública:

a) Los órganos de la misma y los miembros de sus órganos colegiados, salvo que una Ley lo autorice expresamente.

b) Los particulares cuando obren por delegación o como meros agentes o mandatarios de ella.

c) Las Entidades de Derecho público que sean dependientes o estén vinculadas al Estado, las Comunidades Autónomas o las Entidades locales, respecto de la actividad de la Administración de la que dependan. Se exceptúan aquellos a los que por Ley se haya dotado de un estatuto específico de autonomía respecto de dicha Administración.

Art. 21. 1. Se considera parte demandada:

a) Las Administraciones públicas o cualesquiera de los órganos mencionados en el artículo 1.°3 contra cuya actividad se dirija el recurso.

b) Las personas o entidades cuyos derechos o intereses legítimos pudieran quedar afectados por la estimación de las pretensiones del demandante.

c) Las aseguradoras de las Administraciones públicas, que siempre serán parte codemandada junto con la Administración a quien aseguren.

---

de julio, reguladora de la Jurisdicción Contencioso-administrativa para adaptación a la normativa comunitaria de las dos primeras.

Art. 19.5: Añadido por la Disp. Final 5.ª de la LO 3/2013, de 20 de junio (*BOE* del 21), de protección de la salud del deportista y lucha contra el dopaje en la actividad deportiva.

Art. 21.1: Redactado conforme a la Disp. Adic. 14.ª4 de la LO 19/2003, de 23 de diciembre (*BOE* del 26), de modificación de la Ley Orgánica del Poder Judicial.

2. A efectos de lo dispuesto en el párrafo *a*) del apartado anterior, cuando se trate de Organismos o Corporaciones públicos sujetos a fiscalización de una Administración territorial, se entiende por Administración demandada:

a) El Organismo o Corporación autores del acto o disposición fiscalizados, si el resultado de la fiscalización es aprobatorio.

b) La que ejerza la fiscalización, si mediante ella no se aprueba íntegramente el acto o disposición.

3. En los recursos contra las decisiones adoptadas por los órganos administrativos a los que corresponde resolver los recursos especiales y las reclamaciones en materia de contratación a que se refiere la legislación de Contratos del Sector Público los citados órganos no tendrán la consideración de parte demandada, siéndolo las personas o Administraciones favorecidas por el acto objeto del recurso, o que se personen en tal concepto, conforme a lo dispuesto en el artículo 49.

4. Si el demandante fundara sus pretensiones en la ilegalidad de una disposición general, se cosiderará también parte demandada a la Administración autora de la misma, aunque no proceda de ella la actuación recurrida.

Art. 22. Si la legitimación de las partes derivare de alguna relación jurídica transmisible, el causahabiente podrá suceder en cualquier estado del proceso a la persona que inicialmente hubiere actuado como parte.

CAPÍTULO III

REPRESENTACIÓN Y DEFENSA DE LAS PARTES

Art. 23. 1. En sus actuciones ante órganos unipersonales, las partes podrán con-

---

Art. 21.3: Añadido por el art. 3.º4 de la Ley 34/2010, de 5 de agosto (*BOE* del 9), de modificación de las Leyes 30/2007, de 30 de octubre, de Contratos del Sector Público, 31/2007, de 30 de octubre, sobre procedimientos de contratación en los sectores del agua, la energía, los transportes y los servicios postales, y 29/1998, de 13 de julio, reguladora de la Jurisdicción Contencioso-administrativa para adaptación a la normativa comunitaria de las dos primeras.

Art. 21.4: Anterior apartado 3, ha sido renumerado por el art. 3.º4 de la Ley 34/2010, de 5 de agosto (*BOE* del 9), de modificación de las Leyes 30/ 2007, de 30 de octubre, de Contratos del Sector Público, 31/2007, de 30 de octubre, sobre procedimientos de contratación en los sectores del agua, la energía, los transportes y los servicios postales, y 29/1998, de 13 de julio, reguladora de la Jurisdicción Contencioso-administrativa para adaptación a la normativa comunitaria de las dos primeras.

ferir su representación a un Procurador y serán asistidas, en todo caso, por Abogado.

Cuando las partes confieran su representación al Abogado, será a éste a quien se notifiquen las actuaciones.

2. En sus actuaciones ante órganos colegiados, las partes deberán conferir su representación a un Procurador y ser asistidas por Abogado.

3. Podrán, no obstante, comparecer por sí mismos los funcionarios públicos en defensa de sus derechos estatutarios, cuando se refieran a cuestiones de personal que no impliquen separación de empleados públicos inamovibles.

En este caso, estarán obligados al empleo de los sistemas electrónicos existentes, tanto para la remisión de escritos, iniciadores o no, y demás documentos, como para la recepción de notificaciones, de forma tal que esté garantizada su autenticidad y quede constancia fehaciente de la remisión y la recepción íntegras, así como de la fecha en que éstas se hicieren.

4. En todo caso, la representación prevista en este artículo podrá conferirse electrónicamente a través de los medios establecidos para ello.

Art. 24. La representación y defensa de las Administraciones públicas y de los órganos constitucionales se rige por lo dispuesto en la Ley Orgánica del Poder Judicial y en la Ley de Asistencia Jurídica al Estado e Instituciones Públicas, así como en las normas que sobre la materia y en el marco de sus competencias hayan dictado las Comunidades Autónomas.

Art. 23.3 y 4: El apartado 3 redactado, y el apartado 4 añadido, conforme al art. 102.tres del RD-ley 6/2023, de 19 de diciembre (*BOE* del 20), por el que se aprueban medidas urgentes para la ejecución del Plan de Recuperación, Transformación y Resiliencia en materia de servicio público de justicia, función pública, régimen local y mecenazgo.

Art. 24: V. art. 551 de la Ley Orgánica del Poder Judicial, así como la Ley 52/1997, de 27 de noviembre (*BOE* del 28), de Asistencia Jurídica al Estado e Instituciones Públicas, y el RD 997/ 2003, de 25 de julio (*BOE* de 7 de agosto), por el que se aprueba el Reglamento del Servicio Jurídico del Estado. Ahora también hay que tener presente el RD 3/2007, de 12 de enero (*BOE* del 13), por el que se modifica el anterior [vuelto a modificar por RD 247/2010, de 5 de marzo (*BOE* del 6), y por RD 1.003/2012, de 29 de junio (*BOE* de 10 de julio), por los que se modifica el Reglamento del Servicio Jurídico del Estado]. Y la Orden JUS/1.492/2007, de 21 de mayo (*BOE* del 30), sobre organización de la Abogacía del Estado en el ámbito autonómico.

TÍTULO III

Objeto del recurso contencioso-administrativo

CAPÍTULO PRIMERO

ACTIVIDAD ADMINISTRATIVA
IMPUGNABLE

Art. 25. 1. El recurso contencioso-administrativo es admisible en relación con las disposiciones de carácter general y con los actos expresos y presuntos de la Administración pública que pongan fin a la vía administrativa, ya sean definitivos o de trámite, si estos últimos deciden directa o indirectamente el fondo del asunto, determinan la imposibilidad de continuar el procedimiento, producen indefensión o perjuicio irreparable a derechos o intereses legítimos.

2. También es admisible el recurso contra la inactividad de la Administración y contra sus actuaciones materiales que constituyan vía de hecho, en los términos establecidos en esta Ley.

Art. 26. 1. Además de la impugnación directa de las disposiciones de carácter general, también es admisible la de los actos que se produzcan en aplicación de las mismas, fundada en que tales disposiciones no son conformes a Derecho.

2. La falta de impugnación directa de una disposición general o la desestimación del recurso que frente a ella se hubiera interpuesto no impiden la impugnación de los actos de aplicación con fundamento en lo dispuesto en el apartado anterior.

Art. 27. 1. Cuando un Juez o Tribunal de lo Contencioso-administrativo hubiere dictado sentencia firme estimatoria por considerar ilegal el contenido de la disposición general aplicada, deberá plantear la cuestión de ilegalidad ante el Tribunal competente para conocer del recurso directo contra la disposición, salvo lo dispuesto en los dos apartados siguientes.

2. Cuando el Juez o Tribunal competente para conocer de un recurso contra un acto fundado en la invalidez de una disposición general lo fuere también para conocer del recurso directo contra ésta, la sentencia declarará la validez o nulidad de la disposición general.

3. Sin necesidad de plantear cuestión de ilegalidad, el Tribunal Supremo anulará cualquier disposición general cuando, en cualquier grado, co-

nozca de un recurso contra un acto fundado en la ilegalidad de aquella norma.

Art. 28. No es admisible el recurso contencioso-administrativo respecto de los actos que sean reproducción de otros anteriores definitivos y firmes y los confirmatorios de actos consentidos por no haber sido recurridos en tiempo y forma.

Art. 29. 1. Cuando la Administración, en virtud de una disposición general que no precise de actos de aplicación o en virtud de un acto, contrato o convenio administrativo, esté obligada a realizar una prestación concreta en favor de una o varias personas determinadas, quienes tuvieran derecho a ella pueden reclamar de la Administración el cumplimiento de dicha obligación. Si en el plazo de tres meses desde la fecha de la reclamación, la Administración no hubiera dado cumplimiento a lo solicitado o no hubiera llegado a un acuerdo con los interesados, éstos pueden deducir recurso contencioso-administrativo contra la inactividad de la Administración.

2. Cuando la Administración no ejecute sus actos firmes podrán los afectados solicitar su ejecución, y si ésta no se produce en el plazo de un mes desde tal petición, podrán los solicitantes formular recurso contencioso-administrativo, que se tramitará por el procedimiento abreviado regulado en el artículo 78.

Art. 30. En caso de vía de hecho, el interesado podrá formular requerimiento a la Administración actuante, intimando su cesación. Si dicha intimación no hubiera sido formulada o no fuere atendida dentro de los diez días siguientes a la presentación del requerimiento, podrá deducir directamente recurso contencioso-administrativo.

CAPÍTULO II

PRETENSIONES
DE LAS PARTES

Art. 31. 1. El demandante podrá pretender la declaración de no ser conformes a Derecho y, en su caso, la anulación de los actos y disposiciones susceptibles de impugnación según el capítulo precedente.

2. También podrá pretender el reconocimiento de una

Art. 31.2: Conforme al art. 5.2 de la Ley 12/2023, de 24 de mayo (*BOE* del 25), por el derecho a la vivienda, el ejercicio de la acción pública «no podrá en ningún caso comprender una pretensión de reconocimiento y restablecimiento de una situación

situación jurídica individualizada y la adopción de las medidas adecuadas para el pleno restablecimiento de la misma, entre ellas la indemnización de los daños y perjuicios, cuando proceda.

Art. 32. 1. Cuando el recurso se dirija contra la inactividad de la Administración pública, conforme a lo dispuesto en el artículo 29, el demandante podrá pretender del órgano jurisdiccional que condene a la Administración al cumplimiento de sus obligaciones en los concretos términos en que estén establecidas.

2. Si el recurso tiene por objeto una actuación material constitutiva de vía de hecho, el demandante podrá pretender que se declare contraria a Derecho, que se ordene el cese de dicha actuación y que se adopten, en su caso, las demás medidas previstas en el artículo 31.2.

Art. 33. 1. Los órganos del orden jurisdiccional contencioso-administrativo juzgarán dentro del límite de las pretensiones formuladas por las partes y de los motivos que fundamenten el recurso y la oposición.

2. Si el Juez o Tribunal, al dictar sentencia, estimare que la cuestión sometida a su conocimiento pudiera no haber sido apreciada debidamente por las partes, por existir en apariencia otros motivos susceptibles de fundar el recurso o la oposición, lo someterá a aquéllas mediante providencia en que, advirtiendo que no se prejuzga el fallo definitivo, los expondrá y concederá a los interesados un plazo común de diez días para que formulen las alegaciones que estimen oportunas, con suspensión del plazo para pronunciar el fallo. Contra la expresada providencia no cabrá recurso alguno.

3. Esto mismo se observará si, impugnados directamente determinados preceptos de una disposición general, el Tribunal entendiera necesario extender el enjuiciamiento a otros de la misma disposición por razones de conexión o consecuencia con los preceptos recurridos.

---

jurídica individualizada, salvo que quien ejercite la acción sea quien esté legitimado por ostentar un derecho o interés legítimo afectado. La renuncia o el desistimiento de la misma, ya sea en vía administrativa, ya en vía contencioso-administrativa, no podrá implicar contrapartidas económicas».

CAPÍTULO III

ACUMULACIÓN

Art. 34. 1. Serán acumulables en un proceso las pretensiones que se deduzcan en relación con un mismo acto, disposición o actuación.

2. Lo serán también las que se refieran a varios actos, disposiciones o actuaciones cuando unos sean reproducción, confirmación o ejecución de otros o exista entre ellos cualquier otra conexión directa.

Art. 35. 1. El actor podrá acumular en su demanda cuantas pretensiones reúnan los requisitos señalados en el artículo anterior.

2. Si el Secretario judicial no estimare pertinente la acumulación, dará cuenta al Tribunal, quien, en su caso, ordenará a la parte que interponga por separado los recursos en el plazo de treinta días. Si no lo efectuare, el Juez tendrá por caducado aquel recurso respecto del

cual no se hubiere dado cumplimiento a lo ordenado.

Art. 36. 1. Si antes de la sentencia se dictare o se tuviere conocimiento de la existencia de algún acto, disposición o actuación que guarde con el que sea objeto del recurso en tramitación la relación prevista en el artículo 34, el demandante podrá solicitar, dentro del plazo que señala el artículo 46, la ampliación del recurso a aquel acto administrativo, disposición o actuación.

2. De esta petición, que producirá la suspensión del curso del procedimiento, el Letrado o Letrada de la Administración de Justicia dará traslado a las partes para que presenten alegaciones en el plazo común de cinco días. No obstante lo anterior, se mantendrán los señalamientos ya acordados, siempre que la decisión sobre la ampliación se produzca antes de la celebración de aquellos actos y no interfiera en los derechos de las partes ni en el interés de terceros.

Art. 35: Se modifican las referencias a «Secretarios judiciales» por la Disp. Adic. 1.ª de la Ley Orgánica 7/2015, de 21 de julio (*BOE* del 22).

Art. 35.2: Redactado conforme al art. 14.2 de la Ley 13/2009, de 3 de noviembre (*BOE* del 4), de reforma de la legislación procesal para la implantación de la nueva Oficina judicial.

Art. 36: Se modifican las referencias a «Secretarios judiciales» por la Disp. Adic. 1.ª de la Ley Orgánica 7/2015, de 21 de julio (*BOE* del 22).

Art. 36.2: Redactado conforme al art. 102.cuatro del RD-ley 6/2023, de 19 de diciembre (*BOE* del 20), por el que se aprueban medidas urgentes para la ejecución del Plan de Recuperación, Transformación y Resiliencia en materia de servicio público de justicia, función pública, régimen local y mecenazgo.

3. Si el órgano jurisdiccional accediere a la ampliación, continuará la suspensión de la tramitación del proceso en tanto no se alcance respecto de aquélla el mismo estado que tuviere el procedimiento inicial.

4. Será asimismo aplicable lo dispuesto en el apartado 1 de este artículo cuando en los recursos contencioso-administrativos interpuestos contra actos presuntos la Administración dictare durante su tramitación resolución expresa respecto de la pretensión inicialmente deducida. En tal caso podrá el recurrente desistir del recurso interpuesto con fundamento en la aceptación de la resolución expresa que se hubiere dictado o solicitar la ampliación a la resolución expresa. Una vez producido el desestimiento del recurso inicialmente interpuesto, el plazo para recurrir la resolución expresa, que será de dos meses, se contará desde el día siguiente al de la notificación de la misma.

Art. 37. 1. Interpuestos varios recursos contencioso-administrativos con ocasión de actos, disposiciones o actuaciones en los que concurra alguna de las circunstancias señaladas en el artículo 34, el órgano jurisdiccional podrá en cualquier momento procesal, previa audiencia de las partes por plazo común de cinco días, acordar la acumulación de oficio o a instancia de alguna de ellas.

2. Cuando ante un juez o tribunal estuviera pendiente una pluralidad de recursos con idéntico objeto, el órgano jurisdiccional, si no se hubiesen acumulado, tramitará uno o varios con carácter preferente previa audiencia de las partes por plazo común de cinco días, suspendiendo el curso de los demás, en el estado en que se encuentren, hasta que se dicte sentencia en los primeros.

En caso de que esa pluralidad de recursos con idéntico objeto pudiera, a su vez, agruparse por categorías o grupos

---

Art. 37.1: Redactado conforme al art. 14.4 de la LO 19/2003, de 23 de diciembre (*BOE* del 26), de modificación de la Ley Orgánica del Poder Judicial.

Art. 37.2: Modificado por el art. 224.1 del Real Decreto-ley 5/2023, de 28 de junio (*BOE* del 29), por el que se adoptan y prorrogan determinadas medidas de respuesta a las consecuencias económicas y sociales de la Guerra de Ucrania, de apoyo a la reconstrucción de la isla de La Palma y a otras situaciones de vulnerabilidad; de transposición de Directivas de la Unión Europea en materia de modificaciones estructurales de sociedades mercantiles y conciliación de la vida familiar y la vida profesional de los progenitores y los cuidadores, y de ejecución y cumplimiento del Derecho de la Unión Europea. La Disp. Transitoria 10.ª2 del RDL establece que la modificación será de aplicación, a todos los procedimientos en trámite en los que no se haya dictado sentencia a la fecha de entrada en vigor del RDL.

que planteen una controversia sustancialmente análoga, el órgano jurisdiccional, si no se hubieran acumulado, tramitará uno o varios de cada grupo o categoría con carácter preferente, previa audiencia de las partes por plazo común de cinco días, suspendiendo el curso de los demás en el estado en que se encuentren hasta que se dicte sentencia en los tramitados preferentemente para cada grupo o categoría.

3. Una vez firme, el Secretario judicial llevará testimonio de la sentencia a los recursos suspendidos y la notificará a los recurrentes afectados por la suspensión a fin de que en el plazo de cinco días puedan interesar la extensión de sus efectos en los términos previstos en el artículo 111, la continuación del procedimiento o bien desistir del recurso.

Art. 38. 1. La Administración comunicará al Tribunal, al remitirle el expediente administrativo, si tiene conocimiento de la existencia de otros recursos contencioso-administrativos en los que puedan concurrir los supuestos de acumulación que previene el presente capítulo.

2. El Secretario judicial pondrá en conocimiento del Juez o Tribunal los procesos que se tramiten en la Oficina judicial en los que puedan concurrir los supuestos de acumulación que previene el presente capítulo.

Art. 39. Contra las resoluciones sobre acumulación, ampliación y tramitación preferente solo se dará recurso de reposición.

CAPÍTULO IV

Cuantía del recurso

Art. 40. 1. El Secretario judicial fijará la cuantía del recurso contencioso-administrati-

---

Art. 37.3: Redactado conforme a la Disp. Adic. 14.ª5 de la Ley 13/2009, de 3 de noviembre (*BOE* del 4), de reforma de la legislación procesal para la implantación de la nueva Oficina judicial.

Art. 38.2: Redactado conforme al art. 14.5 de la Ley 13/2009, de 3 de noviembre (*BOE* del 4), de reforma de la legislación procesal para la implantación de la nueva Oficina judicial.

Art. 39: Redactado conforme al art. 102.cinco del RD-ley 6/2023, de 19 de diciembre (*BOE* del 20), por el que se aprueban medidas urgentes para la ejecución del Plan de Recuperación, Transformación y Resiliencia en materia de servicio público de justicia, función pública, régimen local y mecenazgo.

Art. 40: Redactado conforme al art. 14.6 de la Ley 13/2009, de 3 de noviembre (*BOE* del 4), de reforma de la legislación procesal para la implantación de la nueva Oficina judicial.

vo una vez formulados los escritos de demanda y contestación, en los que las partes podrán exponer, por medio de otrosí, su parecer al respecto.

2. Cuando así no se hiciere, el Secretario judicial requerirá al demandante para que fije la cuantía, concediéndole al efecto un plazo no superior a diez días, transcurrido el cual sin haberlo realizado se estará a la que fije el Secretario judicial, previa audiencia del demandado.

3. Cuando el demandado no estuviere de acuerdo con la cuantía fijada por el demandante, lo expondrá por escrito dentro del término de diez días, resolviendo el Secretario judicial lo procedente. En este caso el Juez o Tribunal, en la sentencia, resolverá definitivamente la cuestión.

4. La parte perjudicada por la resolución prevista en el apartado anterior podrá fundar el recurso de queja en la indebida determinación de la cuantía si por causa de ésta no se tuviere por preparado el recurso de casación o no se admitiera el recurso de casación para la unificación de doctrina o el de apelación.

Art. 41. 1. La cuantía del recurso contencioso-administrativo vendrá determinada por el valor económico de la pretensión objeto del mismo.

2. Cuando existan varios demandantes, se atenderá al valor económico de la pretensión deducida por cada uno de ellos, y no a la suma de todos.

3. En los supuestos de acumulación o de ampliación, la cuantía vendrá determinada por la suma del valor económico de las pretensiones objeto de aquéllas, pero no comunicará a las de cuantía inferior la posibilidad de casación o apelación.

Art. 42. 1. Para fijar el valor económico de la pretensión se tendrán en cuenta las normas de la legislación procesal civil, con las especialidades siguientes:

a) Cuando el demandante solicite solamente la anulación del acto, se atenderá al contenido económico del mismo, para lo cual se tendrá en cuenta el débito principal, pero no los recargos, las costas ni cualquier otra clase de responsabilidad, salvo que cualquiera de éstos fuera de importe superior a aquél.

b) Cuando el demandante solicite, además de la anulación, el reconocimiento de una situación jurídica individualizada, o cuando solicite el cum-

---

Art. 42.1: V. arts. 251 y 252 de la Ley 1/2000, de 7 de enero (*BOE* del 8), de Enjuiciamiento Civil.

plimiento de una obligación administrativa, la cuantía vendrá determinada:

1.º Por el valor económico total del objeto de la reclamación, si la Administración pública hubiere denegado totalmente, en vía administrativa, las pretensiones del demandante.

2.º Por la diferencia de la cuantía entre el objeto de la reclamación y el del acto que motivó el recurso, si la Administración hubiera reconocido parcialmente, en vía administrativa, las pretensiones del demandante.

2. Se reputarán de cuantía indeterminada los recursos dirigidos a impugnar directamente las disposiciones generales, incluidos los instrumentos normativos de planeamiento urbanístico, los que se refieran a los funcionarios públicos cuando no versen sobre derechos o sanciones susceptibles de valoración económica, así como aquellos en los que junto a pretensiones evaluables económicamente se acumulen otras no susceptibles de tal valoración.

También se reputarán de cuantía indeterminada los recursos interpuestos contra actos, en materia de Seguridad Social, que tengan por objeto la inscripción de empresas, formalización de la protección frente a riesgos profesionales, tarifación, cobertura de la prestación de incapacidad temporal, afiliación, alta, baja y variaciones de datos de trabajadores.

Art. 42.2: Redactado conforme al art. 14.7 de la Ley 13/2009, de 3 de noviembre (*BOE* del 4), de reforma de la legislación procesal para la implantación de la nueva Oficina judicial.

TÍTULO IV

Procedimiento contencioso-administrativo

CAPÍTULO PRIMERO

PROCEDIMIENTO EN PRIMERA
O ÚNICA INSTANCIA*

SECCIÓN 1.ª

Diligencias preliminares

Art. 43. Cuando la propia Administración autora de algún acto pretenda demandar su anulación ante la Jurisdicción Contencioso-administrativa deberá, previamente, declararlo lesivo para el interés público.

Art. 44. 1. En los litigios entre Administraciones públicas no cabrá interponer recurso en vía administrativa. No obstante, cuando una Administración interponga recurso contencioso-administrativo contra otra, podrá requerirla previamente para que derogue la dis-

---

* El RD-ley 16/2020, de 28 de abril (*BOE* del 29), de medidas procesales y organizativas para hacer frente al COVID-19 en el ámbito de la Administración de Justicia, establece:

«[…]

»*Art. 19. Celebración de actos procesales mediante presencia telemática.*—1. Durante la vigencia del estado de alarma y hasta tres meses después de su finalización, constituido el Juzgado o Tribunal en su sede, los actos de juicio, comparecencias, declaraciones y vistas y, en general, todos los actos procesales, se realizarán preferentemente mediante presencia telemática, siempre que los Juzgados, Tribunales y Fiscalías tengan a su disposición los medios técnicos necesarios para ello.

»2. No obstante lo dispuesto en el apartado anterior, en el orden jurisdiccional penal será necesaria la presencia física del acusado en los juicios por delito grave.

»3. Las deliberaciones de los tribunales tendrán lugar en régimen de presencia telemática cuando se cuente con los medios técnicos necesarios para ello.

»4. Lo dispuesto en el apartado primero será también aplicable a los actos que se practiquen en las fiscalías.

»*Art. 20. Acceso a las salas de vistas.*—Con el fin de garantizar la protección de la salud de las personas, duran-te la vigencia del estado de alarma y hasta tres meses después de su finalización, el órgano judicial ordenará, en atención a las características de las salas de vistas, el acceso del público a todas las actuaciones orales.

»[…]

»*Art. 22. Dispensa de la utilización de togas.*—Durante la vigencia del estado de alarma y hasta tres meses después de su finalización, las partes que asistan a actuaciones orales estarán dispensadas del uso de togas en las audiencias públicas.

»*Art. 23. Atención al público.*—1. Durante el estado de alarma y hasta tres meses después de su finalización, la atención al público en cualquier sede judicial o de la fiscalía se realizará por vía telefónica o a través del correo electrónico habilitado a tal efecto, que deberá ser objeto de publicación en la página web de la correspon diente Gerencia Territorial del Ministerio de Justicia o del órgano que determinen las Comunidades Autónomas con competencias en materia de Justicia y, que en el ámbito de la jurisdicción militar se encuentra publicado en la página web del Ministerio de Defensa, en el enlace correspondiente; todo ello siempre que sea posible en función de la naturaleza de la información requerida y, en todo caso, cumpliendo lo dispuesto en la Ley Orgánica 3/2018, de 5 de diciembre, de Protección de Datos Personales y garantía de los derechos digitales.

»2.   Para aquellos casos en los que resulte imprescindible acudir a la sede judicial o de la fiscalía, será necesario obtener previamente la correspondiente cita, de conformidad con los protocolos que al efecto establezcan las administraciones competentes, que deberán prever las particularidades de las comparecencias ante los juzgados en funciones de guardia y los juzgados de violencia sobre la mujer.»

El estado de alarma finalizó a las 00.00 horas del día 21 de junio de 2020, conforme al art. 2 del RD 555/2020, de 5 de junio (*BOE* del 6), por el que se prorroga el estado de alarma.

No obstante, la Disp. Derog. única de la Ley 3/2020, de 18 de septiembre (*BOE* del 19), de medidas procesales y organizativas para hacer frente al COVID-19 en el ámbito de la Administración de Justicia, deroga el RD-ley 16/2020. Pero dentro de su contenido se establece:

«[...]

»*Art. 14.   Celebración de actos procesales mediante presencia telemática.*—
1.   Hasta el 20 de junio de 2021 inclusive, constituido el juzgado o tribunal en su sede, los actos de juicio, comparecencias, declaraciones y vistas y, en general, todos los actos procesales, se realizarán preferentemente mediante presencia telemática, siempre que los juzgados, tribunales y fiscalías tengan a su disposición los medios técnicos necesarios para ello.

»2.   No obstante lo dispuesto en el apartado anterior, en el orden jurisdiccional penal será necesaria la presencia física del acusado en los juicios por delito grave.

»También se requerirá la presencia física del investigado o acusado, a petición propia o de su defensa letrada, en la audiencia prevista en el artículo 505 de la Ley de Enjuiciamiento Criminal cuando cualquiera de las acusaciones interese su prisión provisional o en los juicios cuando alguna de las acusaciones solicite pena de prisión superior a los dos años, salvo que concurran causas justificadas o de fuerza mayor que lo impidan.

»Cuando se disponga la presencia física del acusado o del investigado, será también necesaria la presencia física de su defensa letrada, a petición de esta o del propio acusado o investigado.

»3.   Las deliberaciones de los tribunales tendrán lugar en régimen de presencia telemática cuando se cuente con los medios técnicos necesarios para ello.

»4.   Lo dispuesto en el apartado primero será también aplicable a los actos que se practiquen en las fiscalías.

»5.   Se adoptarán las medidas necesarias para asegurar que en el uso de métodos telemáticos se garantizan los derechos de todas las partes del proceso. En especial, deberá garantizarse en todo caso el derecho de defensa de los acusados e investigados en los procedimientos penales, en particular, el derecho a la asistencia letrada efectiva, a la interpretación y traducción y a la información y acceso a los expedientes judiciales.

»6.   En los actos que se celebren mediante presencia telemática, el juez o Letrado de la Administración de Justicia ante quien se celebren podrá decidir la asistencia presencial a la sede del juzgado o tribunal de los comparecientes que estime necesarios.

»*Art. 15. Acceso a las salas de vistas.*—Con el fin de garantizar la protección de la salud de las personas, hasta el 20 de junio de 2021 inclusive, el órgano judicial ordenará, en atención a las características de las salas de vistas, el acceso del público a todas las actuaciones orales. Cuando se disponga de los medios materiales para ello, podrá acordar también la emisión de las vistas mediante sistemas de difusión telemática de la imagen y el sonido.

»*Art. 16. Exploraciones médicoforenses y de los equipos psicosociales.*—Hasta el 20 de junio de 2021 inclusive, los informes médico-forenses podrán realizarse basándose únicamente en la documentación médica existente a su disposición, que podrá ser requerida a centros sanitarios o a las personas afectadas para que sea remitida por medios telemáticos, siempre que ello fuere posible.

»Del mismo modo podrán actuar los equipos psicosociales de menores y familia y las unidades de valoración integral de violencia sobre la mujer.

»De oficio, o a requerimiento de cualquiera de las partes o del facultativo encargado, el juez podrá acordar que la exploración se realice de forma presencial.

»*Art. 17. Dispensa de la utilización de togas.*—Hasta el 20 de junio de 2021 inclusive, las partes que asistan a actuaciones orales estarán dispensadas del uso de togas en las audiencias públicas.

»*Art. 18. Atención al público.*—1. Hasta el 20 de junio de 2021 inclusive, la atención al público en cualquier sede judicial o de la fiscalía se realizará por videoconferencia, por vía telefónica o a través del correo electrónico habilitado a tal efecto, que deberá ser objeto de publicación en la página web de la correspondiente Gerencia Territorial del Ministerio de Justicia o del órgano que determinen las Comunidades Autónomas con competencias en materia de Justicia, y que en el ámbito de la jurisdicción militar se encuentra publicado en la página web del Ministerio de Defensa en el enlace correspondiente. Todo ello siempre que sea posible en función de la naturaleza de la información requerida y, en todo caso, cumpliendo lo dispuesto en la Ley Orgánica 3/2018, de 5 de diciembre, de Protección de Datos Personales y garantía de los derechos digitales.

»2. Para aquellos casos en los que resulte imprescindible acudir a la sede judicial o de la fiscalía, será necesario para el público obtener previamente la correspondiente cita, de conformidad con los protocolos que al efecto establezcan las administraciones competentes, que deberán prever las particularidades de las comparecencias ante los juzgados en funciones de guardia y los juzgados de violencia sobre la mujer.

»[…]

»*Disp. Adic. 6.ª Indicaciones de las autoridades sanitarias.*—Las medidas organizativas previstas en el Capítulo III se ejecutarán por el Ministerio de Justicia o las Comunidades Autónomas que hayan asumido competencias en medios materiales y personales al servicio de la Administración de Justicia, siguiendo las indicaciones que en cada momento establezcan las autoridades sanitarias, previa consulta al Consejo General del Poder Judicial y a la Fiscalía General del Estado, oídos los colegios profesionales y, cuando proceda, con la participación de las organizaciones sindicales.

»[…]

»*Disp. Trans. 2.ª Previsiones en materia de medidas organizativas y tecnológicas.*— Las medidas contenidas en el Capítulo III de esta Ley serán de aplicación en todo el territorio nacional hasta el 20 de junio de 2021 inclusive. No obstante, si a dicha fecha se mantuviera la situación de crisis sanitaria, las medidas contenidas en el citado Capítulo III serán de aplicación en todo el territorio nacional hasta que el Gobierno declare de manera motivada y de acuerdo con la evidencia científica disponible, previo informe del Centro de Coordinación de Alertas y Emergencias Sanitarias, la finalización de la situación de crisis sanitaria ocasionada por el COVID19.»

posición, anule o revoque el acto, haga cesar o modifique la actuación material, o inicie la actividad a que esté obligada.

Cuando la Administración contratante, el contratista o terceros pretendan recurrir las decisiones adoptadas por los órganos administrativos a los que corresponde resolver los recursos especiales y las reclamaciones en materia de contratación a que se refiere la legislación de Contratos del Sector Público interpondrán el recurso directamente y sin necesidad de previo requerimiento o recurso administrativo.

2. El requerimiento deberá dirigirse al órgano competente mediante escrito razonado que concretará la disposición, acto, actuación o inactividad, y deberá producirse en el plazo de dos meses contados desde la publicación de la norma o desde que la Administración requirente hubiera conocido o

podido conocer el acto, actuación o inactividad.

3. El requerimiento se entenderá rechazado si, dentro del mes siguiente a su recepción, el requerido no lo contestara.

4. Queda a salvo lo dispuesto sobre esta materia en la legislación de régimen local.

SECCIÓN 2.ª

Interposición del recurso y reclamación del expediente

Art. 45. 1. El recurso contencioso-administrativo se iniciará por un escrito reducido a citar la disposición, acto, inactividad o actuación constitutiva de vía de hecho que se impugne y a solicitar que se tenga por interpuesto el recurso, salvo cuando esta Ley disponga otra cosa.

2. A este escrito se acompañará:

Art. 44.1, párr. 2.º: Añadido por el art. 3.º5 de la Ley 34/2010, de 5 de agosto (*BOE* del 9), de modificación de las Leyes 30/2007, de 30 de octubre, de Contratos del Sector Público, 31/2007, de 30 de octubre, sobre procedimientos de contratación en los sectores del agua, la energía, los transportes y los servicios postales, y 29/1998, de 13 de julio, reguladora de la Jurisdicción Contencioso-administrativa para adaptación a la normativa comunitaria de las dos primeras.

Art. 45.2: Junto con los documentos a los que se refiere el precepto, conviene tener presente lo previsto en la Ley 10/2012, de 20 de noviembre (*BOE* del 21), por la que se regulan determinadas tasas en el ámbito de la Administración de Justicia y del Instituto Nacional de Toxicología y Ciencias Forenses (v. *infra*), modificada por el RD-ley 3/2013, de 22 de febrero (*BOE* del 23), y por la Ley 25/2015, de 28 de julio (*BOE* del 29), de mecanismo de segunda oportunidad, reducción de la carga financiera y otras medidas de orden social.

a) El documento que acredite la representación del compareciente, salvo si figurase unido a las actuaciones de otro recurso pendiente ante el mismo Juzgado o Tribunal, en cuyo caso podrá solicitarse que se expida certificación para su unión a los autos.

b) El documento o documentos que acrediten la legitimación del actor cuando la ostente por habérsela transmitido otro por herencia o por cualquier otro título.

c) La copia o traslado de la disposición o del acto expreso que se recurran, o indicación del expediente en que haya recaído el acto o el periódico oficial en que la disposición se haya publicado. Si el objeto del recurso fuera la inactividad de la Administración o una vía de hecho, se mencionará el órgano o dependencia al que se atribuya una u otra, en su caso, el expediente en que tuvieran origen, o cualesquiera otros datos que sirvan para identificar suficientemente el objeto del recurso.

d) El documento o documentos que acrediten el cumplimiento de los requisitos exigidos para entablar acciones las personas jurídicas con arreglo a las normas o estatutos que les sean de aplicación, salvo que se hubieran incorporado o insertado en lo pertinente dentro del cuerpo del documento mencionado en la letra *a*) de este mismo apartado.

e) En los casos en que el recurso se haya interpuesto por un sindicato que actúe en nombre e interés del personal funcionario y estatutario conforme dispone la letra *k*) del artículo 19.1, el documento o documentos que acrediten la afiliación de dicho personal y la existencia de comunicación por el sindicato al afiliado de la voluntad de iniciar el proceso, así como la autorización expresa del afiliado al sindicato para dicha iniciación.

3. El Secretario judicial examinará de oficio la validez de la comparecencia tan pronto como se haya presentado el escrito de interposición. Si estima que es válida, admitirá a trámite el recurso. Si con el escrito de interposición no se acompañan

---

Art. 45.2.e): Añadida por el art. 21.Tres de la LO 1/2025, de 2 de enero (*BOE* del 3), de medidas en materia de eficiencia del Servicio Público de Justicia. Entra en vigor el 3 de abril de 2025 (Disp. Final 38.ª1 LOMESPJ). La Disp. Trans. 9.ª LOMESP, en su apartado primero indica que las reformas serán aplicables exclusivamente a los procedimientos incoados con posterioridad a su entrada en vigor.

Art. 45.3: Redactado conforme al art. 14.8 de la Ley 13/2009, de 3 de noviembre (*BOE* del 4), de reforma de la legislación procesal para la implantación de la nueva Oficina judicial.

los documentos expresados en el apartado anterior o los presentados son incompletos y, en general, siempre que el Secretario judicial estime que no concurren los requisitos exigidos por esta Ley para la validez de la comparencia, requerirá inmediatamente la subsanación de los mismos, señalando un plazo de diez días para que el recurrente pueda llevarla a efecto y, si no lo hiciere, el Juez o Tribunal se pronunciará sobre el archivo de las actuaciones.

4. El recurso de lesividad se iniciará por demanda formulada con arreglo al artículo 56.1, que fijará con precisión la persona o personas demandadas y su sede o domicilio si constara. A esta demanda se acompañarán en todo caso la declaración de lesividad, el expediente administrativo y, si procede, los documentos de las letras *a*) y *d*) del apartado 2 de este artículo.

5. El recurso dirigido contra una disposición general, acto, inactividad o vía de hecho en que no existan terceros interesados podrá iniciarse también mediante demanda en que se concretará la disposición, acto o conducta impugnados y se razonará su disconformidad a Derecho. Con la demanda se acompañarán los documentos que procedan de los previstos en el apartado 2 de este artículo.

Art. 46. 1. El plazo para interponer el recurso contencioso-administrativo será de dos meses contados desde el día siguiente al de la publicación de la disposición impugnada o al de la notificación o publicación del acto que ponga fin a la vía administrativa, si fuera expreso. Si no lo fuera, el plazo será de seis meses y se contará, para el solicitante y otros posibles interesados, a partir del día siguiente a aquel en que, de acuerdo con su normativa específica, se produzca el acto presunto.

2. En los supuestos previstos en el artículo 29, los dos meses se contarán a partir del día siguiente al vencimiento de los plazos señalados en dicho artículo.

3. Si el recurso contencioso-administrativo se dirigiera contra una actuación en vía de hecho, el plazo para interponer el recurso será de diez días a contar desde el día siguiente a la terminación del plazo establecido en el artículo 30. Si no hubiere requerimiento, el plazo será de veinte días desde el día en que se inició la actuación administrativa en vía de hecho.

4. El plazo para interponer el recurso contencioso-administrativo se contará desde el día siguiente a aquel en que se notifique la resolución expresa del recurso potestativo de repo-

sición o en que éste deba entenderse presuntamente desestimado.

5. El plazo para interponer recurso de lesividad será de dos meses a contar desde el día siguiente a la fecha de la declaración de lesividad.

6. En los litigios entre Administraciones, el plazo para interponer recurso contencioso-administrativo será de dos meses, salvo que por Ley se establezca otra cosa. Cuando hubiera precedido el requerimiento regulado en los tres primeros apartados del artículo 44, el plazo se contará desde el día siguiente a aquel en que se reciba la comunicación del acuerdo expreso o se entienda presuntamente rechazado.

Art. 47. 1. Una vez cumplido lo dispuesto en el artículo 45.3, el Letrado de la Administración de Justicia en el siguiente día hábil acordará, si lo solicita el recurrente, que se anuncie la interposición del recurso y remitirá el oficio electrónicamente para su publicación por el órgano competente, sin perjuicio de que sea costeada por el recurrente, en el periódico oficial que proceda atendiendo al ámbito territorial de competencia del órgano autor de la actividad administrativa recurrida. El Letrado de la Administración de Justicia podrá también acordar de oficio la publicación, si lo estima conveniente.

2. Si se hubiera iniciado el recurso mediante demanda en los supuestos previstos por el artículo 45.5 y éste se dirige contra una disposición general, deberá procederse a la publicación del anuncio de interposición de aquél, en el que se concederán quince días para la personación de quienes tengan interés legítimo en sostener la conformidad a Derecho de la disposición, acto o conducta impugnados. Transcurrido este plazo, el Secretario judicial procederá a dar traslado de la demanda y de los documentos que la acompañen para que sea contestada primero por la Administración y luego por los demás demandados que se hubieran personado.

Art. 47: Redactado conforme al art. 14.9 de la Ley 13/2009, de 3 de noviembre (*BOE* del 4), de reforma de la legislación procesal para la implantación de la nueva Oficina judicial.

Art. 47.1: Redactado conforme al art. 102.seis del RD-ley 6/2023, de 19 de diciembre (*BOE* del 20), por el que se aprueban medidas urgentes para la ejecución del Plan de Recuperación, Transformación y Resiliencia en materia de servicio público de justicia, función pública, régimen local y mecenazgo.

Art. 48. 1. El Letrado o Letrada de la Administración de Justicia, al acordar lo previsto en el apartado 1 del artículo anterior, o mediante diligencia si la publicación no fuere necesaria, requerirá a la Administración que le remita el expediente administrativo, ordenándole que practique los emplazamientos previstos en el artículo 49. El expediente se reclamará al órgano autor de la disposición o acto impugnado o a aquél al que se impute la inactividad o vía de hecho.

2. No se reclamará el expediente en el caso del apartado 2 del artículo anterior, sin perjuicio de la facultad otorgada por el apartado 5 de este artículo 48.

3. El expediente deberá ser remitido en el plazo improrrogable de veinte días, a contar desde que la comunicación judicial tenga entrada en el registro general del órgano requerido. La entrada se pondrá en conocimiento del órgano jurisdiccional.

4. El expediente se enviará completo, en soporte electrónico, foliado, autentificado y acompañado de un índice, asimismo autentificado, de los documentos que contenga. Al remitir el expediente, la Administración deberá identificar al órgano responsable del cumplimiento de la resolución judicial.

Si el expediente fuera reclamado por varios juzgados o tribunales, la Administración enviará copias en soporte electrónico del mismo, que deberán reunir los requisitos anteriormente expresados.

5. Cuando el recurso contra la disposición se hubiere iniciado por demanda, el tribunal podrá recabar de oficio o a petición del actor el expediente de elaboración, que se remitirá en soporte electrónico. Recibido el expediente, el Letrado o Letrada de la Administración de Justicia lo entregará a las partes por cinco días para que formulen alegaciones.

6. Se excluirán del expediente, mediante resolución motivada, los documentos clasificados como secreto oficial, haciéndolo constar así en el índice de documentos y en el lugar del expediente donde se encontraran los documentos excluidos.

7. Transcurrido el plazo de remisión del expediente sin haberse recibido completo, se rei-

---

Art. 48.1, 4, 5, 7, 8 y 11: Los apartados 1, 4, 5, 7 y 8 han sido modificados, y el apartado 11 ha sido añadido, por el art. 102.siete del RD-ley 6/2023, de 19 de diciembre (*BOE* del 20), por el que se aprueban medidas urgentes para la ejecución del Plan de Recuperación, Transformación y Resiliencia en materia de servicio público de justicia, función pública, régimen local y mecenazgo.

terará la reclamación y, si no se enviara en el término de diez días contados como dispone el apartado 3, tras constatarse su responsabilidad, previo apercibimiento del Letrado o Letrada de la Administración de Justicia notificado personalmente para formulación de alegaciones, el juez, la jueza o el tribunal impondrán una multa coercitiva de trescientos a mil doscientos euros a la autoridad o empleado responsable. La multa será reiterada cada veinte días, hasta el cumplimiento de lo requerido.

De darse la causa de imposibilidad de determinación individualizada de la autoridad o empleado responsable, la Administración será la responsable del pago de la multa sin perjuicio de que se repercuta contra el responsable.

8. Contra los autos en los que se acuerde la imposición de multas a las que se refiere el apartado anterior podrá interponerse recurso de reposición en los términos previstos en el artículo 79.

9. Si no se hubieran satisfecho voluntariamente, las multas firmes se harán efectivas por vía judicial de apremio.

10. Impuestas las tres primeras multas coercitivas sin lograr que se remita el expediente completo, el Juez o Tribunal pondrá los hechos en conocimiento del Ministerio Fiscal, sin perjuicio de seguir imponiendo nuevas multas. El requerimiento cuya desatención pueda dar lugar a la tercera multa coercitiva contendrá el oportuno apercibimiento.

11. La Administración remitirá el expediente electrónicamente, utilizando, a tal efecto, los sistemas de interoperabilidad que resulten aplicables, al objeto de que el expediente administrativo en soporte electrónico así remitido quede automáticamente integrado en los sistemas de gestión procesal correspondientes.

SECCIÓN 3.ª

Emplazamiento
de los demandados y admisión
del recurso

Art. 49. 1. La resolución por la que se acuerde remitir el expediente se notificará en los cinco días siguientes a su adopción, a cuantos aparezcan como interesados en él, emplazándoles para que puedan personarse como demandados en el plazo de nueve días. La notificación se practicará con arreglo a lo dispuesto en la Ley que regule el procedimiento administrativo común.

En los recursos contra las decisiones adoptadas por los órganos administrativos a los que corresponde resolver los recursos especiales y las reclamaciones en materia de contratación a que se refiere la legislación de Contratos del Sector Público se emplazará como parte demandada a las personas, distintas del recurrente, que hubieren comparecido en el recurso administrativo, para que puedan personarse como demandados en el plazo de nueve días.

2. Hechas las notificaciones, se enviará el expediente al Juzgado o Tribunal, incorporando la justificación del emplazamiento o emplazamientos efectuados, salvo que no hubieran podido practicarse dentro del plazo fijado para la remisión del expediente, en cuyo caso éste se enviará sin demora, y la justificación de los emplazamientos una vez se ultimen.

3. Recibido el expediente, el Letrado o Letrada de la Administración de Justicia, a la vista del resultado de las actuaciones administrativas y del contenido del escrito de interposición y documentos anejos, comprobará que se han efectuado las debidas notificaciones para emplazamiento y, si advirtiere que son incompletas, ordenará a la Administración que se practiquen las necesarias para asegurar la defensa de los interesados que sean identificables.

4. Cuando no hubiera sido posible emplazar a algún interesado en el domicilio que conste, el Letrado o Letrada de la Administración de Justicia mandará insertar el correspondiente edicto en el Tablón Edictal Judicial Único. Los emplazados por edictos podrán personarse hasta el momento en que hubiere de dárseles traslado para contestar a la demanda.

5. En el supuesto previsto en el artículo 47.2 se estará a lo que en él se dispone.

6. El emplazamiento de los demandados en el recurso de

Art. 49.1, párr. 2.º: Añadido por el art. 3.º6 de la Ley 34/2010, de 5 de agosto (*BOE* del 9), de modificación de las Leyes 30/2007, de 30 de octubre, de Contratos del Sector Público, 31/2007, de 30 de octubre, sobre procedimientos de contratación en los sectores del agua, la energía, los transportes y los servicios postales, y 29/1998, de 13 de julio, reguladora de la Jurisdicción Contencioso-administrativa para adaptación a la normativa comunitaria de las dos primeras.

Art. 49.3 y 4: Apartados redactados conforme al art. 102.ocho del RD-ley 6/2023, de 19 de diciembre (*BOE* del 20), por el que se aprueban medidas urgentes para la ejecución del Plan de Recuperación, Transformación y Resiliencia en materia de servicio público de justicia, función pública, régimen local y mecenazgo.

lesividad se efectuará personalmente por plazo de nueve días.

Art. 50. 1. El emplazamiento de la Administración se entenderá efectuado por la reclamación del expediente.

2. Las Administraciones públicas se entenderán personadas por el envío del expediente.

3. Los demandados legalmente emplazados podrán personarse en autos dentro del plazo concedido. Si lo hicieren posteriormente, se les tendrá por parte para los trámites no precluidos. Si no se personaren oportunamente continuará el procedimiento por sus trámites, sin que haya lugar a practicarles, en estrados o en cualquier otra forma, notificaciones de clase alguna.

Art. 51. 1. El Juzgado o Sala, tras el examen del expediente administrativo, declarará no haber lugar a la admisión del recurso cuando constare de modo inequívoco y manifiesto:

a) La falta de jurisdicción o la incompetencia del Juzgado o Tribunal.

b) La falta de legitimación del recurrente.

c) Haberse interpuesto el recurso contra actividad no susceptible de impugnación.

d) Haber caducado el plazo de interposición del recurso.

2. El Juzgado o Sala podrá inadmitir el recurso cuando se hubieran desestimado en el fondo otros recursos sustancialmente iguales por sentencia firme, mencionando, en este último caso, la resolución o resoluciones desestimatorias.

3. Cuando se impugne una actuación material constitutiva de vía de hecho, el Juzgado o Sala podrá también inadmitir el recurso si fuera evidente que la actuación administrativa se ha producido dentro de la competencia y en conformidad con las reglas del procedimiento legalmente establecido.

Asimismo, cuando se impugne la no realización por la Administración de las obligaciones a que se refiere el artículo 29, el recurso se inadmitirá si fuera evidente la ausencia de obligación concreta de la Administración respecto de los recurrentes.

4. El Juzgado o la Sala, antes de pronunciarse sobre la inadmisión del recurso, hará saber a las partes el motivo en que pudiera fundarse para que, en el plazo común de diez días, aleguen lo que estimen procedente y acompañen los documentos a que hubiera lugar.

Art. 51.1: Inciso 1.º redactado conforme al art. 14.12 de la Ley 13/2009, de 3 de noviembre (*BOE* del 4), de reforma de la legislación procesal para la implantación de la nueva Oficina judicial.

5. Contra el auto que declare la inadmisión podrán interponerse los recursos previstos en esta Ley. El auto de admisión no será recurrible pero no impedirá oponer cualquier motivo de inadmisibilidad en momento procesal posterior.

6. Declarada la inadmisión al amparo de lo establecido en el párrafo *a*) del apartado 1 de este artículo, se estará a lo que determinan los artículos 5.º3 y 7.º3.

SECCIÓN 4.ª

Demanda y contestación

Art. 52. 1. Recibido el expediente administrativo en soporte electrónico en el juzgado o tribunal y comprobados, y en su caso completados, los emplazamientos, por el Letrado o Letrada de la Administración de Justicia se acordará su incorporación a los autos en ese mismo soporte y su entrega al recurrente para que se deduzca la demanda en el plazo de veinte días, salvo que concurra alguno de los supuestos del artículo 51, en cuyo caso dará cuenta al tribunal para que resuelva lo que proceda. Cuando los recurrentes fuesen varios, y aunque no actuasen bajo una misma dirección, la demanda se formulará simultáneamente por todos ellos. La entrega del expediente a las partes se efectuará mediante su remisión por vía telemática al tiempo de notificar la resolución en que así se disponga o a través del punto de acceso electrónico al expediente judicial.

2. Si la demanda no se hubiere presentado dentro del plazo, el Juzgado o Sala, de oficio, declarará por auto la caducidad del recurso. No obstante, se admitirá el escrito de demanda, y producirá sus efectos legales, si se presentare dentro del día en que se notifique el auto.

Art. 53. 1. Transcurrido el término para la remisión del expediente administrativo sin que éste hubiera sido enviado, la parte recurrente podrá pedir, por sí o a iniciativa del Secretario judicial, que se le conceda plazo para formalizar la demanda.

Art. 52.1: Redactado conforme al art. 102.nueve del RD-ley 6/2023, de 19 de diciembre (*BOE* del 20), por el que se aprueban medidas urgentes para la ejecución del Plan de Recuperación, Transformación y Resiliencia en materia de servicio público de justicia, función pública, régimen local y mecenazgo.
Art. 53: Redactado conforme al art. 14.14 de la Ley 13/2009, de 3 de noviembre (*BOE* del 4), de reforma de la legislación procesal para la implantación de la nueva Oficina judicial.

2. Si después de que la parte demandante hubiera usado del derecho establecido en el apartado anterior se recibiera el expediente, el Secretario judicial pondrá éste de manifiesto a las partes demandantes y, en su caso, demandadas por plazo común de diez días para que puedan efectuar las alegaciones complementarias que estimen oportunas.

Art. 54. 1. Presentada la demanda, el Secretario judicial dará traslado de la misma, con entrega del expediente administrativo, a las partes demandadas que hubieran comparecido, para que la contesten en el plazo de veinte días. Si la demanda se hubiere formalizado sin haberse recibido el expediente administrativo, emplazará a la Administración demandada para contestar, apercibiéndola de que no se admitirá la contestación si no va acompañada de dicho expediente.

2. Si el defensor de la Administración demandada estima que la disposición o actuación administrativa recurrida pudiera no ajustarse a Derecho, podrá solicitar la suspensión del procedimiento por un plazo de veinte días para comunicar su parecer razonado a aquélla. El Secretario judicial, previa audiencia del demandante, acordará lo procedente.

3. La contestación se formulará primero por la Administración demandada. Cuando hubieren de hacerlo, además de la Administración, otros demandados, y aunque no actuaren bajo una misma dirección, la contestación se formulará simultáneamente por todos ellos. En todos los casos la entrega del expediente se efectuará mediante su remisión por vía telemática al tiempo de notificar la resolución en que así se disponga o a través del punto de acceso electrónico al expediente judicial.

4. Si la Administración demandada fuere una entidad local y no se hubiere personado en el proceso pese a haber sido emplazada, se le dará no obstante traslado de la demanda para que, en el plazo de veinte días, pueda designar representante en juicio o comunicar al órgano judicial, por escrito, los

---

Art. 54: Redactado conforme al art. 14.15 de la Ley 13/2009, de 3 de noviembre (*BOE* del 4), de reforma de la legislación procesal para la implantación de la nueva Oficina judicial.

Art. 54.3: Redactado conforme al art. 102.diez del RD-ley 6/2023, de 19 de diciembre (*BOE* del 20), por el que se aprueban medidas urgentes para la ejecución del Plan de Recuperación, Transformación y Resiliencia en materia de servicio público de justicia, función pública, régimen local y mecenazgo.

fundamentos por los que estimare improcedente la pretensión del actor.

Art. 55. 1. Si las partes estimasen que el expediente administrativo no está completo, podrán solicitar, dentro del plazo para formular la demanda o la contestación, que se reclamen los antecedentes para completarlo. A estos efectos se entenderá que el expediente administrativo está integrado por los documentos y demás actuaciones que lo conforman según lo dispuesto en el artículo 70 de la Ley 39/2015, de 1 de octubre. Los documentos o elementos de prueba que formen parte de un expediente administrativo distinto no podrán solicitarse a través del trámite previsto en el presente artículo.

2. La solicitud a que se refiere el apartado anterior suspenderá el curso del plazo correspondiente.

3. El Letrado o Letrada de la Administración de Justicia resolverá lo pertinente en el plazo de tres días.

Si acepta la solicitud y esta se hubiera formulado dentro de los diez primeros días del plazo para formular la demanda o la contestación, el plazo se reiniciará una vez el expediente completo remitido por la Administración se haya puesto a disposición de la parte solicitante. Si rechazara la solicitud o si, aun aceptándola, esta se hubiera presentado una vez transcurridos los diez primeros días antes referidos, el cómputo del plazo simplemente se reanudará, salvo que, en este último caso, el Letrado o Letrada de la Administración de Justicia considere oportuno que el plazo se reinicie atendido el volumen o la importancia para la causa de los documentos añadidos.

En ningún caso el plazo se reiniciará cuando la solicitud de complemento la hubiera formulado la Administración demandada.

La Administración, al remitir de nuevo el expediente, deberá indicar en el índice a que se refiere el artículo 48.4 los documentos que se han adicionado.

Art. 56. 1. En los escritos de demanda y de contestación se consignarán con la debida separación los hechos, los fundamentos de Derecho y las pretensiones que se deduzcan, en justificación de las cuales po-

---

Art. 55.1 y 3: Apartados redactados conforme al art. 102.once del RD-ley 6/2023, de 19 de diciembre (*BOE* del 20), por el que se aprueban medidas urgentes para la ejecución del Plan de Recuperación, Transformación y Resiliencia en materia de servicio público de justicia, función pública, régimen local y mecenazgo.

drán alegarse cuantos motivos procedan, hayan sido o no planteados ante la Administración.

2. El Secretario judicial examinará de oficio la demanda y requerirá que se subsanen las faltas de que adolezca en plazo no superior a diez días. Realizada la subsanación, admitirá la demanda. En otro caso, dará cuenta al Juez para que resuelva lo que proceda sobre su admisión.

3. Con la demanda y la contestación las partes acompañarán los documentos en que directamente funden su derecho, y si no obraren en su poder, designarán el archivo, oficina, protocolo o persona en cuyo poder se encuentren.

4. Después de la demanda y contestación no se admitirán a las partes más documentos que los que se hallen en alguno de los casos previstos para el proceso civil. No obstante, el demandante podrá aportar, además, los documentos que tengan por objeto desvirtuar alegaciones contenidas en las contestaciones a la demanda y que pongan de manifiesto disconformidad en los hechos, antes de la citación de vista y conclusiones.

5. Presentados los escritos de demanda y contestación, si un juzgado o tribunal, en cualquier momento anterior a dictar sentencia, tuviese conocimiento, por cualquier medio, de que la Sala de lo Contencioso-administrativo del Tribunal Supremo ha admitido un recurso de casación que presenta una identidad jurídica sustancial con la cuestión debatida en el recurso del que está conociendo, oirá a las partes personadas por el plazo común de diez días sobre su posible suspensión, adjuntándoles copia del referido auto.

Art. 56.2: Redactado conforme al art. 14.17 de la Ley 13/2009, de 3 de noviembre (*BOE* del 4), de reforma de la legislación procesal para la implantación de la nueva Oficina judicial.

Art. 56.4: V. arts. 270 y 271 de la Ley 1/2000, de 7 de enero (*BOE* del 8), de Enjuiciamiento Civil.

Art. 56.5: Apartado añadido por el art. 224.2 del Real Decreto-ley 5/2023, de 28 de junio (*BOE* del 29), por el que se adoptan y prorrogan determinadas medidas de respuesta a las consecuencias económicas y sociales de la Guerra de Ucrania, de apoyo a la reconstrucción de la isla de La Palma y a otras situaciones de vulnerabilidad; de transposición de Directivas de la Unión Europea en materia de modificaciones estructurales de sociedades mercantiles y conciliación de la vida familiar y la vida profesional de los progenitores y los cuidadores; y de ejecución y cumplimiento del Derecho de la Unión Europea. La Disp. Transitoria 10.ª2 del RDL establece que la modificación será de aplicación, a todos los procedimientos en trámite en los que no se haya dictado sentencia a la fecha de entrada en vigor del RDL.

Una vez presentadas las alegaciones o transcurrido el plazo, si el juzgado o tribunal apreciase una identidad jurídica sustancial y que la resolución que se dicte en casación puede resultar relevante para resolver el procedimiento, acordará la suspensión hasta que se dicte resolución firme en el recurso de casación. Contra el auto que resuelva sobre la suspensión no cabrá recurso alguno.

El auto que acuerde la suspensión se remitirá a la Sección de Enjuiciamiento de la Sala de lo Contencioso-administrativo del Tribunal Supremo indicada en el auto de admisión, que, a su vez, remitirá testimonio de la sentencia que recaiga en el recurso de casación al juzgado o tribunal remitente.

Recibido el testimonio de la sentencia del recurso de casación, el juzgado o tribunal alzará la suspensión y dará un nuevo trámite de audiencia a las partes personadas, por plazo común de diez días, a fin de que aleguen sobre la incidencia que dicho pronunciamiento tiene para resolver el recurso. Evacuado el traslado o transcurrido el plazo conferido, se continuará la tramitación del procedimiento en el momento en que se encontrare antes de la suspensión, salvo que las partes desistan del recurso o se allanen, en cuyo caso el juzgado o tribunal resolverá lo procedente.

Art. 57. El Secretario judicial declarará concluso el pleito, sin más trámite, para sentencia una vez contestada la demanda, salvo que el Juez o Tribunal haga uso de la facultad que le atribuye el artículo 61 en los siguientes supuestos:

1.º Si el actor pide por otrosí en su demanda que el recurso se falle sin necesidad de recibimiento a prueba ni tampoco de vista o conclusiones y la parte demandada no se opone.

2.º Si en los escritos de demanda y contestación no se solicita el recibimiento a prueba ni los trámites de vista o conclusiones, salvo que el Juez o Tribunal, excepcionalmente, atendida la índole del asunto, acuerde la celebración de vista o la formulación de conclusiones escritas.

En los dos supuestos anteriores, si el demandado solicita la inadmisión del recurso, se dará traslado al demandante para que en el plazo de cinco días formule las alegaciones que estime procedentes sobre la

---

Art. 57: Redactado conforme al art. 14.18 de la Ley 13/2009, de 3 de noviembre (*BOE* del 4), de reforma de la legislación procesal para la implantación de la nueva Oficina judicial.

posible causa de inadmisión, y seguidamente se declarará concluso el pleito.

SECCIÓN 5.ª

Alegaciones previas

Art. 58. 1. Las partes demandadas podrán alegar, dentro de los primeros cinco días del plazo para contestar la demanda, los motivos que pudieren determinar la incompetencia del órgano jurisdiccional o la inadmisibilidad del recurso con arreglo a lo dispuesto en el artículo 69, sin perjuicio de que tales motivos, salvo la incompetencia del órgano jurisdiccional, puedan ser alegados en la contestación, incluso si hubiesen sido desestimados como alegación previa.

2. Para hacer uso de este trámite la Administración demandada habrá de acompañar el expediente administrativo si no lo hubiera remitido antes.

Art. 59. 1. Del escrito formulando alegaciones previas el Secretario judicial dará traslado por cinco días al actor, el cual podrá subsanar el defecto, si procediera, en el plazo de diez días.

2. Evacuado el traslado, se seguirá la tramitación prevista para los incidentes.

3. El auto desestimatorio de las alegaciones previas no será susceptible de recurso y dispondrá que se conteste la demanda en el plazo que reste.

4. El auto estimatorio de las alegaciones previas declarará la inadmisibilidad del recurso. Si se hubiere declarado la falta de jurisdicción o de competencia, se estará a lo que determinan los artículos 5.3 y 7.3.

SECCIÓN 6.ª

Prueba

Art. 60. 1. Solamente se podrá pedir el recibimiento del

Art. 59.1: Redactado conforme al art. 14.19 de la Ley 13/2009, de 3 de noviembre (*BOE* del 4), de reforma de la legislación procesal para la implantación de la nueva Oficina judicial.

Art. 59.2: V. arts. 387 a 393 de la Ley 1/2000, de 7 de enero (*BOE* del 8), de Enjuiciamiento Civil.

Art. 59.4: Redactado conforme al art. 102.doce del RD-ley 6/2023, de 19 de diciembre (*BOE* del 20), por el que se aprueban medidas urgentes para la ejecución del Plan de Recuperación, Transformación y Resiliencia en materia de servicio público de justicia, función pública, régimen local y mecenazgo.

Art. 60.1, 2 y 4: Apartados redactados por el art. 3.º de la Ley 37/2011, de 10 de octubre (*BOE* del 11), de medidas de agilización procesal.

proceso a prueba por medio de otrosí, en los escritos de demanda y contestación y en los de alegaciones complementarias. En dichos escritos deberán expresarse en forma ordenada los puntos de hecho sobre los que haya de versar la prueba y los medios de prueba que se propongan.

2. Si de la contestación a la demanda resultaran nuevos hechos de trascendencia para la resolución del pleito, el recurrente podrá pedir el recibimiento a prueba y expresar los medios de prueba que se propongan dentro de los cinco días siguientes a aquel en que se haya dado traslado de la misma, sin perjuicio de que pueda hacer uso de su derecho a aportar documentos conforme a lo dispuesto en el apartado 4 del artículo 56.

3. Se recibirá el proceso a prueba cuando exista disconformidad en los hechos y éstos fueran de trascendencia, a juicio del órgano jurisdiccional, para la resolución del pleito. Si el objeto del recurso fuera una sanción administrativa o disci-

plinaria, el proceso se recibirá siempre a prueba cuando exista disconformidad en los hechos.

4. La prueba se desarrollará con arreglo a las normas generales establecidas para el proceso civil, siendo el plazo para practicarla de treinta días. No obstante, se podrán aportar al proceso las pruebas practicadas fuera de este plazo por causas no imputables a la parte que las propuso.

5. Las Salas podrán delegar en uno de sus Magistrados o en un Juzgado de lo Contencioso-administrativo la práctica de todas o algunas de las diligencias probatorias, y el representante en autos de la Administración podrá, a su vez, delegar en un funcionario público de la misma la facultad de intervenir en la práctica de pruebas.

6. En el acto de emisión de la prueba pericial, el Juez otorgará, a petición de cualquiera de las partes, un plazo no superior a cinco días para que las partes puedan solicitar aclaraciones al dictamen emitido.

7. De acuerdo con las leyes procesales, en aquellos proce-

Art. 60.4: V. arts. 281 a 386 de la Ley 1/2000, de 7 de enero (*BOE* del 8), de Enjuiciamiento Civil.

Art. 60.6: Redactado conforme al art. 14.20 de la Ley 13/2009, de 3 de noviembre (*BOE* del 4), de reforma de la legislación procesal para la implantación de la nueva Oficina judicial.

Art. 60.7: Apartado añadido por la Disp. Final 4.ª2 de la Ley 4/2023, de 28 de febrero (*BOE* de 1 de marzo), para la igualdad real y efectiva de las personas trans y para la garantía de los derechos de las personas LGTBI.

dimientos en los que las alegaciones de la parte actora se fundamenten en actuaciones discriminatorias por razón de sexo, orientación e identidad sexual, expresión de género o características sexuales y aporte indicios fundados sobre su existencia, corresponderá a la parte demandada la aportación de una justificación objetiva y razonable, suficientemente probada, de las medidas adoptadas y de su proporcionalidad.

A los efectos de lo dispuesto en el párrafo anterior, el órgano judicial, de oficio o a instancia de parte, podrá recabar informe o dictamen de los organismos públicos competentes.

8. La presentación de documentos en el curso de actos judiciales o procesales celebrados por videoconferencia se ajustará a lo establecido por la Ley que regule el uso de las tecnologías en la Administración de Justicia.

Art. 61. 1. El Juez o Tribunal podrá acordar de oficio el recibimiento a prueba y disponer la práctica de cuantas estime pertinentes para la más acertada decisión del asunto.

2. Finalizado el período de prueba, y hasta que el pleito sea declarado concluso para sentencia, el órgano jurisdiccional podrá también acordar la práctica de cualquier diligencia de prueba que estimare necesaria.

3. Las partes tendrán intervención en las pruebas que se practiquen al amparo de lo pre-

---

El art. 30 («Reglas relativas a la carga de la prueba») de la Ley 15/2022, de 12 de julio (*BOE* del 13), establece:

«1. De acuerdo con lo previsto en las leyes procesales y reguladoras de los procedimientos administrativos, cuando la parte actora o el interesado alegue discriminación y aporte indicios fundados sobre su existencia, corresponderá a la parte demandada o a quien se impute la situación discriminatoria la aportación de una justificación objetiva y razonable, suficientemente probada, de las medidas adoptadas y de su proporcionalidad.

»2. A los efectos de lo dispuesto en el párrafo primero, el órgano judicial o administrativo, de oficio o a instancia de parte, podrá recabar informe de los organismos públicos competentes en materia de igualdad.

»3. Lo establecido en el apartado primero no será de aplicación a los procesos penales ni a los procedimientos administrativos sancionadores, ni a las medidas adoptadas y los procedimientos tramitados al amparo de las normas de organización, convivencia y disciplina de los centros docentes».

Art. 60.8: Apartado añadido por el art. 102.trece del RD-ley 6/2023, de 19 de diciembre (*BOE* del 20), por el que se aprueban medidas urgentes para la ejecución del Plan de Recuperación, Transformación y Resiliencia en materia de servicio público de justicia, función pública, régimen local y mecenazgo.

visto en los dos apartados anteriores.

4. Si el Juez o Tribunal hiciere uso de su facultad de acordar de oficio la práctica de una prueba, y las partes carecieran de oportunidad para alegar sobre ello en la vista o en el escrito de conclusiones, el Secretario judicial pondrá de manifiesto el resultado de la prueba a las partes, las cuales podrán, en el plazo de cinco días, alegar cuanto estimen conveniente acerca de su alcance e importancia.

5. El Juez podrá acordar de oficio, previa audiencia a la partes, o bien a instancia de las mismas la extensión de los efectos de las pruebas periciales a los procedimientos conexos. A los efectos de la aplicación de las normas sobre costas procesales en relación al coste de estas pruebas se entenderá que son partes todos los intervinientes en los procesos sobre los cuales se haya acordado la extensión de sus efectos, prorrateándose su coste entre los obligados en dichos procesos al pago de las costas.

SECCIÓN 7.ª

Vista y conclusiones

Art. 62. 1. Salvo que en esta Ley se disponga otra cosa, las partes podrán solicitar que se celebre vista, que se presenten conclusiones o que el pleito sea declarado concluso, sin más trámites, para sentencia.

2. Dicha solicitud habrá de formularse por medio de otrosí en los escritos de demanda o contestación o por escrito presentado en el plazo de cinco días contados desde que se notifique la diligencia de ordenación declarando concluso el período de prueba.

3. El Secretario judicial proveerá según lo que coincidentemente hayan solicitado las partes. En otro caso, sólo acordará la celebración de vista o la formulación de conclusiones escritas cuando lo solicite el demandante o cuando, habiéndose practicado prueba, lo solicite cualquiera de las partes; todo ello sin perjuicio de lo dispuesto en el apartado 4 del artículo 61.

Art. 61.4: Redactado conforme al art. 14.21 de la Ley 13/2009, de 3 de noviembre (*BOE* del 4), de reforma de la legislación procesal para la implantación de la nueva Oficina judicial.

Art. 62.2 y 3: Apartados redactados conforme al art. 14.22 de la Ley 13/2009, de 3 de noviembre (*BOE* del 4), de reforma de la legislación procesal para la implantación de la nueva Oficina judicial.

4. Si las partes no hubieran formulado solicitud alguna el Juez o Tribunal, excepcionalmente, atendida la índole del asunto, podrá acordar la celebración de vista o la formulación de conclusiones escritas.

Art. 63. 1. Si se acordara la celebración de vista, el Secretario judicial señalará la fecha de la audiencia por riguroso orden de antigüedad de los asuntos, excepto los referentes a materias que por prescripción de la ley o por acuerdo motivado del órgano jurisdiccional, fundado en circunstancias excepcionales, deban tener preferencia, los cuales, estando conclusos, podrán ser antepuestos a los demás cuyo señalamiento aún no se hubiera hecho. En el señalamiento de las vistas el Secretario judicial atenderá asimismo a los criterios establecidos en el artículo 182 de la Ley de Enjuiciamiento Civil.

2. En el acto de la vista, se dará la palabra a las partes por su orden para que de forma sucinta expongan sus alegaciones. El Juez o el Presidente de la Sala, por sí o a través del Magistrado ponente, podrá invitar a los defensores de las partes, antes o después de los informes orales, a que concreten los hechos y puntualicen, aclaren o rectifiquen cuanto sea preciso para delimitar el objeto de debate.

3. El desarrollo de las sesiones del juicio oral y resto de actuaciones orales se documentarán conforme a lo preceptuado en los artículos 146 y 147 de la Ley de Enjuiciamiento Civil. La Oficina judicial deberá asegurar la correcta incorporación de la grabación al expediente judicial electrónico. Si los sistemas no proveen expediente judicial electrónico, el Letrado de la Administración de Justicia deberá custodiar el documento electrónico que sirva de soporte a la grabación. Las partes podrán pedir a su costa copia o, en su caso, acceso electrónico de las grabaciones originales.

4. Siempre que se cuente con los medios tecnológicos necesarios, estos garantizarán la autenticidad e integridad de lo grabado o reproducido. A tal efecto, el Letrado de la Admi-

---

Art. 63: Redactado conforme al art. 14.23 de la Ley 13/2009, de 3 de noviembre (*BOE* del 4), de reforma de la legislación procesal para la implantación de la nueva Oficina judicial.

Art. 63.3 y 4: Apartados redactados por el art. 102.catorce del RD-ley 6/2023, de 19 de diciembre (*BOE* del 20), por el que se aprueban medidas urgentes para la ejecución del Plan de Recuperación, Transformación y Resiliencia en materia de servicio público de justicia, función pública, régimen local y mecenazgo.

nistración de Justicia hará uso de la firma electrónica u otro sistema de seguridad que conforme a la ley ofrezca tales garantías. En este caso, la celebración del acto no requerirá la presencia en la sala del Letrado de la Administración de Justicia salvo que lo hubieran solicitado las partes, al menos dos días antes de la celebración de la vista, o que excepcionalmente lo considere necesario el Letrado de la Administración de Justicia atendiendo a la complejidad del asunto, al número y naturaleza de las pruebas a practicar, al número de intervinientes, a la posibilidad de que se produzcan incidencias que no pudieran registrarse, o a la concurrencia de otras circunstancias igualmente excepcionales que lo justifiquen. En estos casos, el Letrado de la Administración de Justicia extenderá acta sucinta en los términos previstos en el apartado siguiente.

5.   Si los mecanismos de garantía previstos en el apartado anterior no se pudiesen utilizar, el Secretario judicial deberá consignar en el acta los siguientes extremos: número y clase de procedimiento; lugar y fecha de celebración; tiempo de duración, asistentes al acto; alegaciones de las partes; resoluciones que adopte el Juez o Tribunal; así como las circunstancias e incidencias que no pudieran cons-

tar en aquel soporte. A esta acta se incorporarán los soportes de la grabación de las sesiones.

6.   Cuando los medios de registro previstos en este artículo no se pudiesen utilizar por cualquier causa, el Secretario judicial extenderá acta de cada sesión, recogiendo en ella, con la extensión y detalle necesarios, las alegaciones de las partes, las incidencias y reclamaciones producidas y las resoluciones adoptadas.

7.   El acta prevista en los apartados 5 y 6 de este artículo, se extenderá por procedimientos informáticos, sin que pueda ser manuscrita más que en las ocasiones en que la sala en que se esté celebrando la actuación careciera de medios informáticos. En estos casos, al terminar la sesión el Secretario judicial leerá el acta, haciendo en ella las rectificaciones que las partes reclamen, si las estima procedentes. Esta acta se firmará por el Secretario judicial tras el Juez o Presidente, las partes, sus representantes o defensores y los peritos, en su caso.

Art. 64.   1.   Cuando se acuerde el trámite de conclusiones, las partes presentarán unas alegaciones sucintas acerca de los hechos, la prueba practicada y los fundamentos jurídicos en que apoyen sus pretensiones.

2. El plazo para formular el escrito será de diez días sucesivos para los demandantes y demandados, siendo simultáneo para cada uno de estos grupos de partes si en alguno de ellos hubiere comparecido más de una persona y no actuaran unidos bajo una misma representación.

3. El señalamiento de día para votación y fallo se ajustará al orden expresado en el apartado 1 del artículo anterior.

4. Celebrada la vista o presentadas las conclusiones, el Juez o Tribunal declarará que el pleito ha quedado concluso para sentencia, salvo que haga uso de la facultad a que se refiere el apartado 2 del artículo 61, en cuyo caso dicha declaración se hará inmediatamente después de que finalice la práctica de la diligencia o diligencias de prueba acordadas.

Art. 65. 1. En el acto de la vista o en el escrito de conclusiones no podrán plantearse cuestiones que no hayan sido suscitadas en los escritos de demanda y contestación.

2. Cuando el Juez o Tribunal juzgue oportuno que en el acto de la vista o en las conclusiones se traten motivos relevantes para el fallo y distintos de los alegados, lo pondrá en conocimiento de las partes mediante providencia, dándoles plazo de diez días para ser oídas sobre ello. Contra esta providencia no cabrá recurso alguno.

3. En el acto de la vista, o en el escrito de conclusiones, el demandante podrá solicitar que la sentencia formule pronunciamiento concreto sobre la existencia y cuantía de los daños y perjuicios de cuyo resarcimiento se trate, si constasen ya probados en autos.

Art. 66. Los recursos directos contra disposiciones generales gozarán de preferencia y, una vez conclusos, serán antepuestos para su votación y fallo a cualquier otro recurso contencioso-administrativo, sea cual fuere su instancia o grado, salvo el proceso especial de protección de derechos fundamentales.

SECCIÓN 8.ª

Sentencia

Art. 67. 1. La sentencia se dictará en el plazo de diez días desde que el pleito haya sido declarado concluso y decidirá todas las cuestiones controvertidas en el proceso.

2. Cuando el Juez o Tribunal apreciase que la sentencia no podrá dictarse dentro del plazo indicado, lo razonará debidamente y señalará una fecha posterior concreta en la que se

dictará la misma, notificándolo a las partes.

Art. 68. 1. La sentencia pronunciará alguno de los fallos siguientes:

a) Inadmisibilidad del recurso contencioso-administrativo.

b) Estimación o desestimación del recurso contencioso-administrativo.

2. La sentencia contendrá además el pronunciamiento que corresponda respecto de las costas.

Art. 69. La sentencia declarará la inadmisibilidad del recurso o de alguna de las pretensiones en los casos siguientes:

a) Que el Juzgado o Tribunal Contencioso-administrativo carezca de jurisdicción.

b) Que se hubiera interpuesto por persona incapaz, no debidamente representada o no legitimada.

c) Que tuviera por objeto disposiciones, actos o actuaciones no susceptibles de impugnación.

d) Que recayera sobre cosa juzgada o existiera litispendencia.

e) Que se hubiera presentado el escrito inicial del recurso fuera del plazo establecido.

Art. 70. 1. La sentencia desestimará el recurso cuando se ajusten a Derecho la disposición, acto o actuación impugnados.

2. La sentencia estimará el recurso contencioso-administrativo cuando la disposición, la actuación o el acto incurrieran en cualquier infracción del ordenamiento jurídico, incluso la desviación de poder.

Se entiende por desviación de poder el ejercicio de potestades administrativas para fines distintos de los fijados por el ordenamiento jurídico.

Art. 71. 1. Cuando la sentencia estimase el recurso contencioso-administrativo:

a) Declarará no ser conforme a Derecho y, en su caso, anulará total o parcialmente la disposición o acto recurrido o dispondrá que cese o se modifique la actuación impugnada.

Art. 71.1.d): Vid. Disp. Adic. 9.ª de la Ley 26/2007, de 23 de octubre (*BOE* del 24), de Responsabilidad Medioambiental, que establece: «Las normas del anexo II [*Reparación del daño medioambiental*] o las dispuestas con carácter complementario por la normativa autonómica con el mismo objetivo se aplicarán en la determinación de la obligación de reparación de daños medioambientales, con independencia de que tal obligación se exija en un proceso judicial civil, penal o contencioso-administrativo o en un procedimiento administrativo.»

b)　Si se hubiese pretendido el reconocimiento y restablecimiento de una situación jurídica individualizada, reconocerá dicha situación jurídica y adoptará cuantas medidas sean necesarias para el pleno restablecimiento de la misma.

c)　Si la medida consistiera en la emisión de un acto o en la práctica de una actuación jurídicamente obligatoria, la sentencia podrá establecer plazo para que se cumpla el fallo.

d)　Si fuera estimada una pretensión de resarcir daños y perjuicios, se declarará en todo caso el derecho a la reparación, señalando asimismo quién viene obligado a indemnizar. La sentencia fijará también la cuantía de la indemnización cuando lo pida expresamente el demandante y consten probados en autos elementos suficientes para ello. En otro caso, se establecerán las bases para la determinación de la cuantía, cuya definitiva concreción quedará diferida al período de ejecución de sentencia.

2.　Los órganos jurisdiccionales no podrán determinar la forma en que han de quedar redactados los preceptos de una disposición general en sustitución de los que anularen ni podrán determinar el contenido discrecional de los actos anulados.

Art. 72.　1.　La sentencia que declare la inadmisibilidad o desestimación del recurso contencioso-administrativo sólo producirá efectos entre las partes.

2.　La anulación de una disposición o acto producirá efectos para todas las personas afectadas. Las sentencias firmes que anulen una disposición general tendrán efectos generales desde el día en que sea publicado su fallo y preceptos anulados en el mismo periódico oficial en que lo hubiera sido la disposición anulada. También se publicarán las sentencias firmes que anulen un acto administrativo que afecte a una pluralidad indeterminada de personas.

3.　La estimación de pretensiones de reconocimiento o restablecimiento de una situación jurídica individualizada sólo producirá efectos entre las partes. No obstante, tales efectos podrán extenderse a terceros en los términos previstos en los artículos 110 y 111.

Art. 73.　Las sentencias firmes que anulen un precepto de una disposición general no afectarán por sí mismas a la eficacia de las sentencias o actos administrativos firmes que lo hayan aplicado antes de que la anulación alcanzara efectos generales, salvo en el caso de que la anulación del precepto supusiera la exclusión o la reducción de las sanciones aún no ejecutadas completamente.

SECCIÓN 9.ª

Otros modos de terminación del procedimiento

Art. 74. 1. El recurrente podrá desistir del recurso en cualquier momento anterior a la sentencia.

2. Para que el desistimiento del representante en juicio produzca efectos será necesario que lo ratifique el recurrente o que esté autorizado para ello. Si desistiere la Administración pública, habrá de presentarse testimonio del acuerdo adoptado por el órgano competente con arreglo a los requisitos exigidos por las Leyes o reglamentos respectivos.

3. El Letrado o Letrada de la Administración de Justicia dará traslado a las demás partes, y en los supuestos de acción popular al Ministerio Fiscal, por plazo común de cinco días. Si prestaren su conformidad al desistimiento o no se opusieren a él, dictará decreto en el que declarará terminado el procedimiento, ordenando el archivo de los autos.

4. En otro caso, o cuando apreciare daño para el interés público, dará cuenta al Juez o Tribunal para que resuelva lo que proceda.

5. Si fueren varios los recurrentes, el procedimiento continuará respecto de aquellos que no hubieren desistido.

6. El desistimiento no implicará necesariamente la condena en costas.

7. Cuando se hubiera desistido del recurso porque la Administración demandada hubiera reconocido totalmente en vía administrativa las pretensiones del demandante, y después la Administración dictase un nuevo acto total o parcialmente revocatorio del reconocimiento, el actor podrá pedir que continúe el procedimiento en el estado en que se encontrase, extendiéndose al acto revocatorio. Si el Juez o Tribunal lo estimase conveniente, concederá a las partes un

---

Art. 74.3: Redactado por el art. 102.quince del RD-ley 6/2023, de 19 de diciembre (*BOE* del 20), por el que se aprueban medidas urgentes para la ejecución del Plan de Recuperación, Transformación y Resiliencia en materia de servicio público de justicia, función pública, régimen local y mecenazgo.

Art. 74.4: Redactado conforme al art. 14.24 de la Ley 13/2009, de 3 de noviembre (*BOE* del 4), de reforma de la legislación procesal para la implantación de la nueva Oficina judicial.

plazo común de diez días para que formulen por escrito alegaciones complementarias sobre la revocación.

8. Desistido un recurso de apelación o de casación, el Letrado o la Letrada de la Administración de Justicia sin más trámites declarará terminado el procedimiento por decreto, ordenando el archivo de los autos y la devolución de las actuaciones recibidas al órgano jurisdiccional de procedencia.

Art. 75. 1. Los demandados podrán allanarse cumpliendo los requisitos exigidos en el apartado 2 del artículo anterior.

2. Producido el allanamiento, el Juez o Tribunal, sin más trámites, dictará sentecia de conformidad con las pretensiones del demandante, salvo si ello supusiere infracción manifiesta del ordenamiento jurídico, en cuyo caso el órgano jurisdiccional comunicará a las partes los motivos que pudieran oponerse a la estimación de las pretensiones y las oirá por

plazo común de diez días, dictando luego la sentencia que estime ajustada a Derecho.

3. Si fueren varios los demandados, el procedimiento seguirá respecto de aquellos que no se hubiesen allanado.

Art. 76. 1. Si interpuesto recurso contencioso-administrativo la Administración demandada reconociese totalmente en vía administrativa las pretensiones del demandante, cualquiera de las partes podrá ponerlo en conocimiento del Juez o Tribunal, cuando la Administración no lo hiciera.

2. El Letrado o Letrada de la Administración de Justicia mandará oír a las partes por plazo común de cinco días y, previa comprobación de lo alegado, el juez, la jueza o el tribunal dictarán auto en el que declarará terminado el procedimiento y ordenará el archivo del recurso, si el reconocimiento no infringiera manifiestamente el ordenamiento jurídico. En este último caso dictará sentencia ajustada a Derecho.

Art. 74.8: Modificado por el art. 21.Cuatro de la LO 1/2025, de 2 de enero (*BOE* del 3), de medidas en materia de eficiencia del Servicio Público de Justicia. Entra en vigor el 3 de abril de 2025 (Disp. Final 38.ª1 LOMESPJ). La Disp. Trans. 9.ª LOMESP, en su apartado primero indica que las reformas serán aplicables exclusivamente a los procedimientos incoados con posterioridad a su entrada en vigor.
Art. 76.2: Redactado por el art. 102.dieciséis del RD-ley 6/2023, de 19 de diciembre (*BOE* del 20), por el que se aprueban medidas urgentes para la ejecución del Plan de Recuperación, Transformación y Resiliencia en materia de servicio público de justicia, función pública, régimen local y mecenazgo.

Art. 77. 1. En los procedimientos en primera o única instancia, el Juez o Tribunal, de oficio o a solicitud de parte, una vez formuladas la demanda y la contestación, podrá someter a la consideración de las partes el reconocimiento de hechos o documentos, así como la posibilidad de alcanzar un acuerdo que ponga fin a la controversia, cuando el juicio se promueva sobre materias susceptibles de transacción y, en particular, cuando verse sobre estimación de cantidad.

Los representantes de las Administraciones públicas demandadas necesitarán la autorización oportuna para llevar a efecto la transacción, con arreglo a las normas que regulan la disposición de la acción por parte de los mismos.

2. El intento de conciliación no suspenderá el curso de las actuaciones salvo que todas las partes personadas lo solicitasen y podrá producirse en cualquier momento anterior al día en que el pleito haya sido declarado concluso para sentencia.

3. Si las partes llegaran a un acuerdo que implique la desaparición de la controversia, el Juez o Tribunal dictará auto declarando terminado el procedimiento, siempre que lo acordado no fuera manifiestamente contrario al ordenamiento jurídico ni lesivo del interés público o de terceros.

4. En todo caso, las actuaciones previstas en este artículo podrán llevarse a cabo por medios electrónicos.

Art. 77: El art. 3.2 de la LO 1/2025, de 2 de enero (*BOE* del 3), de medidas en materia de eficiencia del Servicio Público de Justicia, establece, pese a las incorrecciones cometidas de forma expresa, que quedan excluidos de los «medios adecuados de solución de controversias», los asuntos «de cualquier naturaleza, con independencia del orden jurisdiccional ante el que deban ventilarse, en los que una de las partes sea una entidad perteneciente al sector público». La Disp. Final 31.ª LOMESPJ establece que:

«El Gobierno debe elaborar y presentar a las Cortes Generales, en el plazo de dos años a partir de la entrada en vigor de la presente Ley, un proyecto de ley que atienda, en el ámbito administrativo, a los medios de solución de controversias cuando una de las partes es la Administración. Esta iniciativa reconocerá las experiencias en mediación que, en los conflictos en que una de las partes es la Administración, se han desarrollado y se están desarrollando en las administraciones que cuentan con competencias en materia de Justicia.»

Art. 77.4: Añadido por el art. 102.diecisiete del RD-ley 6/2023, de 19 de diciembre (*BOE* del 20), por el que se aprueban medidas urgentes para la ejecución del Plan de Recuperación, Transformación y Resiliencia en materia de servicio público de justicia, función pública, régimen local y mecenazgo.

CAPÍTULO II

PROCEDIMIENTO ABREVIADO

Art. 78. 1. Los Juzgados de lo Contencioso-Administrativo y, en su caso, los Juzgados Centrales de lo Contencioso-Administrativo de este Orden Jurisdiccional conocen, por el procedimiento abreviado, de los asuntos de su competencia que se susciten sobre cuestiones de personal al servicio de las Administraciones Públicas, sobre extranjería y sobre inadmisión de peticiones de asilo político, asuntos de disciplina deportiva en materia de dopaje, así como todas aquellas cuya cuantía no supere los 30.000 euros.

2. El recurso se iniciará por demanda, a la que se acompañará el documento o documentos en que el actor funde su derecho y aquellos previstos en el artículo 45.2.

3. Presentada la demanda, el Letrado o la Letrada de la Administración de Justicia, apreciada la jurisdicción y competencia objetiva del Tribunal, admitirá la demanda. En otro caso, dará cuenta a éste para que resuelva lo que proceda.

Admitida la demanda, el Letrado o la Letrada de la Administración de Justicia acordará su traslado a la persona demandada, citando a las partes para la celebración de vista, con indicación de día y hora, y requerirá a la Administración demandada que remita el expediente administrativo en soporte electrónico, con al menos quince días de antelación del término señalado para la vista. Si en la demanda se solicitasen diligencias de preparación de la prueba a practicar en juicio, el Letrado o la Letrada de la Administración de Justicia acordará lo que corresponda para posibilitar su práctica, sin perjuicio de lo que el juez o tribunal decida sobre su admisión o inadmisión en el acto del juicio. En el señalamiento de las vistas atenderá a los criterios establecidos en el artículo 182 de la Ley 1/2000, de 7 de enero, de Enjuiciamiento Civil.

No obstante, si el actor pide por otrosí en su demanda que el recurso se falle sin necesidad de recibimiento a prueba ni

---

Art. 78.1: Nueva redacción dada por el art. 3.º de la Ley 37/2011, de 10 de octubre (*BOE* del 11), de medidas de agilización procesal.

Art. 78.3 y 4: Modificados por el art. 21.Cinco de la LO 1/2025, de 2 de enero (*BOE* del 3), de medidas en materia de eficiencia del Servicio Público de Justicia. Entra en vigor el 3 de abril de 2025 (Disp. Final 38.ª1 LOMESPJ). La Disp. Trans. 9.ª LOMESP, en su apartado primero indica que las reformas serán aplicables exclusivamente a los procedimientos incoados con posterioridad a su entrada en vigor.

tampoco de vista, el Letrado o la Letrada de la Administración de Justicia dará traslado de la misma a las partes demandadas para que la contesten en el plazo de veinte días, con el apercibimiento a que se refiere el apartado 1 del artículo 54. Una vez contestada la demanda, el Letrado o la Letrada de la Administración de Justicia procederán de acuerdo con lo dispuesto en el artículo 57, declarando concluso el pleito, salvo que el juez o la jueza hagan uso de la facultad que le atribuye el artículo 61.

Dentro de los diez primeros días del plazo para contestar la demanda, las partes demandadas podrán solicitar que se celebre la vista, argumentando a tal fin en qué hechos existe disconformidad y qué medios de prueba, distintos de los ya obrantes en actuaciones, habrían de ser practicados para despejar esa disconformidad. El juez o la jueza decidirá sobre dicha solicitud mediante auto.

El auto que acuerde la celebración de vista no será recurrible y, tras su notificación, el Letrado o la Letrada de la Administración de Justicia citarán a las partes al acto conforme a lo previsto en el párrafo segundo de este apartado.

El auto que rechace la celebración de vista dispondrá, además, que se conteste la demanda en el plazo que reste y contra el mismo podrá interponerse recurso de reposición. Presentada la contestación se abrirá un trámite de conclusiones, por plazo de cinco días sucesivos, si la parte actora lo hubiese solicitado en su demanda.

4. Recibido el expediente administrativo, el Letrado o la Letrada de la Administración de Justicia lo entregarán al actor y a las personas interesadas que se hubieren personado para que puedan hacer alegaciones en el acto de la vista.

5. Comparecidas las partes, o alguna de ellas, el Juez declarará abierta la vista.

Si las partes no comparecieren o lo hiciere sólo el demandado, el Juez o Tribunal tendrá al actor por desistido del recurso y le condenará en costas, y si compareciere sólo el actor, acordará que prosiga la vista en ausencia del demandado.

6. La vista comenzará con exposición por el demandante de los fundamentos de lo que pida o ratificación de los expuestos en la demanda.

Art. 78.5: Apartado redactado conforme al art. 14.26 de la Ley 13/2009, de 3 de noviembre (*BOE* del 4), de reforma de la legislación procesal para la implantación de la nueva Oficina judicial.

7. Acto seguido, el demandado podrá formular las alegaciones que a su derecho convengan, comenzando, en su caso, por las cuestiones relativas a la jurisdicción, a la competencia objetiva y territorial y a cualquier otro hecho o circunstancia que pueda obstar a la válida prosecución y término del proceso mediante sentencia sobre el fondo.

8. Oído el demandante sobre estas cuestiones, el Juez resolverá lo que proceda, y si mandase proseguir el juicio, el demandado podrá pedir que conste en acta su disconformidad. Lo mismo podrá hacer el demandante si el Juez, al resolver sobre alguna de dichas cuestiones, declinara el conocimiento del asunto en favor de otro Juzgado o Tribunal o entendiese que debe declarar la inadmisibilidad del recurso.

9. Si en sus alegaciones el demandado hubiese impugnado la adecuación del procedimiento por razón de la cuantía, el Juez, antes de practicarse la prueba o, en su caso, las conclusiones, exhortará a las partes a ponerse de acuerdo sobre tal extremo. Si no se alcanzare el acuerdo, decidirá el Juez, que dará al proceso el curso procedimental que corresponda según la cuantía que él determine. Frente a la decisión del Juez no se dará recurso alguno.

10. Si no se suscitasen las cuestiones procesales a que se refieren los apartados anteriores o si, habiéndose suscitado, se resolviese por el Juez la continuación del juicio, se dará la palabra a las partes para fijar con claridad los hechos en que fundamenten sus pretensiones. Si no hubiere conformidad sobre ellos, se propondrán las pruebas y, una vez admitidas las que no sean impertinentes o inútiles, se practicarán seguidamente.

11. Cuando de las alegaciones de las partes se desprenda la conformidad de todos los demandados con las pretensiones del actor, el carácter meramente jurídico de la controversia, la ausencia de proposición de la prueba o la inadmisibilidad de toda la prueba propuesta, y las partes no deseasen formular conclusiones, el Juez apreciará tal circunstancia en el acto y, si ninguna parte se opusiere, dictará sentencia sin más dilación.

Formulada oposición, el Juez resolverá estimándola, en cuyo caso proseguirá la vista conforme a lo reglado en los apartados siguientes, o desestimándola en la misma sentencia que dicte conforme a lo previsto en el párrafo anterior, antes de resolver sobre el fondo, como especial pronunciamiento.

12. Los medios de prueba se practicarán en los juicios

abreviados, en cuanto no sea incompatible con sus trámites, del modo previsto para el juicio ordinario.

13. Las preguntas para la prueba de interrogatorio de parte se propondrán verbalmente, sin admisión de pliegos.

14. No se admitirán escritos de preguntas y repreguntas para la prueba testifical. Cuando el número de testigos fuese excesivo y, a criterio del órgano judicial, sus manifestaciones pudieran constituir inútil reiteración del testimonio sobre hechos suficientemente esclarecidos, aquél podrá limitarlos discrecionalmente.

15. Los testigos no podrán ser tachados y, únicamente en conclusiones, las partes podrán hacer las observaciones que sean oportunas respecto de sus circunstancias personales y de la veracidad de sus manifestaciones.

16. En la práctica de la prueba pericial no serán de aplicación las reglas generales sobre insaculación de peritos.

17. Contra las resoluciones del Juez sobre denegación de pruebas o sobre admisión de las que se denunciaran como obtenidas con violación de derechos fundamentales, las partes podrán interponer en el acto recurso de súplica, que se sustanciará y resolverá seguidamente.

18. Si el juez o la jueza estimase que alguna prueba relevante no puede practicarse en la vista, sin mala fe por parte de quien tuviera la carga de aportarla, la suspenderá, señalando el Letrado o la Letrada de la Administración de Justicia competente, en el acto y sin necesidad de nueva notificación, el lugar, día y hora en que deba reanudarse. Si no hubiera asistido a la vista, el Letrado o la Letrada de la Administración de Justicia efectuarán nuevo señalamiento en el día hábil siguiente a aquel en que se hubiera acordado la suspensión.

19. Tras la práctica de la prueba, si la hubiere, y, en su caso, de las conclusiones, oídos

---

Art. 78.13: Redactado conforme al art. 14.26 de la Ley 13/2009, de 3 de noviembre (*BOE* del 4), de reforma de la legislación procesal para la implantación de la nueva Oficina judicial.

Art. 78.17: La Disp. Adic. 8.ª establece que las referencias al recurso de súplica deben entenderse hechas al recurso de reposición.

Art. 78.18: Modificado por el art. 21.Cinco de la LO 1/2025, de 2 de enero (*BOE* del 3), de medidas en materia de eficiencia del Servicio Público de Justicia. Entra en vigor el 3 de abril de 2025 (Disp. Final 38.ª1 LOMESPJ). La Disp. Trans. 9.ª LOMESP, en su apartado primero indica que las reformas serán aplicables exclusivamente a los procedimientos incoados con posterioridad a su entrada en vigor.

los Letrados, las personas que sean parte en los asuntos podrán, con la venia del Juez, exponer de palabra lo que crean oportuno para su defensa a la conclusión de la vista, antes de darla por terminada.

20. El juez o la jueza dictarán sentencia en el plazo de diez días desde la celebración de la vista. No obstante, la sentencia se podrá dictar oralmente al concluir dicho acto con los requisitos de forma y consecuencias previstas en los apartados 3 y 4 del artículo 210 de la Ley 1/2000, de 7 de enero, de Enjuiciamiento Civil, y pronunciando su fallo de acuerdo con lo dispuesto en los artículos 68 a 71 de la presente ley.

21. La vista se documentará en la forma establecida en los apartados 3 y 4 del artículo 63.

22. Si los mecanismos de garantía previstos en el apartado anterior no se pudiesen utilizar deberán consignarse en el acta los siguientes extremos: número y clase de procedimiento; lugar y fecha de celebración; tiempo de duración, asistentes al acto; alegaciones de las partes; resoluciones que adopte el juez, la jueza o el tribunal; así como las circunstancias e incidencias que no pudieran constar en aquel soporte. A esta acta se incorporarán los soportes de la grabación de las sesiones.

Cuando no se pudiesen utilizar los medios de registro por cualquier causa, el Letrado o Letrada de la Administración de Justicia extenderá acta de cada sesión, en la que se hará constar:

a) Lugar, fecha, juez o jueza que preside el acto, partes comparecientes, representantes, en su caso, y defensores que las asisten.

Art. 78.20: Modificado por el art. 21.Cinco de la LO 1/2025, de 2 de enero (*BOE* del 3), de medidas en materia de eficiencia del Servicio Público de Justicia. Entra en vigor el 3 de abril de 2025 (Disp. Final 38.ª1 LOMESPJ). La Disp. Trans. 9.ª LOMESP, en su apartado primero indica que las reformas serán aplicables exclusivamente a los procedimientos incoados con posterioridad a su entrada en vigor. No obstante, en su apartado 6, se indica que el apartado modificado será de aplicación a los recursos contencioso-administrativos tramitados por el procedimiento abreviado en los que no se haya celebrado vista a la entrada en vigor de la LOMESPJ.

Art. 78.21: Apartado redactado conforme al art. 14.26 de la Ley 13/2009, de 3 de noviembre (*BOE* del 4), de reforma de la legislación procesal para la implantación de la nueva Oficina judicial.

Art. 78.22: Modificado por el art. 21.Cinco de la LO 1/2025, de 2 de enero (*BOE* del 3), de medidas en materia de eficiencia del Servicio Público de Justicia. Entra en vigor el 3 de abril de 2025 (Disp. Final 38.ª1 LOMESPJ). La Disp. Trans. 9.ª LOMESP, en su apartado primero indica que las reformas serán aplicables exclusivamente a los procedimientos incoados con posterioridad a su entrada en vigor.

b)　Breve resumen de las alegaciones de las partes, medios de prueba propuestos por ellas, declaración expresa de su pertinencia o impertinencia, razones de la denegación y protesta, en su caso.

c)　En cuanto a las pruebas admitidas y practicadas:

1.º　Resumen suficiente de las de interrogatorio de parte y testifical.

2.º　Relación circunstanciada de los documentos presentados, o datos suficientes que permitan identificarlos, en el caso de que su excesivo número haga desaconsejable la citada relación.

3.º　Relación de las incidencias planteadas en el juicio respecto a la prueba documental.

4.º　Resumen suficiente de los informes periciales, así como también de la resolución del juez o la jueza en torno a las propuestas de recusación de los peritos.

5.º　Resumen de las declaraciones realizadas en la vista.

d)　Conclusiones y peticiones concretas formuladas por las partes; en caso de que fueran de condena a cantidad, ésta deberá recogerse en el acta.

e)　Declaración hecha por el juez o la jueza de conclusión de los autos, mandando traerlos a la vista para sentencia.

Las actas previstas en este apartado se extenderán por procedimientos informáticos, sin que puedan ser manuscritas más que en las ocasiones en que la sala en que se esté celebrando la actuación careciera de medios informáticos. En estos casos, al terminar la sesión el Letrado o Letrada de la Administración de Justicia leerá el acta, haciendo en ella las rectificaciones que las partes reclamen, si las estima procedentes. Esta acta se firmará por el Letrado o Letrada de la Administración de Justicia tras el juez, la jueza o el presidente o la presidenta, las partes, sus representantes o defensores y los peritos, en su caso.

23.　El procedimiento abreviado, en lo no dispuesto en este capítulo, se regirá por las normas generales de la presente Ley.

CAPÍTULO III

RECURSOS
CONTRA RESOLUCIONES
PROCESALES*

SECCIÓN 1.ª

*Recursos contra providencias
y autos*

Art. 79. 1. Contra las providencias y los autos no sus- ceptibles de apelación o casación podrá interponerse recurso de reposición, sin perjuicio del cual se llevará a efecto la resolución impugnada, salvo que el órgano jurisdiccional, de oficio o a instancia de parte, acuerde lo contrario.

2. No es admisible el recurso de reposición contra las resoluciones expresamente exceptuadas del mismo en esta Ley, ni contra los autos que resuel-

---

* Rúbrica redactada conforme al art. 14.27 de la Ley 13/2009, de 3 de noviembre (*BOE* del 4), de reforma de la legislación procesal para la implantación de la nueva Oficina judicial.

La Disp. Adic. 15.ª LOPJ [añadida por la LO 1/2009, de 3 de noviembre (*BOE* del 4), complementaria de la Ley de reforma de la legislación procesal para la implantación de la nueva Oficina judicial] establece:

«*Disp. Adic. 15.ª Depósito para recurrir.*—1. La interposición de recursos ordinarios y extraordinarios, la revisión y la rescisión de sentencia firme a instancia del rebelde, en los órdenes jurisdiccionales civil, social y contencioso-administrativo, precisarán de la constitución de un depósito a tal efecto.

»En el orden penal este depósito será exigible únicamente a la acusación popular.

»En el orden social y para el ejercicio de acciones para la efectividad de los derechos laborales en los procedimientos concursales, el depósito será exigible únicamente a quienes no tengan la condición de trabajador o beneficiario del régimen público de la Seguridad Social.

»2. El depósito únicamente deberá consignarse para la interposición de recursos que deban tramitarse por escrito.

»3. Todo el que pretenda interponer recurso contra sentencias o autos que pongan fin al proceso o impidan su continuación, consignará como depósito:

»*a*) 30 euros, si se trata de recurso de queja.

»*b*) 50 euros, si se trata de recurso de apelación o de rescisión de sentencia firme a instancia del rebelde.

»*c*) 50 euros, si se trata de recurso extraordinario por infracción procesal.

»*d*) 50 euros, si el recurso fuera el de casación, incluido el de casación para la unificación de doctrina.

»*e*) 50 euros, si fuera revisión.

»4. Asimismo, para la interposición de recursos contra resoluciones dictadas por el Juez o Tribunal que no pongan fin al proceso ni impidan su continuación en cualquier instancia será precisa la consignación como depósito de 25 euros. El mismo importe deberá consignar quien recurra en revisión las resoluciones dictadas por el Secretario judicial.

»Se excluye de la consignación de depósito la formulación del recurso de reposición que la ley exija con carácter previo al recurso de queja.

»5.   El Ministerio Fiscal también quedará exento de constituir el depósito que para recurrir viene exigido en esta Ley.

»El Estado, las Comunidades Autónomas, las entidades locales y los organismos autónomos dependientes de todos ellos quedarán exentos de constituir el depósito referido.

»6.   Al notificarse la resolución a las partes, se indicará la necesidad de constitución de depósito para recurrir, así como la forma de efectuarlo.

»La admisión del recurso precisará que, al interponerse el mismo si se trata de resoluciones interlocutorias, a la presentación del recurso de queja, al presentar la demanda de rescisión de sentencia firme en la rebeldía y revisión, o al anunciarse o prepararse el mismo en los demás casos, se haya consignado en la oportuna entidad de crédito y en la "Cuenta de Depósitos y Consignaciones" abierta a nombre del Juzgado o del Tribunal, la cantidad objeto de depósito, lo que deberá ser acreditado. El Secretario verificará la constitución del depósito y dejará constancia de ello en los autos.

»7.   No se admitirá a trámite ningún recurso cuyo depósito no esté constituido.

»Si el recurrente hubiera incurrido en defecto, omisión o error en la constitución del depósito, se concederá a la parte el plazo de dos días para la subsanación del defecto, con aportación en su caso de documentación acreditativa.

»De no efectuarlo, se dictará auto que ponga fin al trámite del recurso, o que inadmita la demanda, quedando firme la resolución impugnada.

»8.   Si se estimare total o parcialmente el recurso, o la revisión o rescisión de sentencia, en la misma resolución se dispondrá la devolución de la totalidad del depósito.

»9.   Cuando el órgano jurisdiccional inadmita el recurso o la demanda, o confirme la resolución recurrida, el recurrente o demandante perderá el depósito, al que se dará el destino previsto en esta disposición.

»10.   Los depósitos perdidos y los rendimientos de la cuenta quedan afectados a las necesidades derivadas de la actividad del Ministerio de Justicia, destinándose específicamente a sufragar los gastos correspondientes al derecho a la asistencia jurídica gratuita, y a la modernización e informatización integral de la Administración de Justicia. A estos efectos, los ingresos procedentes de los depósitos perdidos y los rendimientos de la cuenta generarán crédito en los estados de gastos de la sección 13 "Ministerio de Justicia".

»11.   El Ministerio de Justicia transferirá anualmente a cada Comunidad Autónoma con competencias asumidas en materia de Justicia, para los fines anteriormente indicados, el 40 por 100 de lo ingresado en su territorio por este concepto, y destinará un 20 por 100 de la cuantía global para la financiación del ente instrumental participado por el Ministerio de Justicia, las Comunidades Autónomas y el Consejo General del Poder Judicial, encargado de elaborar una plataforma informática que asegure la conectividad entre todos los Juzgados y Tribunales de España.

»12.   La cuantía del depósito para recurrir podrá ser actualizada y revisada anualmente mediante Real Decreto.

»13.   La exigencia de este depósito será compatible con el devengo de la tasa exigida por el ejercicio de la potestad jurisdiccional.

»14.   El depósito previsto en la presente disposición no será aplicable para la interposición de los recursos de suplicación o de casación en el orden jurisdiccional social, ni de revisión en el orden jurisdiccional civil, que continuarán regulándose por lo previsto, respectivamente, en la Ley de Procedimiento Laboral y en la Ley de Enjuiciamiento Civil.»

Art. 79.1 y 3: Apartados redactados por el art. 102.dieciocho del RD-ley 6/2023, de 19 de diciembre (*BOE* del 20), por el que se aprueban medidas urgen-

van los recursos de reposición y los de aclaración.

3. El recurso de reposición se interpondrá en el plazo de cinco días a contar desde el siguiente al de la notificación de la resolución impugnada.

4. Interpuesto el recurso en tiempo y forma, el Secretario judicial dará traslado de las copias del escrito a las demás partes, por término común de cinco días, a fin de que puedan impugnarlo si lo estiman conveniente. Transcurrido dicho plazo, el órgano jurisdiccional resolverá por auto dentro del tercer día.

5. [...]

Art. 80. 1. Son apelables en un solo efecto los autos dictados por los Juzgados de lo Contencioso-administrativo y los Juzgados Centrales de lo Contencioso-administrativo, en procesos de los que conozcan en primera instancia, en los siguientes casos:

a) Los que pongan término a la pieza separada de medidas cautelares.

b) Los recaídos en ejecución de sentencia.

c) Los que declaren la inadmisión del recurso contencioso-administrativo o hagan imposible su continuación.

d) Los recaídos sobre las autorizaciones previstas en el artículo 8.6 y en los artículos 9.2 y 122 bis.

e) Los recaídos en aplicación de los artículos 83 y 84.

2. La apelación de los autos dictados por los Juzgados de lo Contencioso-Administrativo y los Juzgados Centrales de lo Contencioso-Administrativo en los supuestos de los artículos 110 y 111, se regirá por el mismo régimen de admisión de la apelación que correspon-

---

tes para la ejecución del Plan de Recuperación, Transformación y Resiliencia en materia de servicio público de justicia, función pública, régimen local y mecenazgo.

Art. 79.2: Redactado conforme al art. 14.28 de la Ley 13/2009, de 3 de noviembre (*BOE* del 4), de reforma de la legislación procesal para la implantación de la nueva Oficina judicial.

Art. 79.4: Redactado conforme al art. 14.28 de la Ley 13/2009, de 3 de noviembre (*BOE* del 4), de reforma de la legislación procesal para la implantación de la nueva Oficina judicial.

Art. 79.5: Suprimido por el art. 14.28 de la Ley 13/2009, de 3 de noviembre (*BOE* del 4), de reforma de la legislación procesal para la implantación de la nueva Oficina judicial.

Art. 80.1.d): Letra redactada por la Disp. Final 43.ª6 de la Ley 2/2011, de 4 de marzo (*BOE* del 5), de Economía Sostenible.

Art. 80.2: Redactado conforme a la Disp. Final 43.ª7 de la LO 19/2003, de 23 de diciembre (*BOE* del 26), de modificación de la Ley Orgánica del Poder Judicial.

da a la sentencia cuya extensión se pretende.

3. La tramitación de los recursos de apelación interpuestos contra los autos de los Juzgados de lo Contencioso-administrativo y los Juzgados Centrales de lo Contencioso-administrativo se ajustará a lo establecido en la sección 2.ª de este capítulo.

SECCIÓN 2.ª

*Recurso ordinario
de apelación*

Art. 81. 1. Las sentencias de los Juzgados de lo Contencioso-administrativo y de los Juzgados Centrales de lo Contencioso-administrativo serán susceptibles de recurso de apelación, salvo que se hubieran dictado en los asuntos siguientes:

a) Aquellos cuya cuantía no exceda de 30.000 euros.

b) Los relativos a materia electoral comprendidos en el artículo 8.º4.

2. Serán siempre susceptibles de apelación las sentencias siguientes:

a) Las que declaren la inadmisibilidad del recurso en el caso de la letra *a)* del apartado anterior.

b) Las dictadas en el procedimiento para la protección de los derechos fundamentales de la persona.

c) Las que resuelvan litigios entre Administraciones públicas.

d) Las que resuelvan impugnaciones indirectas de disposiciones generales.

e) Las que, con independencia de la cuantía del procedimiento, sean susceptibles de extensión de efectos.

Art. 82. El recurso de apelación podrá interponerse por quienes, según esta Ley, se hallen legitimados como parte demandante o demandada.

Art. 83. 1. El recurso de apelación contra las sentencias es admisible en ambos efectos, salvo en los casos en

---

Art. 81.1: Redactado conforme al art. 14.29 de la Ley 13/2009, de 3 de noviembre (*BOE* del 4), de reforma de la legislación procesal para la implantación de la nueva Oficina judicial.

Art. 81.1.a): Letra redactada por el art. 3.º de la Ley 37/2011, de 10 de octubre (*BOE* del 11), de medidas de agilización procesal.

Art. 81.2: Redactado por el art. 102.diecinueve del RD-ley 6/2023, de 19 de diciembre (*BOE* del 20), por el que se aprueban medidas urgentes para la ejecución del Plan de Recuperación, Transformación y Resiliencia en materia de servicio público de justicia, función pública, régimen local y mecenazgo.

que la presente Ley disponga otra cosa.

2. No obstante lo dispuesto en el apartado anterior, el Juez, en cualquier momento, a instancia de la parte interesada, podrá adoptar las medidas cautelares que sean pertinentes para asegurar, en su caso, la ejecución de la sentencia atendiendo a los criterios establecidos en el capítulo II del Título VI.

Art. 84. 1. La interposición de un recurso de apelación no impedirá la ejecución provisional de la sentencia recurrida.

Las partes favorecidas por la sentencia podrán instar su ejecución provisional. Cuando de ésta pudieran derivarse perjuicios de cualquier naturaleza, podrán acordarse las medidas que sean adecuadas para evitar o paliar dichos perjuicios. Igualmente podrá exigirse la prestación de caución o garantía para responder de aquéllos. En este caso no podrá llevarse a cabo la ejecución provisional hasta que la caución o la medida acordada esté constituida y acreditada en autos.

2. La constitución de la caución se ajustará a lo establecido en el artículo 133.2.

3. No se acordará la ejecución provisional cuando la misma sea susceptible de producir situaciones irreversibles o perjuicios de imposible reparación.

4. Previa audiencia de las demás partes por plazo común de cinco días, el Juez resolverá sobre la ejecución provisional en el término de los cinco días siguientes.

5. Cuando quien inste la ejecución provisional sea una Administración pública, quedará exenta de la prestación de caución.

Art. 85. 1. El recurso de apelación se interpondrá ante el Juzgado que hubiere dictado la sentencia que se apele, dentro de los quince días siguientes al de su notificación, mediante escrito razonado que deberá contener las alegaciones en que se fundamente el recurso. Transcurrido el plazo de quince días sin haberse interpuesto el recurso de apelación, el Secretario judicial declarará la firmeza de la sentencia.

Art. 84.4: Redactado conforme al art. 14.30 de la Ley 13/2009, de 3 de noviembre (*BOE* del 4), de reforma de la legislación procesal para la implantación de la nueva Oficina judicial.
Art. 85.1: Redactado conforme al art. 14.31 de la Ley 13/2009, de 3 de noviembre (*BOE* del 4), de reforma de la legislación procesal para la implantación de la nueva Oficina judicial.

2. Si el escrito presentado cumple los requisitos previstos en el apartado anterior y se refiere a una sentencia susceptible de apelación, el Secretario judicial dictará resolución admitiendo el recurso, contra la que no cabrá recurso alguno, y dará traslado del mismo a las demás partes para que, en el plazo común de quince días, puedan formalizar su oposición. En otro caso, lo pondrá en conocimiento del Juez que, si lo estima oportuno, denegará la admisión por medio de auto, contra el que podrá interponerse recurso de queja, que se sustanciará en la forma establecida en la Ley de Enjuiciamiento Civil.

3. En los escritos de interposición del recurso y de oposición al mismo las partes podrán pedir el recibimiento a prueba para la práctica de las que hubieran sido denegadas o no hubieran sido debidamente practicadas en primera instancia por causas que no les sean imputables.

4. En el escrito de oposición, la parte apelada, si entendiera admitida indebidamente la apelación, deberá hacerlo constar, en cuyo caso el Letrado o Letrada de la Administración de Justicia dará vista a la apelante, por cinco días, de esta alegación. También podrá el apelado, en el mismo escrito, impugnar la sentencia apelada en lo que le resulte desfavorable, razonando los puntos en que crea que le es perjudicial la sentencia, y en este caso el Letrado o Letrada de la Administración de Justicia dará traslado al apelante del escrito de oposición por plazo de diez días, al solo efecto de que pueda oponerse a la impugnación.

5. Transcurridos los plazos a que se refieren los apartados 2 y 4 anteriores, el Juzgado elevará los autos y el expediente administrativo, en unión de los escritos presentados, ordenándose el emplazamiento de las partes para su comparecencia en el plazo de treinta días

---

Art. 85.2: Redactado conforme al art. 14.31 de la Ley 13/2009, de 3 de noviembre (*BOE* del 4), de reforma de la legislación procesal para la implantación de la nueva Oficina judicial.

V. arts. 494 y 495 de la Ley 1/2000, de 7 de enero (*BOE* del 8), de Enjuiciamiento Civil.

Art. 85.3 y 4: Apartados redactados por el art. 102.veinte del RD-ley 6/2023, de 19 de diciembre (*BOE* del 20), por el que se aprueban medidas urgentes para la ejecución del Plan de Recuperación, Transformación y Resiliencia en materia de servicio público de justicia, función pública, régimen local y mecenazgo.

Art. 85.5: Redactado conforme al art. 14.31 de la Ley 13/2009, de 3 de noviembre (*BOE* del 4), de reforma de la legislación procesal para la implantación de la nueva Oficina judicial.

ante la Sala de lo Contencioso-administrativo competente, que resolverá, en su caso, lo que proceda sobre la discutida admisión del recurso o sobre el recibimiento a prueba.

6. Cuando la Sala estime procedente la prueba solicitada, su práctica tendrá lugar con citación de las partes.

7. Las partes, en los escritos de interposición y de oposición al recurso, podrán solicitar que se celebre vista, que se presenten conclusiones o que el pleito sea declarado concluso, sin más trámites, para sentencia.

8. El Secretario judicial acordará la celebración de vista, en cuyo caso hará el oportuno señalamiento, o la presentación de conclusiones si lo hubieren solicitado todas las partes o si se hubiere practicado prueba. La Sala también podrá acordar que se celebre vista, que señalará el secretario, o que se presenten conclusiones escritas cuando lo estimare necesario, atendida la índole del asunto. Será de aplicación a estos trámites lo dispuesto en los artículos 63 a 65.

Celebrada la vista o presentadas las conclusiones, el Secretario judicial declarará que el pleito ha quedado concluso para sentencia.

9. La Sala dictará sentencia en el plazo de diez días desde la declaración de que el pleito está concluso para sentencia.

10. Cuando la Sala revoque en apelación la sentencia impugnada que hubiere declarado la inadmisibilidad del recurso contencioso-administrativo, resolverá al mismo tiempo sobre el fondo del asunto.

SECCIÓN 3.ª*

Recurso de casación

Art. 86. 1. Las sentencias dictadas en única instancia por los Juzgados de lo Contencioso-administrativo y las dictadas en única instancia o en apelación por la Sala de lo Contencioso-administrativo de la Audiencia Nacional y por las Salas de lo Contencioso-administrativo de los Tribunales Superiores de Justicia serán susceptibles de recurso de casación

---

Art. 85.8: Redactado conforme al art. 14.31 de la Ley 13/2009, de 3 de noviembre (*BOE* del 4), de reforma de la legislación procesal para la implantación de la nueva Oficina judicial.

* Sección 3.ª redactada, con sus arts. 86 a 93, por la Disp. Final 3.ª1 de la LO 7/2015, de 21 de julio (*BOE* del 22), por la que se modifica la LO 6/1985, de 1 de julio, del Poder Judicial, que también suprime los arts. 94 y 25, todo ello con efectos desde el 22 de julio de 2016.

ante la Sala de lo Contencio-so-administrativo del Tribunal Supremo.

En el caso de las sentencias dictadas en única instancia por los Juzgados de lo Contencio-so-administrativo, únicamente serán susceptibles de recurso las sentencias que contengan doctrina que se reputa grave-mente dañosa para los intereses generales y sean susceptibles de extensión de efectos.

2. Se exceptúan de lo esta-blecido en el apartado anterior las sentencias dictadas en el procedimiento para la protec-ción del derecho fundamental de reunión y en los procesos contencioso-electorales.

3. Las sentencias que, sien-do susceptibles de casación, ha-yan sido dictadas por las Salas de lo Contencioso-administra-tivo de los Tribunales Supe-riores de Justicia sólo serán re-curribles ante la Sala de lo Contencioso-administrativo del Tribunal Supremo si el recurso pretende fundarse en infracción de normas de Derecho estatal o de la Unión Europea que sea relevante y determinante del fa-llo impugnado, siempre que hubieran sido invocadas opor-tunamente en el proceso o con-

sideradas por la Sala senten-ciadora.

Cuando el recurso se funda-re en infracción de normas emanadas de la Comunidad Autónoma será competente una Sección de la Sala de lo Contencioso-administrativo que tenga su sede en el Tribu-nal Superior de Justicia com-puesta por el Presidente de di-cha Sala, que la presidirá, por el Presidente o Presidentes de las demás Salas de lo Conten-cioso-administrativo y, en su caso, de las Secciones de las mismas, en número no superior a dos, y por los Magistrados de la referida Sala o Salas que fue-ran necesarios para completar un total de cinco miembros.

Si la Sala o Salas de lo Con-tencioso-administrativo tuvie-sen más de una Sección, la Sala de Gobierno del Tribunal Su-perior de Justicia establecerá para cada año judicial el turno con arreglo al cual los Presi-dentes de Sección ocuparán los puestos de la regulada en este apartado. También lo estable-cerá entre todos los Magistra-dos que presten servicio en la Sala o Salas.

4. Las resoluciones del Tribunal de Cuentas en mate-

Art. 86.3, párr. 2.º y 3.º: La STC 128/2018, de 29 de noviembre (Pleno) ha decla-rado la constitucionalidad del modo de integración del órgano que, en los tribunales superiores de justicia, debe de conocer del recurso de casación fundado en infracción de normas autonómicas.

ria de responsabilidad contable serán susceptibles de recurso de casación en los casos establecidos en su Ley de Funcionamiento.

Art. 87. 1. También son susceptibles de recurso de casación los siguientes autos dictados por la Sala de lo Contencioso-administrativo de la Audiencia Nacional y por las Salas de lo Contencioso-administrativo de los Tribunales Superiores de Justicia, con la misma excepción e igual límite dispuestos en los apartados 2 y 3 del artículo anterior:

a) Los que declaren la inadmisión del recurso contencioso-administrativo o hagan imposible su continuación.

b) Los que pongan término a la pieza separada de suspensión o de otras medidas cautelares.

c) Los recaídos en ejecución de sentencia, siempre que resuelvan cuestiones no decididas, directa o indirectamente, en aquélla o que contradigan los términos del fallo que se ejecuta.

d) Los dictados en el caso previsto en el artículo 91.

e) Los dictados en aplicación de los artículos 110 y 111.

1 bis. Serán susceptibles de recurso de casación, en todo caso, los autos dictados en aplicación del artículo 10.8 y del artículo 11.1.*i)* de esta Ley.

2. Para que pueda prepararse el recurso de casación en los casos previstos en el apartado 1, es requisito necesario interponer previamente el recurso de reposición. Sin embargo, no será requisito necesario interponer previamente recurso de reposición en los recursos de casación contra los autos a que se refiere el apartado 1 bis.

Art. 87.1 bis: Añadido por el art. 15.uno del RD-ley 8/2021, de 4 de mayo (*BOE* del 5; corrección de errores en *BOE* de 8 de mayo), por el que se adoptan medidas urgentes en el orden sanitario, social y jurisdiccional, a aplicar tras la finalización de la vigencia del estado de alarma declarado por el RD 926/2020, de 25 de octubre, por el que se declara el estado de alarma para contener la propagación de infecciones causadas por el SARS-CoV-2. Sobre la materia se puede consultar la Instrucción 1/2021, de 5 de mayo (*BOE* del 24), de la Fiscalía General del Estado, sobre criterios de actuación en los recursos contencioso-administrativos en relación con la entrada en vigor del RD-ley 8/2021.

Art. 87.2: Modificado por el art. 15.dos del RD-ley 8/2021, de 4 de mayo (*BOE* del 5; corrección de errores en *BOE* de 8 de mayo), por el que se adoptan medidas urgentes en el orden sanitario, social y jurisdiccional, a aplicar tras la finalización de la vigencia del estado de alarma declarado por el RD 926/2020, de 25 de octubre, por el que se declara el estado de alarma para contener la propagación de infecciones causadas por el SARS-CoV-2.

Art. 87 bis. 1. Sin perjuicio de lo dispuesto en el artículo 93.3, el recurso de casación ante la Sala de lo Contencioso-administrativo del Tribunal Supremo se limitará a las cuestiones de derecho, con exclusión de las cuestiones de hecho.

2. Las pretensiones del recurso de casación deberán tener por objeto la anulación, total o parcial, de la sentencia o auto impugnado y, en su caso, la devolución de los autos al Tribunal de instancia o la resolución del litigio por la Sala de lo Contencioso-administrativo del Tribunal Supremo dentro de los términos en que apareciese planteado el debate.

3. La Sala de Gobierno del Tribunal Supremo podrá deter-

Art. 87 bis: Añadido por la Disp. Final 3.ª1 de la LO 7/2015, de 21 de julio (*BOE* del 22).

Art. 87 bis.3: V. Acuerdo de 19 de mayo de 2016 (*BOE* de 6 de julio), del Gobierno del TS, sobre la extensión máxima y otras condiciones extrínsecas de los escritos procesales referidos al Recurso de Casación ante la Sala Tercera del TS (v. *infra* en las modificaciones a la LJCA).

El Acuerdo de 21 de diciembre de 2016 (*BOE* del 30), de la Comisión Permanente del CGPJ, por el que se publica el Acuerdo de la Sala de Gobierno del TS, relativo al informe sobre la utilización del fax como vía de recepción de escritos procesales, para que se adopten las medidas que se consideren oportunas en consonancia con la normativa vigente, establece:

«La Comisión Permanente del Consejo General del Poder Judicial, en su reunión de 21 de diciembre de 2016, acordó hacer público el acuerdo la Sala de Gobierno del Tribunal Supremo del día 29 de noviembre de 2016, relativo informe sobre la utilización del fax como vía recepción de escritos procesales, para que se adopten las medidas que se consideren oportunas en consonancia con la normativa vigente, del siguiente tenor literal:

»Primero. A la vista de lo establecido en las disposiciones adicionales primera y transitoria cuarta.2 de la Ley 42/2015 de 5 de octubre de reforma de la Ley de Enjuiciamiento Civil, así como en los artículos 6.3 y 8 de la Ley 18/2011 de 5 de julio reguladora del uso de la tecnologías de la información y la comunicación en la Administración de Justicia y su Reglamento aprobado por Real Decreto 1.065/2015, de 27 de noviembre, sobre comunicaciones electrónicas en la Administración de Justicia en el ámbito territorial del Ministerio de Justicia y por el que se regula el sistema LexNet, se deja sin efecto el Acuerdo núm. I.6 adoptado por esta Sala de Gobierno en su sesión de 7 de noviembre de 2011, que literalmente decía:

»"Acuerdo:

»"1.º Para que puedan producir el efecto pretendido en el procedimiento correspondiente, los escritos dirigidos a este Tribunal por Abogados, operadores jurídicos en general y particulares deberán dirigirse, respectivamente, al siguiente número de fax: 91 335 83 64.

»"2.º Cuando los escritos referidos tuvieran entrada en el Registro General entre las 15 horas de un día hábil y las 8 horas del siguiente día hábil el Secretario encargado del Registro General comunicará tal circunstancia al Presidente de la Sala respectiva, expresando, en su caso, las incidencias que hubieran podido producirse al respecto.

minar, mediante acuerdo que se publicará en el *Boletín Oficial del Estado*, la extensión máxima y otras condiciones extrínsecas, incluidas las relativas a su presentación por medios telemáticos, de los escritos de interposición y de oposición de los recursos de casación.

Art. 87 ter. 1. El recurso de casación contra autos dictados en aplicación del artículo 10.8 y del artículo 11.1.*i*) de esta ley, se iniciará mediante escrito presentado ante la Sala de lo Contencioso-Administrativo del Tribunal Supremo en el que las partes comparecerán e interpondrán directamente el recurso de casación.

2. La parte recurrente, el mismo día en que interponga el recurso, habrá de presentar escrito ante la Sala de instancia poniendo en su conocimiento el hecho de la interposición, debiendo dicha Sala, en el día siguiente hábil a esa comunicación, remitir el testimonio de las actuaciones seguidas en el procedimiento en que se dictó el auto recurrido a la Sala de lo Contencioso-administrativo del Tribunal Supremo.

3. El escrito de comparecencia e interposición habrá de presentarse en el plazo de tres días hábiles contados desde la fecha de notificación del auto impugnado y, con acompañamiento de testimonio de dicho auto, expondrá los requisitos de procedimiento, señalando la cuestión de interés casacional sobre la que se interesa se fije doctrina y las pretensiones relativas al enjuiciamiento del auto recurrido.

»"3.º Este acuerdo se publicará en el *Boletín Oficial del Estado* y en la web del Tribunal Supremo y se notificará al Consejo General de la Abogacía, al Consejo General de Procuradores de España y al Consejo General de Graduados Sociales, a fin de que lo difundan, en el ejercicio de su respectivas competencias, entre sus Colegios y colegiados.

»"4.º Este acuerdo surtirá efectos desde la fecha de su publicación en el *Boletín Oficial del Estado*."

»Segundo. Notificar a los Consejos Generales de la Abogacía, de Procuradores y de Graduados Sociales que a partir del 1 de enero de 2017 no podrán enviar al número de fax indicado en el Acuerdo que se deja sin efecto, escritos en relación con asuntos en trámite en el Tribunal Supremo, a fin de que lo difundan entre sus Colegios y colegiados.

»Tercero. Publicar el presente Acuerdo en el *Boletín Oficial del Estado*.»

Art. 87 ter: Añadido por el art. 15.tres del RD-ley 8/2021, de 4 de mayo (*BOE* del 5; corrección de errores en *BOE* de 8 de mayo), por el que se adoptan medidas urgentes en el orden sanitario, social y jurisdiccional, a aplicar tras la finalización de la vigencia del estado de alarma declarado por el RD 926/2020, de 25 de octubre, por el que se declara el estado de alarma para contener la propagación de infecciones causadas por el SARS-CoV-2.

4. Si el objeto de la autorización o ratificación hubiera sido una medida adoptada por una autoridad sanitaria de ámbito distinto al estatal en cumplimiento de actuaciones coordinadas en salud pública declaradas por el Ministerio de Sanidad, en su caso previo acuerdo del Consejo Interterritorial del Sistema Nacional de Salud, también ostentará legitimación activa en el presente recurso la Administración General del Estado.

5. Cuando las circunstancias del caso lo hagan necesario y, en todo caso, cuando la demora en la resolución pueda causar perjuicios irreversibles, las partes podrán solicitar en el escrito de interposición que se habiliten los días inhábiles para la tramitación y resolución del recurso de casación. Contra la decisión que deniegue la habilitación solicitada no cabrá recurso.

6. Presentado el escrito será turnado de inmediato a la Sección competente para la tramitación y decisión, que lo tramitará preferentemente, dando traslado al Ministerio Fiscal y a las partes para que comparezcan y formulen alegaciones por plazo común de tres días.

7. Transcurrido el plazo de alegaciones, y sin que resulte de aplicación lo previsto en el artículo 128.1 de la presente ley sobre la declaración de caducidad, la Sección competente para la tramitación y decisión fijará doctrina y resolverá sobre las cuestiones y pretensiones planteadas, en el plazo de los cinco días siguientes.

8. Se aplicarán a todos los escritos los requisitos de extensión máxima y normas de estilo establecidas por la Sala en cumplimiento de lo dispuesto en el artículo 87 bis.3 de la presente ley.

Art. 88. 1. El recurso de casación podrá ser admitido a trámite cuando, invocada una concreta infracción del ordenamiento jurídico, tanto procesal como sustantiva, o de la jurisprudencia, la Sala de lo Contencioso-Administrativo del Tribunal Supremo estime que el recurso presenta interés casacional objetivo para la formación de jurisprudencia.

2. El Tribunal de casación podrá apreciar que existe interés casacional objetivo, motivándolo expresamente en el auto de admisión, cuando, entre otras circunstancias, la resolución que se impugna:

a) Fije, ante cuestiones sustancialmente iguales, una interpretación de las normas de Derecho estatal o de la Unión Europea en las que se fundamenta el fallo contradictoria con la que otros órganos jurisdiccionales hayan establecido.

b) Siente una doctrina sobre dichas normas que pueda ser gravemente dañosa para los intereses generales.

c) Afecte a un gran número de situaciones, bien en sí misma o por trascender del caso objeto del proceso.

d) Resuelva un debate que haya versado sobre la validez constitucional de una norma con rango de ley, sin que la improcedencia de plantear la pertinente cuestión de inconstitucionalidad aparezca suficientemente esclarecida.

e) Interprete y aplique aparentemente con error y como fundamento de su decisión una doctrina constitucional.

f) Interprete y aplique el Derecho de la Unión Europea en contradicción aparente con la jurisprudencia del Tribunal de Justicia o en supuestos en que aun pueda ser exigible la intervención de éste a título prejudicial.

g) Resuelva un proceso en que se impugnó, directa o indirectamente, una disposición de carácter general.

h) Resuelva un proceso en que lo impugnado fue un convenio celebrado entre Administraciones públicas.

i) Haya sido dictada en el procedimiento especial de protección de derechos fundamentales.

3. Se presumirá que existe interés casacional objetivo:

a) Cuando en la resolución impugnada se hayan aplicado normas en las que se sustente la razón de decidir sobre las que no exista jurisprudencia.

b) Cuando dicha resolución se aparte de la jurisprudencia existente de modo deliberado por considerarla errónea o de modo inmotivado pese a haber sido citada en el debate o ser doctrina asentada.

c) Cuando la sentencia recurrida declare nula una disposición de carácter general, salvo que ésta, con toda evidencia,

---

Art. 88.3.b): Letra modificada por el art. 224.3 del Real Decreto-ley 5/2023, de 28 de junio (*BOE* del 29), por el que se adoptan y prorrogan determinadas medidas de respuesta a las consecuencias económicas y sociales de la Guerra de Ucrania, de apoyo a la reconstrucción de la isla de La Palma y a otras situaciones de vulnerabilidad; de transposición de Directivas de la Unión Europea en materia de modificaciones estructurales de sociedades mercantiles y conciliación de la vida familiar y la vida profesional de los progenitores y los cuidadores; y de ejecución y cumplimiento del Derecho de la Unión Europea. La Disp. Transitoria 10.ª3 del RDL establece que «El régimen del recurso de casación contencioso-administrativo establecido en este real decreto-ley será de aplicación a las resoluciones de los juzgados y tribunales de ese orden que se dicten con posterioridad a su entrada en vigor».

carezca de trascendencia suficiente.

d) Cuando resuelva recursos contra actos o disposiciones de los organismos reguladores o de supervisión o agencias estatales cuyo enjuiciamiento corresponde a la Sala de lo Contencioso-administrativo de la Audiencia Nacional.

e) Cuando resuelva recursos contra actos o disposiciones de los Gobiernos o Consejos de Gobierno de las Comunidades Autónomas.

No obstante, en los supuestos referidos en las letras *a*), *d*) y *e*) el recurso podrá inadmitirse por auto motivado cuando el Tribunal aprecie que el asunto carece manifiestamente de interés casacional objetivo para la formación de jurisprudencia.

Art. 89. 1. El recurso de casación se preparará ante la Sala de instancia en el plazo de treinta días, contados desde el siguiente al de la notificación de la resolución que se recurre, estando legitimados para ello quienes hayan sido parte en el proceso, o debieran haberlo sido.

2. El escrito de preparación deberá, en apartados separados que se encabezarán con un epígrafe expresivo de aquello de lo que tratan:

a) Acreditar el cumplimiento de los requisitos reglados en orden al plazo, la legitimación y la recurribilidad de la resolución que se impugna.

b) Identificar con precisión las normas o la jurisprudencia que se consideran infringidas, justificando que fueron alegadas en el proceso, o tomadas en consideración por la Sala de instancia, o que ésta hubiera debido observarlas aun sin ser alegadas.

c) Acreditar, si la infracción imputada lo es de normas o de jurisprudencia relativas a los actos o garantías procesales que produjo indefensión, que se pidió la subsanación de la falta o transgresión en la instancia, de haber existido momento procesal oportuno para ello.

d) Justificar que la o las infracciones imputadas han sido relevantes y determinantes de la decisión adoptada en la resolución que se pretende recurrir.

e) Justificar, en el caso de que ésta hubiera sido dictada por la Sala de lo Contencioso-administrativo de un Tribunal Superior de Justicia, que la norma supuestamente infringida forma parte del Derecho estatal o del de la Unión Europea.

f) Especialmente, fundamentar con singular referencia al caso, que concurren alguno o algunos de los supuestos que, con arreglo a los apartados 2 y 3 del artículo anterior, permiten apreciar el interés casacional objetivo y la conveniencia de un pronunciamiento de la Sala de lo Contencioso-administrativo del Tribunal Supremo.

3. Si el escrito de preparación no se presentara en el plazo de treinta días, la sentencia o auto quedará firme, declarándolo así el Letrado de la Administración de Justicia mediante decreto. Contra esta decisión sólo cabrá el recurso directo de revisión regulado en el artículo 102 bis de esta Ley.

4. Si, aun presentado en plazo, no cumpliera los requisitos que impone el apartado 2 de este artículo, la Sala de instancia, mediante auto motivado, tendrá por no preparado el recurso de casación, denegando el emplazamiento de las partes y la remisión de las actuaciones al Tribunal Supremo. Contra este auto únicamente podrá interponerse recurso de

queja, que se sustanciará en la forma establecida por la Ley de Enjuiciamiento Civil.

5. Si se cumplieran los requisitos exigidos por el apartado 2, dicha Sala, mediante auto en el que se motivará suficientemente su concurrencia, tendrá por preparado el recurso de casación, ordenando el emplazamiento de las partes para su comparecencia dentro del plazo de quince días ante la Sala de lo Contencioso-administrativo del Tribunal Supremo, así como la remisión a ésta de los autos originales y del expediente administrativo. Y, si lo entiende oportuno, emitirá opinión sucinta y fundada sobre el interés objetivo del recurso para la formación de jurisprudencia, que unirá al oficio de remisión.

6. Contra el auto en que se tenga por preparado el recurso de casación, la parte recurrida no podrá interponer recurso alguno, pero podrá oponerse a su admisión al tiempo de compa-

---

Art. 89.5: Apartado modificado por el art. 224.4 del Real Decreto-ley 5/2023, de 28 de junio (*BOE* del 29), por el que se adoptan y prorrogan determinadas medidas de respuesta a las consecuencias económicas y sociales de la Guerra de Ucrania, de apoyo a la reconstrucción de la isla de La Palma y a otras situaciones de vulnerabilidad; de transposición de Directivas de la Unión Europea en materia de modificaciones estructurales de sociedades mercantiles y conciliación de la vida familiar y la vida profesional de los progenitores y los cuidadores; y de ejecución y cumplimiento del Derecho de la Unión Europea. La Disp. Transitoria 10.ª3 del RDL establece que «El régimen del recurso de casación contencioso-administrativo establecido en este real decreto-ley será de aplicación a las resoluciones de los juzgados y tribunales de ese orden que se dicten con posterioridad a su entrada en vigor».

recer ante el Tribunal Supremo, si lo hiciere dentro del término del emplazamiento.

Art. 90. 1. Recibidos los autos originales y el expediente administrativo, la Sección de la Sala de lo Contencioso-administrativo del Tribunal Supremo a que se refiere el apartado

siguiente podrá acordar, excepcionalmente y sólo si las características del asunto lo aconsejan, oír a las partes personadas por plazo común de veinte días acerca de si el recurso presenta interés casacional objetivo para la formación de jurisprudencia.

2. La admisión o inadmisión a trámite del recurso será

Art. 90.1: Apartado modificado por el art. 224.5 del Real Decreto-ley 5/2023, de 28 de junio (*BOE* del 29), por el que se adoptan y prorrogan determinadas medidas de respuesta a las consecuencias económicas y sociales de la Guerra de Ucrania, de apoyo a la reconstrucción de la isla de La Palma y a otras situaciones de vulnerabilidad; de transposición de Directivas de la Unión Europea en materia de modificaciones estructurales de sociedades mercantiles y conciliación de la vida familiar y la vida profesional de los progenitores y los cuidadores; y de ejecución y cumplimiento del Derecho de la Unión Europea. La Disp. Transitoria 10.ª3 del RDL establece que «El régimen del recurso de casación contencioso-administrativo establecido en este real decreto-ley será de aplicación a las resoluciones de los juzgados y tribunales de ese orden que se dicten con posterioridad a su entrada en vigor».

Art. 90.2: La Sección de Admisión de la Sala Tercera del Tribunal Supremo en su sesión constitutiva (22 de julio de 2016) ha adoptado el siguiente Acuerdo en torno a los criterios sobre la entrada en vigor de la nueva casación contencioso-administrativa instaurada por la Disp. Final 3.ª1 de la LO 7/2015, de 21 de julio (*BOE* de 22 de julio):

«La Sección de Admisión prevista en el artículo 90.2 de la Ley 29/1998, ante la entrada en vigor de la reforma operada en la casación contencioso-administrativa por la Ley Orgánica 7/2015, ha resuelto establecer los siguientes criterios:

»1.º En virtud de la Disposición Final décima de la Ley Orgánica 7/2015, la reforma operada en el recurso contencioso-administrativo entra en vigor en la fecha de hoy, 22 de julio de 2016.

»2.º La nueva regulación casacional se aplicará a las sentencias y autos susceptibles de recurso de casación que tengan fecha de 22 de julio de 2016 en adelante.

»3.º Las sentencias y autos pronunciados con anterioridad al 22 de julio de 2016 se regirán, a efectos del recurso de casación, por la legislación anterior, cualquiera que sea la fecha en que se notifiquen.

»4.º Cuando al amparo de lo dispuesto en el artículo 267 de la Ley Orgánica 6/1985, de 1 de julio, del Poder Judicial (*BOE* de 2 de julio), se solicite la aclaración o integración de una sentencia o de un auto, la fecha a tomar en consideración para determinar el sometimiento de la resolución al régimen casacional será la de la resolución aclarada o integrada, sin perjuicio de que el plazo para preparar el recurso de casación se compute desde la fecha de notificación del auto de aclaración o integración.

»Dese a este acuerdo la oportuna publicidad a través de la sede electrónica del Consejo General del Poder Judicial y de la Oficina de Prensa del Tribunal Supremo. Comuníquese al Consejo General de la Abogacía y a los Presidentes de las Salas de

decidida por una Sección de la Sala de lo Contencioso-administrativo del Tribunal Supremo integrada por el Presidente de la Sala y por al menos un Magistrado de cada una de sus restantes Secciones. Con excepción del Presidente de la Sala, dicha composición se renovará por mitad transcurrido un año desde la fecha de su primera constitución y en lo sucesivo cada seis meses, mediante acuerdo de la Sala de Gobierno del Tribunal Supremo que determinará sus integrantes para cada uno de los citados períodos y que se publicará en la página web del Poder Judicial.

3. La resolución sobre la admisión o inadmisión del recurso adoptará la siguiente forma:

a) En los supuestos del apartado 2 del artículo 88, en los que ha de apreciarse la existencia de interés casacional objetivo para la formación de ju-risprudencia, la resolución adoptará la forma de providencia sucintamente motivada si decide la inadmisión, y de auto si acuerda la admisión a trámite. No obstante, si el órgano que dictó la resolución recurrida hubiera emitido en el trámite que prevé el artículo 89.5 opinión que, además de fundada, sea favorable a la admisión del recurso, la inadmisión se acordará por auto motivado.

b) En los supuestos del apartado 3 del artículo 88, en los que se presume la existencia de interés casacional objetivo, la inadmisión se acordará por auto motivado en el que se justificará que concurren las salvedades que en aquél se establecen.

4. Los autos de admisión precisarán la cuestión o cuestiones en las que se entiende que existe interés casacional objetivo e identificarán la norma o normas jurídicas que en

---

lo Contencioso-Administrativo de la Audiencia Nacional y de los Tribunales Superiores de Justicia, para conocimiento de sus distintas Secciones así como de los Juzgados de lo Contencioso-Administrativo de su territorio.»

Art. 90.3.a): Letra modificada por el art. 224.5 del Real Decreto-ley 5/2023, de 28 de junio (*BOE* del 29), por el que se adoptan y prorrogan determinadas medidas de respuesta a las consecuencias económicas y sociales de la Guerra de Ucrania, de apoyo a la reconstrucción de la isla de La Palma y a otras situaciones de vulnerabilidad; de transposición de Directivas de la Unión Europea en materia de modificaciones estructurales de sociedades mercantiles y conciliación de la vida familiar y la vida profesional de los progenitores y los cuidadores; y de ejecución y cumplimiento del Derecho de la Unión Europea. La Disp. Transitoria 10.ª3 del RDL establece que «El régimen del recurso de casación contencioso-administrativo establecido en este real decreto-ley será de aplicación a las resoluciones de los juzgados y tribunales de ese orden que se dicten con posterioridad a su entrada en vigor».

principio serán objeto de interpretación, sin perjuicio de que la sentencia haya de extenderse a otras si así lo exigiere el debate finalmente trabado en el recurso. Las providencias de inadmisión únicamente indicarán si en el recurso de casación concurre una de estas circunstancias:

a) ausencia de los requisitos reglados de plazo, legitimación o recurribilidad de la resolución impugnada;

b) incumplimiento de cualquiera de las exigencias que el artículo 89.2 impone para el escrito de preparación;

c) no ser relevante y determinante del fallo ninguna de las infracciones denunciadas; o

d) carencia en el recurso de interés casacional objetivo para la formación de jurisprudencia.

5. Contra las providencias y los autos de admisión o inadmisión no cabrá recurso alguno.

6. El Letrado de la Administración de Justicia de Sala comunicará inmediatamente a la Sala de instancia la decisión adoptada y, si es de inadmisión, le devolverá las actuaciones procesales y el expediente administrativo recibidos.

7. Los autos de admisión del recurso de casación se publicarán en la página web del Tribunal Supremo. Con periodicidad semestral, su Sala de lo Contencioso-administrativo hará público, en la mencionada página web y en el *Boletín Oficial del Estado*, el listado de recursos de casación admitidos a trámite, con mención sucinta de la norma o normas que serán objeto de interpretación y de la programación para su resolución.

8. La inadmisión a trámite del recurso de casación comportará la imposición de las costas a la parte recurrente, pudiendo tal imposición ser limitada a una parte de ellas o hasta una cifra máxima.

Art. 91. 1. La preparación del recurso de casación no impedirá la ejecución provisional de la sentencia recurrida.

Las partes favorecidas por la sentencia podrán instar su ejecución provisional. Cuando de ésta pudieran derivarse perjuicios de cualquier naturaleza, podrán acordarse las medidas que sean adecuadas para evitar o paliar dichos perjuicios. Igualmente podrá exigirse la presentación de caución o garantía para responder de aquéllos. No podrá llevarse a efecto la ejecución provisional hasta

---

Art. 91: Modificado por la Disp. Final 3.ª1 de la LO 7/2015, de 21 de julio (*BOE* del 22).

que la caución o la medida acordada esté constituida y acreditada en autos.

2. La constitución de la caución se ajustará a lo establecido en el artículo 133.2 de esta Ley.

3. El Tribunal de instancia denegará la ejecución provisional cuando pueda crear situaciones irreversibles o causar perjuicios de difícil reparación.

4. Cuando se tenga por preparado un recurso de casación, el Letrado de la Administración de Justicia dejara testimonio bastante de los autos y de la resolución recurrida a los efectos previstos en este artículo.

Art. 92. 1. Admitido el recurso, el Letrado de la Administración de Justicia de la Sección de Admisión de la Sala de lo Contencioso-administrativo del Tribunal Supremo dictará diligencia de ordenación en la que dispondrá remitir las actuaciones a la Sección de dicha Sala competente para su tramitación y decisión y en la que hará saber a la parte recurrente que dispone de un plazo de treinta días, a contar desde la notificación de aquélla, para presentar en la Secretaría de esa Sección competente el escrito de interposición del recurso de casación. Durante este plazo, las actuaciones procesales y el expediente administrativo estarán de manifiesto en la Oficina judicial o por medios electrónicos.

2. Transcurrido dicho plazo sin presentar el escrito de interposición, el Letrado de la Administración de Justicia declarará desierto el recurso, ordenando la devolución de las actuaciones recibidas a la Sala de que procedieran. Contra tal declaración sólo podrán interponerse los recursos que prevé el artículo 102 bis de esta Ley.

3. El escrito de interposición deberá, en apartados separados que se encabezarán con un epígrafe expresivo de aquello de lo que tratan:

a) Exponer razonadamente por qué han sido infringidas las normas o la jurisprudencia que como tales se identificaron en el escrito de preparación, sin poder extenderse a otra u otras no consideradas entonces, debiendo analizar, y no sólo citar, las sentencias del Tribunal Supremo que a juicio de la parte son expresivas de aquella jurispru-

---

Art. 92.1 y 5: Apartados redactados por el art. 102.veintiuno del RD-ley 6/2023, de 19 de diciembre (*BOE* del 20), por el que se aprueban medidas urgentes para la ejecución del Plan de Recuperación, Transformación y Resiliencia en materia de servicio público de justicia, función pública, régimen local y mecenazgo.

dencia, para justificar su aplicabilidad al caso; y

b) Precisar el sentido de las pretensiones que la parte deduce y de los pronunciamientos que solicita.

4. Si el escrito de interposición no cumpliera lo exigido en el apartado anterior, la Sección de la Sala de lo Contencioso-administrativo del Tribunal Supremo competente para la resolución del recurso acordará oír a la parte recurrente sobre el incumplimiento detectado y, sin más trámites, dictará sentencia inadmitiéndolo si entendiera tras la audiencia que el incumplimiento fue cierto. En ella, impondrá a dicha parte las costas causadas, pudiendo tal imposición ser limitada a una parte de ellas o hasta una cifra máxima.

5. En otro caso, acordará dar traslado del escrito de interposición a la parte o partes recurridas y personadas para que puedan oponerse al recurso en el plazo común de treinta días. Durante este plazo estarán de manifiesto las actuaciones procesales y el expediente administrativo en la Oficina judicial o por medios electrónicos. En el escrito de oposición no podrá pretenderse la inadmisión del recurso.

6. Transcurrido dicho plazo, háyanse presentado o no los escritos de oposición, la Sección competente para la decisión del recurso, de oficio o a petición de cualquiera de las partes formulada por otrosí en los escritos de interposición u oposición, acordará la celebración de vista pública salvo que entendiera que la índole del asunto la hace innecesaria, en cuyo caso declarará que el recurso queda concluso y pendiente de votación y fallo. El señalamiento del día en que haya de celebrarse la vista o en que haya de tener lugar el acto de votación y fallo respetará la programación que, atendiendo prioritariamente al criterio de mayor antigüedad del recurso, se haya podido establecer.

7. Cuando la índole del asunto lo aconsejara, el Presidente de la Sala de lo Contencioso-administrativo del Tribunal Supremo, de oficio o a petición de la mayoría de los Magistrados de la Sección antes indicada, podrá acordar que los actos de vista pública o de votación y fallo tengan lugar ante el Pleno de la Sala.

8. La Sección competente, o el Pleno de la Sala en el caso previsto en el apartado anterior, dictará sentencia en el plazo de diez días desde que termine la deliberación para votación y fallo.

Art. 93. 1. La sentencia fijará la interpretación de aquellas normas estatales o la que tenga por establecida o clara de las de la Unión Europea sobre las que, en el auto de admisión a trámite, se consideró necesario el pronunciamiento del Tribunal Supremo. Y, con arreglo a ella y a las restantes normas que fueran aplicables, resolverá las cuestiones y pretensiones deducidas en el proceso, anulando la sentencia o auto recurrido, en todo o en parte, o confirmándolos. Podrá asimismo, cuando justifique su necesidad, ordenar la retroacción de actuaciones a un momento determinado del procedimiento de instancia para que siga el curso ordenado por la ley hasta su culminación.

2. Si apreciara que el orden jurisdiccional contencioso-administrativo no es competente para el conocimiento de aquellas pretensiones, o que no lo era el órgano judicial de instancia, anulará la resolución recurrida e indicará, en el primer caso, el concreto orden jurisdiccional que se estima competente, con los efectos que prevé el artículo 5.3 de esta Ley, o remitirá, en el segundo, las actuaciones al órgano judicial que hubiera debido conocer de ellas.

3. En la resolución de la concreta controversia jurídica que es objeto del proceso, el Tribunal Supremo podrá integrar en los hechos admitidos como probados por la Sala de instancia aquellos que, habiendo sido omitidos por ésta, estén suficientemente justificados según las actuaciones y cuya toma en consideración resulte necesaria para apreciar la infracción alegada de las normas del ordenamiento jurídico o de la jurisprudencia, incluso la desviación de poder.

4. La sentencia que se dicte en el momento procesal a que se refiere el apartado 8 del artículo anterior, resolverá sobre las costas de la instancia conforme a lo establecido en el artículo 139.1 de esta ley y dispondrá, en cuanto a las del recurso de casación, que cada parte abone las causadas a su instancia y las comunes por mitad. No obstante, podrá imponer las del recurso de casación a una sola de ellas cuando la sentencia aprecie, y así lo motive, que ha actuado con mala fe o temeridad; imposición que podrá limitar a una parte de ellas o hasta una cifra máxima.

Art. 93: Modificado por la Disp. Final 3.ª1 de la LO 7/2015, de 21 de julio (*BOE* del 22).

Art. 94. 1. Cuando por la Sección de admisión de la Sala de lo Contencioso-administrativo del Tribunal Supremo se constate la existencia de un gran número de recursos que susciten una cuestión jurídica sustancialmente igual, podrá acordar la admisión de uno o varios de ellos cuando cumplan las exigencias impuestas en el artículo 89.2 y presenten interés casacional objetivo para su tramitación y resolución preferente, suspendiendo el trámite de admisión de los demás hasta que se dicte sentencia en el primero o primeros.

2. Una vez dictada sentencia de fondo se llevará testimonio de esta a los recursos suspendidos y se notificará a los interesados afectados por la suspensión, dándoles un plazo de alegaciones de diez días a fin de que puedan interesar la continuación del trámite de su re-

curso de casación, o bien desistir del mismo. En caso de que interesen la continuación valorarán la incidencia que la sentencia de fondo dictada por el Tribunal Supremo tiene sobre su recurso.

3. Efectuadas dichas alegaciones y cuando no se hubiera producido el desistimiento, si la sentencia impugnada en casación resulta coincidente, en su fallo y razón de decidir con lo resuelto por la sentencia o sentencias del Tribunal Supremo, se inadmitirán por providencia los recursos de casación pendientes.

Por el contrario, si la sentencia impugnada en casación no resulta coincidente, en su fallo y razón de decidir, con lo resuelto por la sentencia o sentencias del Tribunal Supremo, se dictará auto de admisión y se remitirá el conocimiento del asunto a la Sección correspon-

---

Art. 94: Artículo añadido (al estar suprimido), pese a que la norma señala que se modifica, por el art. 224.6 del Real Decreto-ley 5/2023, de 28 de junio (*BOE* del 29), por el que se adoptan y prorrogan determinadas medidas de respuesta a las consecuencias económicas y sociales de la Guerra de Ucrania, de apoyo a la reconstrucción de la isla de La Palma y a otras situaciones de vulnerabilidad; de transposición de Directivas de la Unión Europea en materia de modificaciones estructurales de sociedades mercantiles y conciliación de la vida familiar y la vida profesional de los progenitores y los cuidadores; y de ejecución y cumplimiento del Derecho de la Unión Europea. La Disp. Transitoria 10.ª3 del RDL establece que «será de aplicación a los recursos de casación que se hubieran preparado y estuvieran pendientes de admisión a la entrada en vigor de este real decreto-ley», señalando posteriormente que «A estos efectos, de oficio o a instancia de parte, se podrá acordar la suspensión del trámite de admisión de estos recursos en atención a cualquiera de los recursos de casación que ya se hubieran admitido antes de la entrada en vigor de este real decreto-ley, que se declararán de tramitación y resolución preferente por concurrir los requisitos del citado artículo 94».

diente, siempre que el escrito de preparación cumpla las exigencias impuestas en el artículo 89.2 y presente interés casacional objetivo.

4. Remitidas las actuaciones, la Sección resolverá si continua con la tramitación prevista en el artículo 92 o si dicta sentencia sin más trámite, remitiéndose a lo acordado en la sentencia de referencia y adoptando los demás pronunciamientos que considere necesarios.

Art. 95. [...]

SECCIÓN 4.ª*

Recursos de casación para la unificación de doctrina

Arts. 96 a 99. [...]

SECCIÓN 5.ª**

Recursos de casación en interés de la Ley

Art. 100 y 101. [...]

SECCIÓN 6.ª

*De la revisión de sentencias****

Art. 102. 1. Habrá lugar a la revisión de una sentencia firme:

a) Si después de pronunciada se recobraren documentos decisivos, no aportados por causa de fuerza mayor o por obra de la parte en cuyo favor se hubiere dictado.

b) Si hubiere recaído en virtud de documentos que, al tiempo de dictarse aquélla, ignoraba una de las partes haber sido reconocidos y declarados

---

Art. 95: Suprimido por la Disp. Final 3.ª1 de la LO 7/2015, de 21 de julio (*BOE* del 22), por la que se modifica la LO 6/1985, de 1 de julio, del Poder Judicial, con efectos desde el 22 de julio de 2016.

* Sección 4.ª suprimida, con sus arts. 96 a 99, por la Disp. Final 3.ªdos de la LO 7/2015, de 21 de julio (*BOE* del 22), por la que se modifica la LO 6/1985, de 1 de julio, del Poder Judicial, con efectos desde el 22 de julio de 2016.

** Sección 5.ª suprimida, con sus arts. 100 y 101, por la Disp. Final 3.ªdos de la LO 7/2015, de 21 de julio (*BOE* del 22), por la que se modifica la LO 6/1985, de 1 de julio, del Poder Judicial, con efectos desde el 22 de julio de 2016.

*** Rúbrica redactada conforme al art. 14.43 de la Ley 13/2009, de 3 de noviembre (*BOE* del 4), de reforma de la legislación procesal para la implantación de la nueva Oficina judicial.

Art. 102: Redactado conforme a la Disp. Final 3.ªtres de la LO 7/2015, de 21 de julio (*BOE* del 22), por la que se modifica la LO 6/1985, de 1 de julio, del Poder Judicial, con efectos desde el 1 de octubre de 2015.

falsos o cuya falsedad se reconociese o declarase después.

c) Si habiéndose dictado en virtud de prueba testifical, los testigos hubieren sido condenados por falso testimonio dado en las declaraciones que sirvieron de fundamento a la sentencia.

d) Si se hubiere dictado sentencia en virtud de cohecho, prevaricación, violencia u otra maquinación fraudulenta.

2. Asimismo se podrá interponer recurso de revisión contra una resolución judicial firme cuando el Tribunal Europeo de Derechos Humanos haya declarado que dicha resolución ha sido dictada en violación de alguno de los derechos reconocidos en el Convenio Europeo para la Protección de los Derechos Humanos y Libertades Fundamentales y sus Protocolos, siempre que la violación, por su naturaleza y gravedad, entrañe efectos que persistan y no puedan cesar de ningún otro modo que no sea mediante esta revisión, sin que la misma pueda perjudicar los derechos adquiridos de buena fe por terceras personas.

3. En lo referente a legitimación, plazos, procedimiento y efectos de las sentencias dictadas en este procedimiento de revisión, regirán las disposiciones de la Ley de Enjuiciamiento Civil. No obstante, sólo habrá lugar a la celebración de vista cuando lo pidan todas las partes o la Sala lo estime necesario.

4. La revisión en materia de responsabilidad contable procederá en los casos establecidos en la Ley de Funcionamiento del Tribunal de Cuentas.

SECCIÓN 7.ª*

*Recursos contra
las resoluciones
del Secretario judicial*

Art. 102 bis. 1. Contra las diligencias de ordenación y decretos no definitivos del Secretario judicial cabrá recurso de reposición ante el Secretario que dictó la resolución recurrida, excepto en los casos en que la Ley prevea recurso directo de revisión.

El recurso de reposición se interpondrá en el plazo de cinco días a contar desde el siguiente al de la notificación de la resolución impugnada.

Si no se cumplieran los requisitos establecidos en el pá-

---

* Sección añadida, con su art. 102 bis, conforme al art. 14.45 de la Ley 13/2009, de 3 de noviembre (*BOE* del 4), de reforma de la legislación procesal para la implantación de la nueva Oficina judicial.

rrafo anterior, se inadmitirá mediante decreto directamente recurrible en revisión.

Interpuesto el recurso en tiempo y forma, el Secretario judicial dará traslado de las copias del escrito a las demás partes, por término común de tres días, a fin de que puedan impugnarlo si lo estiman conveniente. Transcurrido dicho plazo, el Secretario judicial resolverá mediante decreto dentro del tercer día.

2. Cabrá recurso de revisión ante el juez, la jueza o el tribunal contra el decreto resolutivo de la reposición y recurso directo de revisión contra los decretos por los que se ponga fin al procedimiento o impidan su continuación. Dichos recursos carecerán de efectos suspensivos sin que, en ningún caso, proceda actuar en sentido contrario a lo que se hubiese resuelto.

Cabrá interponer igualmente recurso directo de revisión contra los decretos en aquellos casos en que expresamente se prevea.

3. El recurso de revisión deberá interponerse en el plazo de cinco días mediante escrito en el que deberá citarse la infracción en que la resolución hubiera incurrido.

Cumplidos los anteriores requisitos, el Secretario judicial, mediante diligencia de ordenación, admitirá el recurso, concediendo a las demás partes personadas un plazo común de cinco días para impugnarlo, si lo estiman conveniente.

Si no se cumplieran los requisitos de admisibilidad del recurso, el Juzgado o Tribunal lo inadmitirá mediante providencia.

Transcurrido el plazo para impugnación, háyanse presentado o no escritos, el Juzgado o Tribunal resolverá sin más trámites, mediante auto, en un plazo de cinco días.

Contra las resoluciones sobre admisión o inadmisión no cabrá recurso alguno.

4. Contra el auto dictado resolviendo el recurso de revisión únicamente cabrá recurso de apelación y de casación en los supuestos previstos en los artículos 80 y 87 de esta Ley, respectivamente.

Art. 102 bis.2: Redactado por el art. 102.veintidós del RD-ley 6/2023, de 19 de diciembre (*BOE* del 20), por el que se aprueban medidas urgentes para la ejecución del Plan de Recuperación, Transformación y Resiliencia en materia de servicio público de justicia, función pública, régimen local y mecenazgo.

CAPÍTULO IV

EJECUCIÓN
DE SENTENCIAS Y DEMÁS
TÍTULOS EJECUTIVOS*

Art. 103. 1. La potestad de hacer ejecutar las sentencias y demás títulos ejecutivos adoptados en el proceso corresponde exclusivamente a los juzgados y tribunales de este orden jurisdiccional, y su ejercicio compete al que haya conocido del asunto en primera o única instancia.

2. Las partes están obligadas a cumplir las sentencias en la forma y términos que en éstas se consignen.

3. Todas las personas y entidades públicas y privadas están obligadas a prestar la colaboración requerida por los Jueces y Tribunales de lo Contencioso-administrativo para la debida y completa ejecución de lo resuelto.

4. Serán nulos de pleno derecho los actos y disposiciones contrarios a los pronunciamientos de las sentencias, que se dicten con la finalidad de eludir su cumplimiento.

5. El órgano jurisdiccional a quien corresponda la ejecución de la sentencia declarará, a instancia de parte, la nulidad de los actos y disposiciones a que se refiere el apartado anterior, por los trámites previstos en los apartados 2 y 3 del artículo 109, salvo que careciese de competencia para ello conforme a lo dispuesto en esta Ley.

Art. 104. 1. Luego que sea firme una sentencia, el Letrado o Letrada de la Administración de Justicia lo comunicará en el plazo de diez días al órgano previamente identificado como responsable de su cumplimiento, a fin de que, recibida la comunicación, la lleve

---

* Rúbrica modificada por el art. 102.veintitres del RD-ley 6/2023, de 19 de diciembre (*BOE* del 20), por el que se aprueban medidas urgentes para la ejecución del Plan de Recuperación, Transformación y Resiliencia en materia de servicio público de justicia, función pública, régimen local y mecenazgo.

Art. 103.1: Redactado por el art. 102.veinticuatro del RD-ley 6/2023, de 19 de diciembre (*BOE* del 20), por el que se aprueban medidas urgentes para la ejecución del Plan de Recuperación, Transformación y Resiliencia en materia de servicio público de justicia, función pública, régimen local y mecenazgo.

Art. 104: Modificado por el art. 3.º de la Ley 37/2011, de 10 de octubre (*BOE* del 11), de medidas de agilización procesal.

Art. 104.1: Redactado por el art. 102.veinticinco del RD-ley 6/2023, de 19 de diciembre (*BOE* del 20), por el que se aprueban medidas urgentes para la ejecución del Plan de Recuperación, Transformación y Resiliencia en materia de servicio público de justicia, función pública, régimen local y mecenazgo.

a puro y debido efecto y practique lo que exija el cumplimiento de las declaraciones contenidas en el fallo.

2. Transcurridos dos meses a partir de la comunicación de la sentencia o el plazo fijado en ésta para el cumplimiento del fallo conforme al artículo 71.1.c), cualquiera de las partes y personas afectadas podrá instar su ejecución forzosa.

3. Atendiendo a la naturaleza de lo reclamado y a la efectividad de la sentencia, ésta podrá fijar un plazo inferior para el cumplimiento, cuando lo dispuesto en el apartado anterior lo haga ineficaz o cause grave perjuicio.

Art. 105. 1. No podrá suspenderse el cumplimiento ni declararse la inejecución total o parcial del fallo.

2. Si concurriesen causas de imposibilidad material o legal de ejecutar una sentencia, el órgano obligado a su cumplimiento lo manifestará a la autoridad judicial a través del representante procesal de la Administración, dentro del plazo previsto en el apartado segundo del artículo anterior, a fin de que, con audiencia de las partes y de quienes considere interesados, el Juez o Tribunal aprecie la concurrencia o no de dichas causas y adopte las medidas necesarias que aseguren

---

Art. 105: La Ley 11/2015, de 18 de junio (*BOE* del 19), de recuperación y resolución de entidades de crédito y empresas de servicios de inversión, establece:

«*Art. 74. Imposibilidad de ejecución de sentencia dictada en los recursos contencioso-administrativos a que se refieren los artículos 72 y 73.*—1. El supervisor y las autoridades de resolución competentes podrán alegar ante la autoridad judicial las causas que determinen la imposibilidad material de ejecutar una sentencia que declare contraria a derecho alguna de las decisiones o de los actos previstos en los artículos 72 y 73. El Juez o Tribunal apreciará la concurrencia o no de dichas causas y fijará, en su caso, la indemnización que deba satisfacerse. El importe de la citada indemnización alcanzará, como máximo, la diferencia entre el daño efectivamente sufrido por el recurrente y la pérdida que habría soportado en caso de que, en el momento de adoptarse la correspondiente decisión o acuerdo, se hubiera producido la liquidación de la entidad en el marco de un procedimiento concursal.

»2. Al valorar las causas que determinan la imposibilidad material de ejecutar una sentencia, de acuerdo con lo previsto en el apartado anterior, el Juez o Tribunal habrá de tener particularmente en cuenta:

»*a)* El volumen especialmente significativo o la complejidad de las operaciones afectadas o que pudieran verse afectadas.

»*b)* La existencia de perjuicios que, de ejecutarse la sentencia en sus estrictos términos, se derivarían para la entidad y para la estabilidad del sistema financiero.

»*c)* La existencia de derechos o intereses legítimos de otros accionistas, socios, obligacionistas, acreedores o cualesquiera otros terceros, amparados por el ordenamiento jurídico.»

la mayor efectividad de la ejecutoria, fijando en su caso la indemnización que proceda por la parte en que no pueda ser objeto de cumplimiento pleno.

3. Son causas de utilidad pública o de interés social para expropiar los derechos o intereses legítimos reconocidos frente a la Administración en una sentencia firme el peligro cierto de alteración grave del libre ejercicio de los derechos y libertades de los ciudadanos, el temor fundado de guerra o el quebranto de la integridad del territorio nacional. La declaración de la concurrencia de alguna de las causas citadas se hará por el Gobierno de la Nación; podrá también efectuarse por el Consejo de Gobierno de la Comunidad Autónoma cuando se trate de peligro cierto de alteración grave del libre ejercicio de los derechos y libertades de los ciudadanos y el acto, actividad o disposición impugnados proviniera de los órganos de la Administración de dicha Comunidad o de las Entidades locales de su territorio, así como de las Entidades de Derecho público y Corporaciones dependientes de una y otras.

La declaración de concurrencia de alguna de las causas

mencionadas en el párrafo anterior habrá de efectuarse dentro de los dos meses siguientes a la comunicación de la sentencia. El Juez o Tribunal a quien competa la ejecución señalará, por el trámite de los incidentes, la correspondiente indemnización y, si la causa alegada fuera la de peligro cierto de alteración grave del libre ejercicio de los derechos y libertades de los ciudadanos, apreciará, además, la concurrencia de dicho motivo.

Art. 106. 1. Cuando la Administración fuere condenada al pago de cantidad líquida, el órgano encargado de su cumplimiento acordará el pago con cargo al crédito correspondiente de su presupuesto que tendrá siempre la consideración de ampliable. Si para el pago fuese necesario realizar una modificación presupuestaria, deberá concluirse el procedimiento dentro de los tres meses siguientes al día de notificación de la resolución judicial.

2. A la cantidad a que se refiere el apartado anterior se añadirá el interés legal del dinero, calculado desde la fecha de notificación de la sentencia dictada en única o primera instancia.

Art. 105.3: V. arts. 387 a 393 de la Ley 1/2000, de 7 de enero (*BOE* del 8), de Enjuiciamiento Civil.

3. No obstante lo dispuesto en el artículo 104.2, transcurridos tres meses desde que la sentencia firme sea comunicada al órgano que deba cumplirla, se podrá instar la ejecución forzosa. En este supuesto, la autoridad judicial, oído el órgano encargado de hacerla efectiva, podrá incrementar en dos puntos el interés legal a devengar, siempre que apreciase falta de diligencia en el cumplimiento.

4. Si la Administración condenada al pago de cantidad estimase que el cumplimiento de la sentencia habría de producir trastorno grave a su Hacienda, lo pondrá en conocimiento del Juez o Tribunal acompañado de una propuesta razonada para que, oídas las partes, se resuelva sobre el modo de ejecutar la sentencia en la forma que sea menos gravosa para aquélla.

5. Lo dispuesto en los apartados anteriores será de aplicación asimismo a los supuestos en que se lleve a efecto la ejecución provisional de las sentencias conforme a esta Ley.

6. Cualquiera de las partes podrá solicitar que la cantidad a satisfacer se compense con créditos que la Administración ostente contra el recurrente.

Art. 107. 1. Si la sentencia firme anulase total o parcialmente el acto impugnado, el Secretario judicial dispondrá, a instancia de parte, la inscripción del fallo en los registros públicos a que hubiere tenido acceso el acto anulado, así como su publicación en los periódicos oficiales o privados, si concurriere causa bastante para ello, a costa de la parte ejecutada. Cuando la publicación sea en periódicos privados, se deberá acreditar ante el órgano jurisdiccional un interés público que lo justifique.

2. Si la sentencia anulara total o parcialmente una disposición general o un acto administrativo que afecte a una pluralidad indeterminada de personas, el Secretario del órgano judicial ordenará su publicación en diario oficial en el plazo de diez días a contar desde de la firmeza de la sentencia.

Art. 108. 1. Si la sentencia condenare a la Administración a realizar una determinada actividad o a dictar un acto, el Juez o Tribunal podrá, en caso de incumplimiento:

a) Ejecutar la sentencia a través de sus propios medios o requiriendo la colaboración de

---

Art. 107: Redactado conforme al art. 14.47 de la Ley 13/2009, de 3 de noviembre (*BOE* del 4), de reforma de la legislación procesal para la implantación de la nueva Oficina judicial.

las autoridades y agentes de la Administración condenada o, en su defecto, de otras Administraciones públicas, con observancia de los procedimientos establecidos al efecto.

b) Adoptar las medidas necesarias para que el fallo adquiera la eficacia que, en su caso, sería inherente al acto omitido, entre las que se incluye la ejecución subsidiaria con cargo a la Administración condenada.

2. Si la Administración realizare alguna actividad que contraviniera los pronunciamientos del fallo, el Juez o Tribunal, a instancia de los interesados, procederá a reponer la situación al estado exigido por el fallo y determinará los daños y perjuicios que ocasionare el incumplimiento.

3. El Juez o Tribunal, en los casos en que, además de declarar contraria a la normativa la construcción de un inmueble, ordene motivadamente la demolición del mismo y la reposición a su estado originario de la realidad física alterada, exigirá, como condición previa a la demolición, y salvo que una

situación de peligro inminente lo impidiera, la prestación de garantías suficientes para responder del pago de las indemnizaciones debidas a terceros de buena fe.

Art. 109. 1. La Administración pública, las demás partes procesales y las personas afectadas por el fallo, mientras no conste en autos la total ejecución de la sentencia, podrán promover incidente para decidir, sin contrariar el contenido del fallo, cuantas cuestiones se planteen en la ejecución y especialmente las siguientes:

a) Órgano administrativo que ha de responsabilizarse de realizar las actuaciones.

b) Plazo máximo para su cumplimiento, en atención a las circunstancias que concurran.

c) Medios con que ha de llevarse a efecto y procedimiento a seguir.

2. Del escrito planteando la cuestión incidental el Secretario judicial dará traslado a las partes para que, en plazo común que no excederá de veinte días, aleguen lo que estimen procedente.

Art. 108.3: Introducido por la Disp. Final 3.ªcuatro de la LO 7/2015, de 21 de julio (*BOE* del 22), por la que se modifica la LO 6/1985, de 1 de julio, del Poder Judicial, con efectos desde el 1 de octubre de 2015.
Art. 109.2: Redactado conforme al art. 14.48 de la Ley 13/2009, de 3 de noviembre (*BOE* del 4), de reforma de la legislación procesal para la implantación de la nueva Oficina judicial.

3. Evacuado el traslado o transcurrido el plazo a que se refiere el apartado anterior, el Juez o Tribunal dictará auto, en el plazo de diez días, decidiendo la cuestión planteada.

Art. 110. 1. En materia tributaria, de personal al servicio de la Administración pública y de unidad de mercado, los efectos de una sentencia firme que hubiera reconocido una situación jurídica individualizada a favor de una o varias personas podrán extenderse a otras, en ejecución de la sentencia, cuando concurran las siguientes circunstancias:

a) Que los interesados se encuentren en idéntica situación jurídica que los favorecidos por el fallo.

b) Que el Juez o Tribunal sentenciador fuera también competente, por razón del territorio, para conocer de sus pretensiones de reconocimiento de dicha situación individualizada.

c) Que soliciten la extensión de los efectos de la sentencia en el plazo de un año desde la última notificación de ésta a quienes fueron parte en el proceso. Si se hubiere interpuesto recurso en interés de ley o de revisión, este plazo se contará desde la última notificación de la resolución que ponga fin a éste.

2. La solicitud deberá dirigirse directamente al órgano jurisdiccional competente que hubiera dictado la resolución de la que se pretende que se extiendan los efectos.

3. La petición al órgano jurisdiccional se formulará en escrito razonado al que deberá acompañarse el documento o documentos que acrediten la identidad de situaciones o la no concurrencia de alguna de las circunstancias del apartado 5 de este artículo.

4. Antes de resolver, en los veinte días siguientes, el Secretario judicial recabará de la Administración los antecedentes que estime oportunos y, en todo caso, un informe detallado sobre la viabilidad de la extensión solicitada, poniendo de manifiesto el resultado de esas actuaciones a las partes para que aleguen por plazo común de cinco

---

Art. 110: Redactado conforme a la Disp. Adic. 14.ª8 de la LO 19/2003, de 23 de diciembre (*BOE* del 26), de modificación de la Ley Orgánica del Poder Judicial.
Art. 110.1: Redactado conforme a la Disp. Final 1.ª2 de la Ley 20/2013, de 9 de diciembre (*BOE* del 10), de garantía de la unidad de mercado.
Art. 110.4: Redactado conforme al art. 14.49 de la Ley 13/2009, de 3 de noviembre (*BOE* del 4), de reforma de la legislación procesal para la implantación de la nueva Oficina judicial.

días, con emplazamiento en su caso de los interesados directamente afectados por los efectos de la extensión. Una vez evacuado el trámite, el Juez o Tribunal resolverá sin más por medio de auto, en el que no podrá reconocerse una situación jurídica distinta a la definida en la sentencia firme de que se trate.

5. El incidente se desestimará, en todo caso, cuando concurra alguna de las siguientes circunstancias:

a) Si existiera cosa juzgada.

b) Cuando la doctrina determinante del fallo cuya extensión se postule fuere contraria a la jurisprudencia del Tribunal Supremo o a la doctrina sentada por los Tribunales Superiores de Justicia en el recurso a que se refiere el artículo 99.

c) Si para el interesado se hubiere dictado resolución que, habiendo causado estado en vía administrativa, fuere consentida y firme por no haber promovido recurso contencioso-administrativo.

6. Si se encuentra pendiente un recurso de revisión o un recurso de casación en interés de la ley, quedará en suspenso la decisión del incidente hasta que se resuelva el citado recurso.

7. El régimen de recurso del auto dictado se ajustará a las reglas generales previstas en el artículo 80.

Art. 111. Cuando se hubiere acordado suspender la tramitación de uno o más recursos con arreglo a lo previsto en el artículo 37.2, una vez declarada la firmeza de la sentencia dictada en el pleito que se hubiere tramitado con carácter preferente, el Secretario judicial requerirá a los recurrentes afectados por la suspensión para que en el plazo de cinco días interesen la extensión de los efectos de la sentencia o la continuación del pleito suspendido, o bien manifiesten si desisten del recurso.

Si se solicitase la extensión de los efectos de aquella sentencia, el Juez o Tribunal la acordará, salvo que concurra la circunstancia prevista en el artículo 110.5.*b)* o alguna de las causas de inadmisibilidad del recurso contempladas en el artículo 69 de esta Ley.

Art. 111: Redactado conforme al art. 14.50 de la Ley 13/2009, de 3 de noviembre (*BOE* del 4), de reforma de la legislación procesal para la implantación de la nueva Oficina judicial.

Art. 112. Transcurridos los plazos señalados para el total cumplimiento del fallo, el Juez o Tribunal adoptará, previa audiencia de las partes, las medidas necesarias para lograr la efectividad de lo mandado.

Singularmente, acreditada su responsabilidad, previo apercibimiento del Secretario judicial notificado personalmente para formulación de alegaciones, el Juez o la Sala podrán:

a) Imponer multas coercitivas de ciento cincuenta a mil quinientos euros a las autoridades, funcionarios o agentes que incumplan los requerimientos del Juzgado o de la Sala, así como reiterar estas multas hasta la completa ejecución del fallo judicial, sin perjuicio de otras responsabilidades patri-

moniales a que hubiere lugar. A la imposición de estas multas les será aplicable lo previsto en el artículo 48.

b) Deducir el oportuno testimonio de particulares para exigir la responsabilidad penal que pudiera corresponder.

Art. 113. 1. Transcurrido el plazo de ejecución que se hubiere fijado en el acuerdo a que se refiere el artículo 77.3, cualquiera de las partes podrá instar su ejecución forzosa.

2. Si no hubiere fijado plazo para el cumplimiento de las obligaciones derivadas del acuerdo, la parte perjudicada podrá requerir a la otra su cumplimiento y transcurridos dos meses podrá proceder a instar su ejecución forzosa.

Art. 112, párr. 1.º: Redactado conforme al art. 86.2 de la Ley 62/2003, de 30 de diciembre (*BOE* del 31; corrección de errores en *BOE* de 1 de abril de 2004), de Medidas Fiscales, Administrativas y del Orden Social.

Art. 112, párr. 2.º: Redactado conforme al art. 14.51 de la Ley 13/2009, de 3 de noviembre (*BOE* del 4), de reforma de la legislación procesal para la implantación de la nueva Oficina judicial.

TÍTULO V

Procedimientos especiales

CAPÍTULO PRIMERO

PROCEDIMIENTO
PARA LA PROTECCIÓN
DE LOS DERECHOS
FUNDAMENTALES
DE LA PERSONA*

Art. 114. 1. El procedimiento de amparo judicial de las libertades y derechos, previsto en el artículo 53.2 de la Constitución Española, se regirá, en el orden contencioso-administrativo, por lo dispuesto en este capítulo y, en lo no previsto en él, por las normas generales de la presente Ley.

2. Podrán hacerse valer en este proceso las pretensiones a que se refieren los artículos 31 y 32, siempre que tengan como finalidad la de restablecer o preservar los derechos o liber-

tades por razón de los cuales el recurso hubiere sido formulado.

3. A todos los efectos, la tramitación de estos recursos tendrá carácter preferente.

Art. 115. 1. El plazo para interponer este recurso será de diez días, que se computarán, según los casos, desde el día siguiente al de notificación del acto, publicación de la disposición impugnada, requerimiento para el cese de la vía de hecho, o transcurso del plazo fijado para la resolución, sin más trámites. Cuando la lesión del derecho fundamental tuviera su origen en la inactividad administrativa, o se hubiera interpuesto potestativamente un recurso administrativo, o, tratándose de una actuación en

---

* La Disp. Adic. 5.ª (*Recurso jurisdiccional*) de la LO 3/2021, de 24 de marzo (*BOE* del 25), de regulación de la eutanasia establece que los recursos a los que se refieren los arts. 10.5 y 18.*a*) se tramitarán por este procedimiento.

Conforme al art. 28 («Tutela judicial del derecho a la igualdad de trato y no discriminación»), de la Ley 15/2022, de 12 de julio (*BOE* del 13), integral para la igualdad de trato y la no discriminación, «La tutela judicial frente a las vulneraciones del derecho a la igualdad de trato y no discriminación comprenderá, en los términos establecidos por las leyes procesales, la adopción de todas las medidas necesarias para poner fin a la discriminación de que se trate y, en particular, las dirigidas al cese inmediato de la discriminación, pudiendo acordar la adopción de medidas cautelares dirigidas a la prevención de violaciones inminentes o ulteriores, la indemnización de los daños y perjuicios causados y el restablecimiento de la persona perjudicada en el pleno ejercicio de su derecho, con independencia de su nacionalidad, de si son mayores o menores de edad o de si disfrutan o no de residencia legal».

vía de hecho, no se hubiera formulado requerimiento, el plazo de diez días se iniciará transcurridos veinte días desde la reclamación, la presentación del recurso o el inicio de la actuación administrativa en vía de hecho, respectivamente.

2. En el escrito de interposición se expresará con precisión y claridad el derecho o derechos cuya tutela se pretende y, de manera concisa, los argumentos sustanciales que den fundamento al recurso.

Art. 116. 1. En el mismo día de la presentación del recurso o en el siguiente, el Letrado o Letrada de la Administración de Justicia requerirá con carácter urgente al órgano administrativo correspondiente, acompañando copia del escrito de interposición, para que en el plazo máximo de cinco días a contar desde la recepción del requerimiento remita el expediente administrativo en soporte electrónico, acompañado de los informes y datos que estime procedentes, que también se enviarán en soporte electrónico, y con apercibimiento de cuanto se establece en el artículo 48.

2. Al remitir el expediente, el órgano administrativo lo comunicará a todos los que aparezcan como interesados en el mismo, acompañando copia del escrito de interposición y emplazándoles para que puedan comparecer como demandados ante el Juzgado o Sala en el plazo de cinco días.

3. La Administración, con el envío del expediente, y los demás demandados, al comparecer, podrán solicitar razonadamente la inadmisión del recurso y la celebración de la comparecencia a que se refiere el artículo 117.2.

4. La falta de envío del expediente administrativo dentro del plazo previsto en el apartado anterior no suspenderá el curso de los autos.

5. Cuando el expediente administrativo se recibiese en el juzgado o Sala una vez transcurrido el plazo establecido en el apartado 1, el Letrado o Letrada de la Administración de Justicia lo entregará a las partes por plazo de cuarenta y ocho horas, en el que podrán hacer alegaciones, y sin alteración del curso del procedimiento.

Art. 116.1 y 5: Apartados redactados por el art. 102.veintiséis del RD-ley 6/2023, de 19 de diciembre (*BOE* del 20), por el que se aprueban medidas urgentes para la ejecución del Plan de Recuperación, Transformación y Resiliencia en materia de servicio público de justicia, función pública, régimen local y mecenazgo.

Art. 117. 1. Recibido el expediente o transcurrido el plazo para su remisión y, en su caso, el del emplazamiento a los demás interesados, el Secretario judicial, dentro del siguiente día, dictará decreto mandando seguir las actuaciones. Si estima que no procede la admisión, dará cuenta al Tribunal quien, en su caso, comunicará a las partes el motivo en que pudiera fundarse la inadmisión del procedimiento.

2. En el supuesto de posibles motivos de inadmisión del procedimiento, el Secretario judicial convocará a las partes y al Ministerio Fiscal a una comparecencia, que habrá de tener lugar antes de transcurrir cinco días, en la que se les oirá sobre la procedencia de dar al recurso la tramitación prevista en este capítulo.

3. En el siguiente día, el órgano jurisdiccional dictará auto mandando proseguir las actuaciones por este trámite o acordando su inadmisión por inadecuación del procedimiento.

Art. 118. Acordada la prosecución del procedimiento especial de este capítulo, el Secretario judicial pondrá de manifiesto al recurrente el expediente y demás actuaciones para que en el plazo improrrogable de ocho días pueda formalizar la demanda y acompañar los documentos.

Art. 119. Formalizada la demanda, el Letrado o Letrada de la Administración de Justicia dará traslado de la misma, con entrega del expediente administrativo, al Ministerio Fiscal y a las partes demandadas para que presenten sus alegaciones en el plazo común e improrrogable de ocho días y acompañen los documentos que estimen oportunos.

Art. 120. Evacuado el trámite de alegaciones o transcurrido el plazo para efectuarlas,

---

Art. 117.1 y 2: Apartados redactados conforme al art. 14.53 de la Ley 13/2009, de 3 de noviembre (*BOE* del 4), de reforma de la legislación procesal para la implantación de la nueva Oficina judicial.

Art. 118: Redactado conforme al art. 14.54 de la Ley 13/2009, de 3 de noviembre (*BOE* del 4), de reforma de la legislación procesal para la implantación de la nueva Oficina judicial.

Art. 119: Redactado por el art. 102.veintisiete del RD-ley 6/2023, de 19 de diciembre (BOE del 20), por el que se aprueban medidas urgentes para la ejecución del Plan de Recuperación, Transformación y Resiliencia en materia de servicio público de justicia, función pública, régimen local y mecenazgo.

el órgano jurisdiccional decidirá en el siguiente día sobre el recibimiento a prueba, con arreglo a las normas generales establecidas en la presente Ley, y sin perjuicio de lo dispuesto en el artículo 57. El período probatorio no será en ningún caso superior a veinte días comunes para su proposición y práctica.

Art. 121. 1. Conclusas las actuaciones, el órgano jurisdiccional dictará sentencia en el plazo de cinco días.

2. La sentencia estimará el recurso cuando la disposición, la actuación o el acto incurran en cualquier infracción del ordenamiento jurídico, incluso la desviación de poder, y como consecuencia de la misma vulneren un derecho de los susceptibles de amparo.

3. Contra las sentencias de los Juzgados de lo Contencioso-administrativo procederá siempre la apelación en un solo efecto.

Art. 122. 1. En el caso de prohibición o de propuesta de modificación de reuniones previstas en la Ley Orgánica Reguladora del Derecho de Reunión que no sean aceptadas por los promotores, éstos podrán interponer recurso contencioso-administrativo ante el Tribunal competente. El recurso se interpondrá dentro de las cuarenta y ocho horas siguientes a la notificación de la prohibición o modificación, trasladándose por los promotores copia debidamente registrada del escrito del recurso a la autoridad gubernativa, con el objeto de que ésta remita inmediatamente el expediente.

2. El Letrado o Letrada de la Administración de Justicia, en el plazo recibido, convocará al representante legal de la Administración, al Ministerio Fiscal y a los recurrentes o a la persona que éstos designen como representante a una audiencia en la que el tribunal, de manera contradictoria, oirá a todos los personados y resolverá sin ulterior recurso.

En cuanto se refiere a la grabación de la audiencia y a su documentación, serán aplicables las disposiciones contenidas en el artículo 63.

3. La decisión que se adopte únicamente podrá mantener o revocar la prohibición o las modificaciones propuestas.

Art. 122.2: Redactado por el art. 102.veintiocho del RD-ley 6/2023, de 19 de diciembre (*BOE* del 20), por el que se aprueban medidas urgentes para la ejecución del Plan de Recuperación, Transformación y Resiliencia en materia de servicio público de justicia, función pública, régimen local y mecenazgo.

Art. 122 bis. 1. El procedimiento para obtener la autorización judicial a que se refiere el artículo 8.2 de la Ley 34/2002, de 11 de julio, de Servicios de la Sociedad de la Información y del Comercio Electrónico, se iniciará con la solicitud de los órganos competentes en la que se expondrán las razones que justifican la petición acompañada de los documentos que sean procedentes a estos efectos. El Juzgado, en el plazo de veinticuatro horas siguientes a la petición y, previa audiencia del Ministerio Fiscal, dictará resolución autorizando la solicitud efectuada siempre que no resulte afectado el artículo 18, apartados 1 y 3, de la Constitución.

2. La ejecución de las medidas para que se interrumpa la prestación de servicios de la sociedad de la información o para que se retiren contenidos que vulneren la propiedad intelectual, adoptadas por la Sección Segunda de la Comisión de Propiedad Intelectual en aplicación de la Ley 34/2002, de 11 de julio, de Servicios de la Sociedad de la información y de Comercio Electrónico, requerirá de autorización judicial previa de conformidad con lo establecido en los párrafos siguientes.

Acordada la medida por la Comisión, solicitará del Juzgado competente la autorización para su ejecución, referida a la posible afectación a los derechos y libertades garantizados en el artículo 20 de la Constitución. La solicitud habrá de ir acompañada del expediente administrativo.

En el plazo improrrogable de dos días siguientes a la recepción de la notificación de la resolución de la Comisión y poniendo de manifiesto el expediente, el Juzgado dará traslado de la resolución de la Comisión al representante legal de la Administración, al del Ministerio Fiscal y a los titulares de los derechos y libertades afectados o a la persona que éstos designen como representante para que puedan efectuar alegaciones escritas por plazo común de cinco días.

Si de las alegaciones escritas efectuadas resultaran nuevos

Art. 122 bis: Añadido por la Disp. Final 43.ª7 de la Ley 2/2011, de 4 de marzo (*BOE* del 5), de Economía Sostenible.

Art. 122 bis.2: Modificado por la Disp. Final 10.ª del RD-ley 17/2020, de 5 de mayo (*BOE* del 6), por el que se aprueban las medidas de apoyo al sector cultural y de carácter tributario para hacer frente al impacto económico y social del CO-VID-2019, adicionada por el art. 11.9 de la Ley 14/2021, de 11 de octubre (*BOE* del 12), por el que se aprueban las medidas de apoyo al sector cultural y de carácter tributario para hacer frente al impacto económico y social del COVID-2019.

hechos de trascendencia para la resolución, el Juez, atendida la índole del asunto, podrá acordar la celebración de vista oral o, en caso contrario, si de las alegaciones escritas efectuadas no resultaran nuevos hechos de trascendencia para la resolución, el Juez resolverá en el plazo improrrogable de dos días mediante auto. La decisión que se adopte únicamente podrá autorizar o denegar la ejecución de la medida.

Art. 122 ter. *Procedimiento de autorización judicial de conformidad de una decisión de la Comisión Europea en materia de transferencia internacional de datos.*—1. El procedimiento para obtener la autorización judicial a que se refiere la disposición adicional quinta de la Ley Orgánica de Protección de Datos Personales y Garantía de los Derechos Digitales, se iniciará con la solicitud de la autoridad de protección de datos dirigida al Tribunal competente para que se pronuncie acerca de la conformidad de una decisión de la Comisión Europea en materia de transferencia internacional de datos con el Derecho de la Unión Europea. La solicitud irá acompañada de copia del expediente que se encontrase pendiente de resolución ante la autoridad de protección de datos.

2. Serán partes en el procedimiento, además de la autoridad de protección de datos, quienes lo fueran en el procedimiento tramitado ante ella y, en todo caso, la Comisión Europea.

3. El acuerdo de admisión o inadmisión a trámite del procedimiento confirmará, modificará o levantará la suspensión del procedimiento por posible vulneración de la normativa de protección de datos tramitado ante la autoridad de protección de datos, del que trae causa este procedimiento de autorización judicial.

4. Admitida a trámite la solicitud, el Tribunal competente lo notificará a la autoridad de protección de datos a fin de que dé traslado a quienes interviniesen en el procedimiento tramitado ante la misma para que se personen en el plazo de tres días. Igualmente, se dará traslado a la Comisión Europea a los mismos efectos.

5. Concluido el plazo mencionado en la letra anterior, se dará traslado de la solicitud de autorización a las partes perso-

---

Art. 122 ter: Añadido por la Disp. Final 6.ª (cuatro) de la LO 3/2018, de 5 de diciembre (*BOE* del 6), de Protección de Datos Personales y garantía de los derechos digitales.

nadas a fin de que en el plazo de diez días aleguen lo que estimen procedente, pudiendo solicitar en ese momento la práctica de las pruebas que estimen necesarias.

6.   Transcurrido el período de prueba, si alguna de las partes lo hubiese solicitado y el órgano jurisdiccional lo estimase pertinente, se celebrará una vista. El Tribunal podrá decidir el alcance de las cuestiones sobre las que las partes deberán centrar sus alegaciones en dicha vista.

7.   Finalizados los trámites mencionados en los tres apartados anteriores, el Tribunal competente adoptará en el plazo de diez días una de estas decisiones:

a)   Si considerase que la decisión de la Comisión Europea es conforme al Derecho de la Unión Europea, dictará sentencia declarándolo así y de-negando la autorización solicitada.

b)   En caso de considerar que la decisión es contraria al Derecho de la Unión Europea, dictará auto de planteamiento de cuestión prejudicial de validez de la citada decisión ante el Tribunal de Justicia de la Unión Europea, en los términos del artículo 267 del Tratado de Funcionamiento de la Unión Europea.

La autorización solamente podrá ser concedida si la decisión de la Comisión Europea cuestionada fuera declarada inválida por el Tribunal de Justicia de la Unión Europea.

8.   El régimen de recursos será el previsto en esta ley.

Art. 122 quáter. *Autorización o ratificación judicial de las medidas que las autoridades sanitarias consideren urgentes y necesarias para la salud pública e impliquen limitación o restricción de derechos fundamentales.*—En la tramitación de las autorizaciones o ratificaciones a que se refieren los artículos 8.6, segundo párrafo, **10.8 y 11.1.*i)*** de la presente ley será parte el Ministerio fiscal. Esta tramitación tendrá siempre ca-

---

Art. 122 quáter: Inicialmente añadido por la Disp. Final 2.ªcuatro de la Ley 3/2020, de 18 de septiembre (*BOE* del 19), de medidas procesales y organizativas para hacer frente al COVID-19 en el ámbito de la Administración de Justicia. Posteriormente modificado por el art. 15.cuatro del RD-ley 8/2021, de 4 de mayo (*BOE* del 5; corrección de errores en *BOE* de 8 de mayo), por el que se adoptan medidas urgentes en el orden sanitario, social y jurisdiccional, a aplicar tras la finalización de la vigencia del estado de alarma declarado por el RD 926/2020, de 25 de octubre, por el que se declara el estado de alarma para contener la propagación de infecciones causadas por el SARS-CoV-2.

El inciso destacado en negrita ha sido declarado inconstitucional y nulo por la STC 70/2022, de 2 de junio.

rácter preferente y deberá resolverse por auto en un plazo máximo de tres días naturales.

CAPÍTULO II

CUESTIÓN DE ILEGALIDAD

Art. 123. 1. El Juez o Tribunal planteará, mediante auto, la cuestión de ilegalidad prevista en el artículo 27.1 dentro de los cinco días siguientes a que conste en las actuaciones la firmeza de la sentencia. La cuestión habrá de ceñirse exclusivamente a aquel o aquellos preceptos reglamentarios cuya declaración de ilegalidad haya servido de base para la estimación de la demanda. Contra el auto de planteamiento no se dará recurso alguno.

2. En este auto se acordará emplazar a las partes para que, en el plazo de quince días, puedan comparecer y formular alegaciones ante el Tribunal competente para fallar la cuestión. Transcurrido este plazo, no se admitirá la personación.

Art. 124. 1. Planteada la cuestión, el Secretario judicial remitirá urgentemente, junto con la certificación del auto de planteamiento, copia testimoniada de los autos principales y del expediente administrativo.

2. Acordará igualmente la publicación del auto de planteamiento de la cuestión en el mismo periódico oficial en que lo hubiera sido la disposición cuestionada.

Art. 125. 1. Con el escrito de personación y alegaciones podrá acompañarse la documentación que se estime oportuna para enjuiciar la legalidad de la disposición cuestionada.

2. Terminado el plazo de personación y alegaciones, el Secretario judicial declarará concluso el procedimiento. La sentencia se dictará en los diez días siguientes a dicha declaración. No obstante, podrá el Tribunal rechazar, en trámite de admisión, mediante auto y sin necesidad de audiencia de las partes, la cuestión de ilegalidad cuando faltaren las condiciones procesales.

Art. 124: Redactado conforme al art. 14.57 de la Ley 13/2009, de 3 de noviembre (*BOE* del 4), de reforma de la legislación procesal para la implantación de la nueva Oficina judicial.
Art. 125.2 y 3: Apartados redactados conforme al art. 14.58 de la Ley 13/2009, de 3 de noviembre (*BOE* del 4), de reforma de la legislación procesal para la implantación de la nueva Oficina judicial.

3. El plazo para dictar sentencia quedará interrumpido si, para mejor proveer, el Tribunal acordara reclamar el expediente de elaboración de la disposición cuestionada o practicar alguna prueba de oficio. En estos casos el Secretario judicial acordará oír a las partes por plazo común de cinco días sobre el expediente o el resultado de la prueba.

Art. 126. 1. La sentencia estimará o desestimará parcial o totalmente la cuestión, salvo que faltare algún requisito procesal insubsanable, caso en la que declarará inadmisible.

2. Se aplicará a la cuestión de ilegalidad lo dispuesto para el recurso directo contra disposiciones generales en los artículos 33.3, 66, 70, 71.1.*a*), 71.2, 72.2 y 73. Se publicarán también las sentencias firmes que desestimen la cuestión.

3. Firme la sentencia que resuelva la cuestión de ilegalidad, por el Secretario judicial se comunicará al Juez o Tribunal que la planteó.

4. Cuando la cuestión de ilegalidad sea de especial trascendencia para el desarrollo de otros procedimientos, será objeto de tramitación y resolución preferente.

5. La sentencia que resuelva la cuestión de ilegalidad no afectará a la situación jurídica concreta derivada de la sentencia dictada por el Juez o Tribunal que planteó aquélla.

CAPÍTULO III

PROCEDIMIENTO EN LOS CASOS
DE SUSPENSIÓN
ADMINISTRATIVA PREVIA
DE ACUERDOS

Art. 127. 1. En los casos en que, conforme a las Leyes, la suspensión administrativa de actos o acuerdos de Corporaciones o Entidades públicas deba ir seguida de la impugnación o traslado de aquéllos ante la Jurisdicción Contencioso-administrativa, se procederá conforme a lo dispuesto en este precepto.

2. En el plazo de los diez días siguientes a la fecha en que se hubiera dictado el acto de suspensión o en el que la Ley establezca, deberá interponerse el recurso contencioso-administrativo mediante escrito fundado, o darse traslado directo del acuerdo suspendido al ór-

---

Art. 126.3: Redactado conforme al art. 14.59 de la Ley 13/2009, de 3 de noviembre (*BOE* del 4), de reforma de la legislación procesal para la implantación de la nueva Oficina judicial.

gano jurisdiccional, según proceda, acompañando en todo caso copia del citado acto de suspensión.

3. Interpuesto el recurso o trasladado el acuerdo suspendido, el Letrado o Letrada de la Administración de Justicia requerirá a la corporación o entidad que lo hubiera dictado para que en el plazo de diez días remita el expediente administrativo en soporte electrónico, alegue lo que estime conveniente en defensa de aquél y notifique a cuantos tuvieran interés legítimo en su mantenimiento o anulación la existencia del procedimiento, a efectos de su comparecencia ante el órgano jurisdiccional en el plazo de diez días.

4. Recibido el expediente administrativo, el Letrado o Letrada de la Administración de Justicia lo entregará junto con las actuaciones a los comparecidos en el procedimiento, convocándolos para la celebración de la vista, que se celebrará como mínimo a los diez días de la entrega del expediente.

5. El órgano jurisdiccional podrá, motivadamente, sustituir el trámite de vista por el de alegaciones escritas, que se presentarán en el plazo común de los diez días siguientes a la notificación del auto en que así se acuerde. Podrá también abrir un período de prueba, para mejor proveer, por plazo no superior a quince días.

6. Celebrada la vista o deducidas las alegaciones a que se refieren los apartados anteriores, se dictará sentencia por la que se anule o confirme el acto o acuerdo objeto del recurso, disponiendo lo que proceda en cuanto a la suspensión.

CAPÍTULO IV*

PROCEDIMIENTO
PARA LA GARANTÍA
DE LA UNIDAD DE MERCADO

Art. 127 bis. 1. Cuando la Comisión Nacional de los

Art. 127.3 y 4: Apartados redactados por el art. 102.veintinueve del RD-ley 6/2023, de 19 de diciembre (*BOE* del 20), por el que se aprueban medidas urgentes para la ejecución del Plan de Recuperación, Transformación y Resiliencia en materia de servicio público de justicia, función pública, régimen local y mecenazgo.

    * Capítulo añadido, con sus arts. 127 bis a 127 quáter, por la Disp. Final 1.ª3 de la Ley 20/2013, de 9 de diciembre (*BOE* del 10), de garantía de la unidad de mercado.

    Art. 127 bis: El art. 27 de la Ley 20/2013, de 9 de diciembre (*BOE* del 10), de garantía de la unidad de mercado (en la redacción dada por el art. 6.15 de la Ley 18/2022, de 28 de septiembre —*BOE* del 29—, de creación y crecimiento de empre-

Mercados y la Competencia considere que una disposición, acto, actuación, inactividad o vía de hecho procedente de cualquier Administración pública sea contraria a la libertad de establecimiento o de circulación en los términos previstos en la Ley 20/2013, de Garantía de la Unidad de Mercado, podrá presentar el recurso contencioso-administrativo regulado en este Capítulo.

2.   El plazo para interponer el recurso contencioso-administrativo para la garantía de la unidad de mercado será de dos meses conforme a lo previsto en los apartados 1 a 3 del artículo 46. Cuando el recurso se interponga a solicitud de un operador económico el plazo de dos meses se computará desde la presentación de la solicitud ante la Comisión Nacional de los Mercados y la Competencia.

Art. 127 ter.   1.   En el mismo día de la interposición del recurso por la Comisión Nacional de los Mercados y la Competencia en garantía de la unidad de mercado o en el siguiente, el Secretario judicial requerirá con carácter urgente al órgano administrativo correspondiente, acompañando copia del escrito de interposición, para que en el plazo máximo de cinco días a contar desde la recepción del requerimiento remita el expediente acompañado de los informes y datos que se soliciten en el recurso, con apercibimiento de cuanto se establece en el artículo 48.

2.   La falta de envío del expediente administrativo dentro del plazo previsto en el aparta-

---

sas) establece la legitimación de la CNMC. Conforme a su apartado 5, en el caso de la acción popular, la legitimación para la interposición del recurso contencioso-administrativo corresponderá en exclusiva a la Comisión Nacional de los Mercados y la Competencia sin perjuicio del derecho de personación regulado en el artículo 127 ter de la LJCA. La Disp. Adic. 5.ª de la Ley 20/2013 (en la redacción dada por el art. 6.19 de la Ley 18/2022), en cuanto a la «Acción popular y derecho de petición», establece:

«Será pública la acción para exigir ante los órganos administrativos y, a través de la Comisión Nacional de los Mercados y la Competencia, ante los Tribunales, el cumplimiento de lo establecido en esta ley y en las disposiciones que se dicten para su desarrollo y ejecución, para la defensa de la unidad de mercado.

»En particular, se reconoce la acción popular para el inicio de los procedimientos establecidos en los artículos 26 y 28 y la legitimación de las corporaciones de derecho público, asociaciones y grupos de afectados para ejercer el derecho de petición a que se refiere el artículo 27 y para personarse en el procedimiento para la garantía de la unidad de mercado regulado en el capítulo IV del título V de la Ley 29/1998, de 13 de julio, reguladora de la Jurisdicción Contencioso-administrativa.»

do anterior no suspenderá el curso de los autos.

3. El Secretario judicial pondrá de manifiesto al recurrente el expediente y demás actuaciones para que en el plazo improrrogable de diez días pueda formalizar la demanda y acompañar los documentos oportunos. Si el expediente administrativo se recibiese una vez formalizada la demanda, se concederá un trámite adicional de alegaciones a las partes.

4. Formalizada la demanda, el Secretario judicial dará traslado de la misma a las partes demandadas para que, a la vista del expediente, presenten contestación en el plazo común e improrrogable de diez días y acompañen los documentos que estimen oportunos.

5. Evacuado el trámite de contestación, el órgano jurisdiccional decidirá en el siguiente día sobre el recibimiento a prueba, con arreglo a las normas generales establecidas en la presente Ley, y sin perjuicio de lo dispuesto en el artículo 57. El período de práctica de prueba no será en ningún caso superior a veinte días.

6. Conclusas las actuaciones, el órgano jurisdiccional dictará sentencia en el plazo de cinco días. La sentencia estimará el recurso cuando la disposición, la actuación o el acto incurrieran en cualquier infracción del ordenamiento jurídico que afecte a la libertad de establecimiento o de circulación, incluida la desviación de poder.

Conforme a lo dispuesto en el artículo 71, la sentencia que estime el recurso implicará la corrección de la conducta infractora, así como el resarcimiento de los daños y perjuicios, incluido el lucro cesante, que dicha conducta haya causado.

El órgano jurisdiccional podrá convocar a las partes a una comparecencia con la finalidad de dictar su sentencia de viva voz, exponiendo verbalmente los razonamientos en que sustente su decisión, resolviendo sobre los motivos que fundamenten el recurso y la oposición y pronunciando su fallo, de acuerdo con lo dispuesto en los artículos 68 a 71.

La no comparecencia de todas o alguna de las partes no impedirá el dictado de la sentencia de viva voz.

En cuanto se refiere a la grabación de la comparecencia y a su documentación, serán aplicables las disposiciones contenidas en el artículo 63.

Caso de haberse dictado la Sentencia de forma oral, el Se-

Art. 127 ter.6: Modificado por el art. 7.1 de la Ley 18/2022, de 28 de septiembre (*BOE* del 29), de creación y crecimiento de empresas.

cretario judicial expedirá certificación que recoja todos los pronunciamientos del fallo, con expresa indicación de su firmeza y de la actuación administrativa a que se refiera. Dicha certificación será expedida en el plazo máximo de cinco días, notificándose a las partes.

La anterior certificación se registrará e incorporará al Libro de Sentencias del órgano judicial. El soporte videográfico de la comparecencia quedará unido al procedimiento.

7. Durante la tramitación del procedimiento, podrá solicitar su intervención, como parte recurrente, cualquier operador económico que tuviere interés directo en la anulación del acto, actuación o disposición impugnada y no la hubiera recurrido de forma independiente.

La solicitud del operador se resolverá por medio de auto, previa audiencia de las partes personadas, en el plazo común de cinco días.

Admitida la intervención, no se retrotraerán las actuaciones, pero el interviniente será considerado parte en el proceso a todos los efectos y podrá defender las pretensiones formuladas o las que el propio interviniente formule, si tuviere oportunidad procesal para ello.

El interviniente podrá utilizar los recursos que procedan contra las resoluciones que estime perjudiciales para su interés, aunque las consienta la Comisión Nacional de los Mercados y la Competencia o las demás partes personadas.

8. La Sala de lo Contencioso-Administrativo de la Audiencia Nacional acordará la acumulación al promovido por la Comisión Nacional de los Mercados y la Competencia de todo procedimiento que, iniciado por un operador económico ante el mismo u otro órgano jurisdiccional, se dirija frente a la misma disposición o actuación y se funde en la vulneración de la libertad de establecimiento o de circulación conforme a lo previsto en esta Ley.

9. A todos los efectos, la tramitación de estos recursos tendrá carácter preferente.

10. El procedimiento para la garantía de la unidad de mercado, en lo no dispuesto en este Capítulo, se regirá por las normas generales de la presente Ley.

Art. 127 quáter. 1. La Comisión Nacional de los Mercados y la Competencia podrá solicitar en su escrito de interposición la suspensión de la disposición, acto o resolución

Art. 127 quáter.1 y 2: Apartados redactados por el art. 7.2 de la Ley 18/2022, de 28 de septiembre (*BOE* del 29), de creación y crecimiento de empresas.

impugnados, así como cualquier otra medida cautelar que asegure la efectividad de la sentencia. La solicitud de esta suspensión tendrá carácter excepcional y solo será solicitada en caso de entender que es imprescindible por la especial relevancia del supuesto para la libertad de establecimiento y circulación.

2. Solicitada la suspensión de la disposición, acto o resolución impugnados, la misma se tramitará en la forma prevista en el capítulo II del título VI, una vez admitido el recurso y sin exigencia de afianzamiento de los posibles perjuicios de cualquiera naturaleza que pudieran derivarse. La Administración cuya actuación se haya recurrido podrá solicitar el levantamiento de la suspensión durante el plazo de tres meses desde su adopción, siempre que acredite que de su mantenimiento pudiera seguirse una perturbación grave de los intereses generales o de tercero que el tribunal ponderará en forma circunstanciada.

3. La solicitud de cualquier otra medida cautelar se tramitará en la forma prevista en el Capítulo II del Título VI.

CAPÍTULO V*

PROCEDIMIENTO
PARA LA DECLARACIÓN
JUDICIAL DE EXTINCIÓN
DE PARTIDOS POLÍTICOS

Art. 127 quinquies. 1. El procedimiento para la declaración judicial de extinción de un partido político se regirá por lo dispuesto en el artículo 78, con las siguientes especialidades:

a) En la demanda, deberá especificarse en cuál o cuáles de los motivos recogidos en el artículo 12 bis.1 de la Ley Orgánica 6/2002, de 27 de junio, de Partidos Políticos, se fundamenta la petición de declaración judicial de extinción.

b) El plazo de dos meses para la presentación de la demanda se contará a partir del día siguiente al vencimiento del plazo señalado en el artículo 12 bis.2 de la misma ley.

c) Cuando la sentencia declare la extinción del partido, será notificada al registro para que éste proceda a la cancelación de la inscripción.

2. El Ministerio Fiscal será parte del proceso.

---

* Capítulo añadido, con su art. 127 quinquies, por la Disp. Final 2.ª de la LO 3/2015, de 30 de marzo (*BOE* del 31), de control de la actividad económico-financiera de los Partidos Políticos, por la que se modifican la LO 8/2007, de 4 de julio, sobre financiación de los Partidos Políticos, la LO 6/2002, de 27 de junio, de Partidos Políticos y la LO 2/1982, de 12 de mayo, del Tribunal de Cuentas.

TÍTULO VI

Disposiciones comunes a los Títulos IV y V

CAPÍTULO PRIMERO

PLAZOS*

Art. 128. 1. Los plazos son improrrogables, y una vez transcurridos el Secretario judicial correspondiente tendrá por caducado el derecho y por perdido el trámite que hubiere dejado de utilizarse. No obstante, se admitirá el escrito que proceda, y producirá sus efectos legales, si se presentare dentro del día en que se notifique la resolución, salvo cuando se trate de plazos para preparar o interponer recursos.

2. Durante el mes de agosto no correrá el plazo para interponer el recurso contencioso-administrativo ni ningún otro plazo de los previstos en esta Ley salvo para el procedimiento para la protección de los derechos fundamentales en el que el mes de agosto tendrá carácter de hábil.

3. En casos de urgencia, o cuando las circunstancias del caso lo hagan necesario, las partes podrán solicitar al ór-

---

* El RD 463/2020, de 14 de marzo (*BOE* del mismo día), por el que se declara el estado de alarma para la gestión de la situación de crisis sanitaria ocasionada por el COVID-19, establece:

«[...]

»*Disp. Adic. 2.ª   Suspensión de plazos procesales.*—1. Se suspenden términos y se suspenden e interrumpen los plazos previstos en las leyes procesales para todos los órdenes jurisdiccionales. El cómputo de los plazos se reanudará en el momento en que pierda vigencia el presente real decreto o, en su caso, las prórrogas del mismo.

»[...]

»3. En relación con el resto de órdenes jurisdiccionales la interrupción a la que se refiere el apartado primero no será de aplicación a los siguientes supuestos:

»[...]

»*a*) El procedimiento para la protección de los derechos fundamentales de la persona previsto en los artículos 114 y siguientes de la Ley 29/1998, de 13 de julio, reguladora de la Jurisdicción Contencioso-administrativa, ni a la tramitación de las autorizaciones o ratificaciones judiciales previstas en el artículo 8.6 de la citada ley.

»[...]

»4. No obstante lo dispuesto en los apartados anteriores, el juez o tribunal podrá acordar la práctica de cualesquiera actuaciones judiciales que sean necesarias para evitar perjuicios irreparables en los derechos e intereses legítimos de las partes en el proceso.

»[...]

»*Disp. Adic. 4.ª   Suspensión de plazos de prescripción y caducidad.*—Los plazos de prescripción y caducidad de cualesquiera acciones y derechos quedarán suspendidos durante el plazo de vigencia del estado de alarma y, en su caso, de las prórrogas que se adoptaren.»

gano jurisdiccional que habi-
lite los días inhábiles en el
procedimiento para la protección de los derechos fundamentales o en el incidente de

suspensión o de adopción de
otras medidas cautelares. El
Juez o Tribunal oirá a las demás partes y resolverá por
auto en el plazo de tres días,

Los arts. 8 y 10 del RD 537/2020, de 22 de mayo (*BOE* del 23), establecen que, con efectos desde el día 4 de junio, se alzarán la suspensión de plazos procesales y de los plazos de prescripción y caducidad de derechos y acciones.

El RD-ley 16/2020, de 28 de abril (*BOE* del 29), de medidas procesales y organizativas para hacer frente al COVID-19 en el ámbito de la Administración de Justicia, establece:

«[...]

»*Art. 1.º Habilitación de días a efectos procesales.*—1. Se declaran hábiles para todas las actuaciones judiciales, que a efectos del artículo 183 de la Ley Orgánica 6/1985, de 1 de julio, del Poder Judicial, se declaran urgentes, los días 11 a 31 del mes de agosto del 2020. Se exceptúan de esta previsión los sábados, domingos y festivos, salvo para aquellas actuaciones judiciales para las que estos días sean ya hábiles conforme a las leyes procesales.

»2. Para garantizar el cumplimiento de lo dispuesto en el apartado anterior y la eficacia de la medida, el Consejo General del Poder Judicial, la Fiscalía General del Estado, el Ministerio de Justicia y las Comunidades Autónomas con competencias en materia de Justicia adoptarán de forma coordinada, en sus respectivos ámbitos de competencia, las medidas necesarias para la distribución de las vacaciones de Jueces, Magistrados, miembros del Ministerio Fiscal, Letrados de la Administración de Justicia y demás personal funcionario al servicio de la Administración de Justicia.

»*Art. 2.º Cómputo de plazos procesales y ampliación del plazo para recu-rrir.*—1. Los términos y plazos previstos en las leyes procesales que hubieran que-dado suspendidos por aplicación de lo establecido en la disposición adicional segun-da del Real Decreto 463/2020, de 14 de marzo, por el que se declara el estado de alarma para la gestión de la situación de crisis sanitaria ocasionada por el CO-VID-19, volverán a computarse desde su inicio, siendo por tanto el primer día del cómputo el siguiente hábil a aquel en el que deje de tener efecto la suspensión del procedimiento correspondiente.

»2. Los plazos para el anuncio, preparación, formalización e interposición de recursos contra sentencias y demás resoluciones que, conforme a las leyes procesales, pongan fin al procedimiento y que sean notificadas durante la suspensión de plazos establecida en el Real Decreto 463/2020, de 14 de marzo, así como las que sean no-tificadas dentro de los veinte días hábiles siguientes al levantamiento de la suspensión de los plazos procesales suspendidos, quedarán ampliados por un plazo igual al previsto para el anuncio, preparación, formalización o interposición del recurso en su correspondiente ley reguladora.

»Lo dispuesto en el párrafo anterior no se aplicará a los procedimientos cuyos plazos fueron exceptuados de la suspensión de acuerdo con lo establecido en la dis-posición adicional segunda del Real Decreto 463/2020, de 14 de marzo.»

No obstante, la Disp. Derog. única de la Ley 3/2020, de 18 de septiembre (*BOE* del 19), de medidas procesales y organizativas para hacer frente al COVID-19 en el ámbito de la Administración de Justicia, deroga el RD-Ley 16/2020.

Art. 128.1: Redactado conforme al art. 14.61 de la Ley 13/2009, de 3 de noviembre (*BOE* del 4), de reforma de la legislación procesal para la implantación de la nueva Oficina judicial.

acordando en todo caso la habilitación cuando su denegación pudiera causar perjuicios irreversibles.

CAPÍTULO II

MEDIDAS CAUTELARES

Art. 129. 1. Los interesados podrán solicitar en cualquier estado del proceso la adopción de cuantas medidas aseguren la efectividad de la sentencia.

2. Si se impugnare una disposición general, y se solicitare la suspensión de la vigencia de los preceptos impugnados, la petición deberá efectuarse en el escrito de interposición o en el de demanda.

Art. 130. 1. Previa valoración circunstanciada de todos los intereses en conflicto, la medida cautelar podrá acordarse únicamente cuando la ejecución del acto o la aplicación de la disposición pudieran hacer perder su finalidad legítima al recurso.

2. La medida cautelar podrá denegarse cuando de ésta pudiera seguirse perturbación grave de los intereses generales o de tercero que el Juez o Tribunal ponderará en forma circunstanciada.

Art. 131. El incidente cautelar se sustanciará en pieza separada, con audiencia de la parte contraria, que ordenará el Secretario judicial por plazo que no excederá de diez días, y será resuelto por auto dentro de los cinco días siguientes. Si la Administración demandada no hubiere aún comparecido, la audiencia se entenderá con el órgano autor de la actividad impugnada.

Art. 132. 1. Las medidas cautelares estarán en vigor hasta que recaiga sentencia firme que ponga fin al procedimiento en el que se hayan acordado, o hasta que éste finalice por cualquiera de las causas previstas en esta Ley. No obstante, podrán ser modificadas o revocadas durante el curso del procedimiento si cambiaran las circunstancias en virtud de las cuales se hubieran adoptado.

2. No podrán modificarse o revocarse las medidas caute-

Art. 129: V. art. 727 de la Ley 1/2000, de 7 de enero (*BOE* del 8), de Enjuiciamiento Civil.

Art. 131: Redactado conforme al art. 14.62 de la Ley 13/2009, de 3 de noviembre (*BOE* del 4), de reforma de la legislación procesal para la implantación de la nueva Oficina judicial.

lares en razón de los distintos avances que se vayan haciendo durante el proceso respecto al análisis de las cuestiones formales o de fondo que configuran el debate, y, tampoco, en razón de la modificación de los criterios de valoración que el Juez o Tribunal aplicó a los hechos al decidir el incidente cautelar.

Art. 133. 1. Cuando de la medida cautelar pudieran derivarse perjuicios de cualquier naturaleza, podrán acordarse las medidas que sean adecuadas para evitar o paliar dichos perjuicios. Igualmente podrá exigirse la presentación de caución o garantía suficiente para responder de aquéllos.

2. La caución o garantía podrá constituirse en cualquiera de las formas admitidas en Derecho. La medida cautelar acordada no se llevará a efecto hasta que la caución o garantía esté constituida y acreditada en autos, o hasta que conste el cumplimiento de las medidas

acordadas para evitar o paliar los perjuicios a que se refiere el apartado precedente.

3. Levantada la medida por sentencia o por cualquier otra causa, la Administración, o la persona que pretendiere tener derecho a indemnización de los daños sufridos, podrá solicitar ésta ante el propio órgano jurisdiccional por el trámite de los incidentes, dentro del año siguiente a la fecha del alzamiento. Si no se formulase la solicitud dentro de dicho plazo, se renunciase a la misma o no se acreditase el derecho, se cancelará la garantía constituida.

Art. 134. 1. El auto que acuerde la medida se comunicará al órgano administrativo correspondiente, el cual dispondrá su inmediato cumplimiento, siendo de aplicación lo dispuesto en el capítulo IV del Título IV, salvo el artículo 104.2.

2. La suspensión de la vigencia de disposiciones de carácter general será publicada

---

Art. 134: El apartado 5 del art. 42 del Reglamento 1/2005, de 15 de septiembre (*BOE* del 27), de Aspectos Accesorios de las Actuaciones Judiciales [modificado por Acuerdo de 28 de noviembre de 2007 (*BOE* del 12 de diciembre), del Pleno del CGPJ], establece que:

«5. El Juez que desempeñe en cada circunscripción el servicio de guardia conocerá también, en idéntico cometi-do de sustitución, de las actuaciones urgentes e inaplazables que se susciten en el ámbito de la Oficina del Registro Civil así como de las atribuidas a los Jueces Decanos en el artículo 70 de la Ley 1/2000, de 7 de enero, de Enjuiciamiento Civil; singularmente, se ocupará de las que, correspondiendo a los órganos de la Jurisdicción Contencioso-administrativa, sean inscon arreglo a lo dispuesto en el artículo 107.2. Lo mismo se observará cuando la suspensión se refiera a un acto administrativo que afecte a una pluralidad indeterminada de personas.

Art. 135. 1. Cuando los interesados alegaran la concurrencia de circunstancias de especial urgencia en el caso, el Juez o Tribunal sin oír a la parte contraria, en el plazo de dos días podrá mediante auto:

a) Apreciar las circunstancias de especial urgencia y adoptar o denegar la medida, conforme al artículo 130. Contra este auto no se dará recurso alguno. En la misma resolución el órgano judicial dará audiencia a la parte contraria para que en el plazo de tres días alegue lo que estime procedente o bien convocará a las partes a una comparecencia que habrá de celebrarse dentro de los tres días siguientes a la adopción de la medida. Recibidas las alegaciones o transcurrido el plazo en su caso o bien celebrada la comparecencia, el Juez o Tribunal dictará auto sobre el levantamiento, mantenimiento o modificación de la medida adoptada, el cual será recurrible conforme a las reglas generales.

En cuanto se refiere a la grabación de la comparecencia y a su documentación, serán apli-

---

tadas en días y horas inhábiles y exijan una intervención judicial inmediata en supuestos de:

»*a)* Autorización de entradas en domicilios y lugares cuyo acceso requiera el consentimiento de su titular conforme a lo previsto en el artículo 8.6, párrafos primero y tercero, de la Ley 29/1998, de 13 de julio, reguladora de la Jurisdicción Contencioso-administrativa.

»*b)* Medidas sanitarias urgentes y necesarias para proteger la salud pública conforme al artículo 8.6, párrafo segundo, de la Ley 29/1998, de 13 de julio.

»*c)* Adopción de medidas cautelares previstas en el artículo 135 de la Ley 29/1998, de 13 de julio, reguladora de la Jurisdicción Contencioso-administrativa en relación con actuaciones de la Administración en materia de extranjería, asilo político y condición de refugiado que impliquen expulsión, devolución o retorno. Cumplimentada su intervención el Juez de Guardia remitirá lo actuado al órgano judicial competente para celebración de comparecencia y ulterior resolución del incidente.

»En todo caso, quien inste la intervención del Juez de Guardia en los supuestos previstos en este apartado habrá de justificar debidamente su necesidad por resultar inaplazable y no haber sido posible cursar la solicitud al órgano naturalmente competente en días y horas hábiles. Deberá igualmente aportar cuanta información sea relevante o le sea requerida sobre procedimientos en trámite que tengan conexión con el objeto de dicha solicitud.»

Art. 135: Modificado por el art. 3.º10 de la Ley 37/2011, de 10 de octubre (*BOE* del 11), de medidas de agilización procesal.

cables las disposiciones contenidas en el artículo 63.

b) No apreciar las circunstancias de especial urgencia y
ordenar la tramitación del incidente cautelar conforme al
artículo 131, durante la cual
los interesados no podrán solicitar nuevamente medida alguna al amparo del presente artículo.

2. En los supuestos que
tengan relación con actuaciones de la Administración en
materia de extranjería, asilo
político y condición de refugiado que impliquen retorno y el
afectado sea un menor de edad,
el órgano jurisdiccional oirá al
Ministerio Fiscal con carácter
previo a dictar el auto al que
hace referencia el apartado primero de este artículo.

Art. 136. 1. En los supuestos de los artículos 29 y 30,
la medida cautelar se adoptará
salvo que se aprecie con evidencia que no se dan las situaciones previstas en dichos artículos o la medida ocasione una
perturbación grave de los intereses generales o de tercero, que
el Juez ponderará en forma circunstanciada.

2. En los supuestos del
apartado anterior, las medidas

también podrán solicitarse antes
de la interposición del recurso,
tramitándose conforme a lo dispuesto en el artículo precedente.
En tal caso el interesado habrá
de pedir su ratificación al interponer el recurso, lo que habrá
de hacerse inexcusablemente en
el plazo de diez días a contar
desde la notificación de la adopción de las medidas cautelares.
En los tres días siguientes, el Secretario judicial convocará la
comparecencia a la que hace referencia el artículo anterior.

De no interponerse el recurso, quedarán automáticamente
sin efecto las medidas acordadas, debiendo el solicitante indemnizar de los daños y perjuicios que la medida cautelar
haya producido.

CAPÍTULO III

INCIDENTES E INVALIDEZ
DE ACTOS PROCESALES

Art. 137. Todas las cuestiones incidentales que se susciten
en el proceso, se sustanciarán
en pieza separada y sin suspender el curso de los autos.

Art. 138. 1. Cuando se
alegue que alguno de los actos

Art. 136.2: Redactado conforme al art. 14.64 de la Ley 13/2009, de 3 de noviembre
(*BOE* del 4), de reforma de la legislación procesal para la implantación de la nueva
Oficina judicial.

de las partes no reúne los requisitos establecidos por la presente Ley, la que se halle en tal supuesto podrá subsanar el defecto u oponer lo que estime pertinente dentro de los diez días siguientes al de la notificación del escrito que contenga la alegación.

2. Cuando el Juzgado o Tribunal de oficio aprecie la existencia de algún defecto subsanable, el Secretario judicial dictará diligencia de ordenación en que lo reseñe y otorgue el mencionado plazo para la subsanación, con suspensión, en su caso, del fijado para dictar sentencia.

3. Sólo cuando el defecto sea insubsanable o no se subsane debidamente en plazo, podrá ser decidido el recurso con fundamento en tal defecto.

CAPÍTULO IV

Costas
PROCESALES

Art. 139. 1. En primera o única instancia, el órgano jurisdiccional, al dictar sentencia o al resolver por auto los recursos o incidentes que ante el mismo se promovieren, impondrá las costas a la parte que haya visto rechazadas todas sus pretensiones, salvo que aprecie y así lo razone, que el caso presentaba serias dudas de hecho o de derecho.

En los supuestos de estimación o desestimación parcial de las pretensiones, cada parte abonará las costas causadas a su instancia y las comunes por mitad, salvo que el órgano jurisdiccional, razonándolo debidamente, las imponga a una de ellas por haber sostenido su acción o interpuesto el recurso con mala fe o temeridad.

2. En los recursos se impondrán las costas al recurrente si se desestima totalmente el recurso, salvo que el órgano jurisdiccional, razonándolo debidamente, aprecie la concurrencia de circunstancias que justifiquen su no imposición.

3. En el recurso de casación se impondrán las costas de conformidad con lo previsto en el artículo 93.4.

Art. 138.2: Redactado conforme al art. 14.65 de la Ley 13/2009, de 3 de noviembre (*BOE* del 4), de reforma de la legislación procesal para la implantación de la nueva Oficina judicial.

Art. 139: Redactado conforme a la Disp. Final 3.ª5 de la LO 7/2015, de 21 de julio (*BOE* del 22), por la que se modifica la LO 6/1985, de 1 de julio, del Poder Judicial, con efectos desde el 22 de julio de 2016.

4. En primera o única instancia, la parte condenada en costas estará obligada a pagar una cantidad total que no exceda de la tercera parte de la cuantía del proceso, por cada uno de los favorecidos por esa condena; a estos solos efectos, las pretensiones de cuantía indeterminada se valorarán en 18.000 euros, salvo que, por razón de la complejidad del asunto, el tribunal disponga razonadamente otra cosa.

En los recursos, y sin perjuicio de lo previsto en el apartado anterior, la imposición de costas podrá ser a la totalidad, a una parte de éstas o hasta una cifra máxima.

5. Para la exacción de las costas impuestas a particulares, la Administración acreedora utilizará el procedimiento de apremio, en defecto de pago voluntario.

6. En ningún caso se impondrán las costas al Ministerio Fiscal.

7. Las costas causadas en los autos serán reguladas y tasadas según lo dispuesto en la Ley de Enjuiciamiento Civil.

DISPOSICIONES ADICIONALES

1.ª *Territorios Históricos y Comisión Arbitral del País Vasco.*—1. En la Comunidad Autónoma del País Vasco, la referencia del apartado 2 del artículo 1 de esta Ley incluye las Diputaciones Forales y la Administración Institucional de ellas dependientes. Asimismo, la referencia del apartado 3, letra *a*), del artículo 1 incluye los actos y disposiciones en materia de personal y gestión patrimonial sujetos al derecho público adoptados por los órganos competentes de las Juntas Generales de los Territorios Históricos.

2. No corresponde a la Jurisdicción Contencioso-administrativa el conocimiento de las decisiones o resoluciones dictadas por la Comisión Arbitral a que se refiere el artículo 39 del Estatuto de Autonomía del País Vasco.

Art. 139.4: Redactado por el art. 102.treinta del RD-ley 6/2023, de 19 de diciembre (*BOE* del 20), por el que se aprueban medidas urgentes para la ejecución del Plan de Recuperación, Transformación y Resiliencia en materia de servicio público de justicia, función pública, régimen local y mecenazgo.

Art. 139.6: V. arts. 241 a 246 de la Ley 1/2000, de 7 de enero (*BOE* del 8), de Enjuiciamiento Civil.

2.ª *Actualización de cuantías.*—El Gobierno queda autorizado para actualizar cada cinco años las cuantías señaladas en esta Ley, previo informe del Consejo General del Poder Judicial y del Consejo de Estado.

3.ª *Registro de sentencias.*—
1. Las Salas de lo Contencioso-administrativo de los Tribunales Superiores de Justicia, de la Audiencia Nacional y del Tribunal Supremo remitirán al Consejo General del Poder Judicial, dentro de los diez días siguientes a su firma, testimonio de las sentencias dictadas en los procesos de que conozcan.
2. El Consejo General del Poder Judicial constituirá, con dichas sentencias, un Registro, cuyas certificaciones harán fe en todo tipo de procesos.

4.ª *Recursos contra determinados actos, resoluciones y disposiciones.*—Serán recurribles:
1. Los actos administrativos no susceptibles de recurso ordinario dictados por el Banco de España y las resoluciones del Ministro de Economía y Hacienda que resuelvan recursos ordinarios contra actos dictados por el Banco de España,

así como las disposiciones dictadas por la citada entidad, directamente, en única instancia, ante la Sala de lo Contencioso-administrativo de la Audiencia Nacional de conformidad con lo dispuesto en la Ley 13/1994, de 1 de junio, de Autonomía del Banco de España.
2. Los actos administrativos no susceptibles de recurso ordinario dictados por la Comisión Nacional del Mercado de Valores y las resoluciones del Ministro de Economía y Hacienda que resuelvan recursos ordinarios contra actos dictados por la Comisión Nacional del Mercado de Valores, así como las disposiciones dictadas por la citada entidad, directamente, en única instancia, ante la Sala de lo Contencioso-administrativo de la Audiencia Nacional.
3. Las resoluciones y actos del Presidente y del Consejo de la Comisión Nacional de la Competencia, directamente, en única instancia, ante la Sala de lo Contencioso-administrativo de la Audiencia Nacional.
4. Las resoluciones de la Junta Arbitral regulada por la Ley Orgánica 3/1996, de 27 de diciembre, de Modificación parcial de la Ley Orgánica 8/1980, de 22 de septiembre, de

---

Disp. Adic. 4.ª3: Nueva redacción dada por la Disp. Adic. 7.ª de la Ley 15/2007, de 3 de julio (*BOE* del 4), de la Defensa de la Competencia.

Financiación de las Comunidades Autónomas, directamente, en única instancia, ante la Sala de lo Contencioso-administrativo de la Audiencia Nacional.

5. Los actos y disposiciones dictados por la Agencia Española de Protección de Datos, Comisión Nacional de los Mercados y la Competencia, Consejo de Transparencia y Buen Gobierno, Consejo Económico y Social, Instituto Cervantes, Consejo de Seguridad Nuclear, Consejo de Universidades, Autoridad Independiente de Protección del Informante, A.A.I., y Secciones Primera y Segunda de la Comisión de Propiedad Intelectual, directamente, ante la Sala de lo Contencioso-Administrativo de la Audiencia Nacional.

6. Las resoluciones del Ministro de Economía y Competitividad que resuelvan recursos de alzada contra actos dictados por el Instituto de Contabilidad y Auditoría de Cuentas, así como las resoluciones de carácter normativo dictadas por el Instituto de Contabilidad y Auditoría de Cuentas directamente, en única instancia, ante la Sala de lo Contencioso-Administrativo de la Audiencia Nacional.

7. Las resoluciones del Consejo Gestor del Fondo de apoyo a la solvencia de empresas estratégicas directamente, en única instancia, ante la Sala de lo Contencioso-administrativo de la Audiencia Nacional.

5.ª *Modificación del texto refundido de la Ley de Procedimiento Laboral.*—El artículo 3 del texto refundido de la Ley de Procedimiento Laboral, aprobado mediante Real Decreto legislativo 2/1995, de 7 de abril, queda redactado como sigue:

Disp. Adic. 4.ª5: Redactado por el art. 102.treinta y uno del RD-ley 6/2023, de 19 de diciembre (*BOE* del 20), por el que se aprueban medidas urgentes para la ejecución del Plan de Recuperación, Transformación y Resiliencia en materia de servicio público de justicia, función pública, régimen local y mecenazgo.

Disp. Adic. 4.ª6: Suprimido por la Ley 2/2011, de 4 de marzo (*BOE* del 5), de Economía Sostenible, ha sido añadido de nuevo por la Disp. Final 3.ª de la Ley 22/2015, de 20 de julio (*BOE* del 21), de Auditoría de Cuentas, con efectos desde el 17 de junio de 2016.

Disp. Adic. 4.ª7: El apartado fue, inicialmente, derogado por la Ley 3/2013, de 4 de junio (*BOE* del 5), de creación de la Comisión Nacional de los Mercados y la Competencia. Nuevamente añadido por la Disp. Final 2 del RD-ley 25/2020, de 3 de julio (*BOE* del 6), de medidas urgentes para apoyar la reactivación económica y el empleo.

Disp. Adic. 5.ª: Redactada por la Disp. Adic. 24.ª2 de la Ley 50/1998, de 30 de diciembre (*BOE* del 31), de Medidas Fiscales, Administrativas y del Orden Social.

«*1.   No conocerán los órganos   a)   De la tutela de los dere-*
jurisdiccionales del orden social: chos de libertad sindical y del

---

La Ley de Procedimiento Laboral de 1995 ha sido derogada y sustituida por la
Ley 36/2011, de 10 de octubre, reguladora de la jurisdicción social (*BOE* del 11),
cuyo art. 3.º dispone ahora lo siguiente:

«*Art. 3.º   Materias excluidas.*—No conocerán los órganos jurisdiccionales del
orden social:

»*a)*   De la impugnación directa de disposiciones generales de rango inferior a
la ley y decretos legislativos cuando excedan los límites de la delegación, aun en las
materias laborales, sindicales o de Seguridad Social enumeradas en el artículo anterior.

»*b)*   De las cuestiones litigiosas en materia de prevención de riesgos laborales que
se susciten entre el empresario y los obligados a coordinar con éste las actividades
preventivas de riesgos laborales y entre cualquiera de los anteriores y los sujetos o
entidades que hayan asumido frente a ellos, por cualquier título, la responsabilidad
de organizar los servicios de prevención.

»*c)*   De la tutela de los derechos de libertad sindical y del derecho de huelga relativa a los funcionarios públicos, personal estatutario de los servicios de salud y al
personal a que se refiere la letra *a)* del apartado 3 del artículo 1 del Texto Refundido
de la Ley del Estatuto de los Trabajadores.

»*d)*   De las disposiciones que establezcan las garantías tendentes a asegurar el
mantenimiento de los servicios esenciales de la comunidad en caso de huelga y, en
su caso, de los servicios o dependencias y los porcentajes mínimos de personal
necesario a tal fin, sin perjuicio de la competencia del orden social para conocer
de las impugnaciones exclusivamente referidas a los actos de designación concreta
del personal laboral incluido en dichos mínimos, así como para el conocimiento
de los restantes actos dictados por la autoridad laboral en situaciones de conflicto
laboral conforme al Real Decreto-ley 17/1977, de 4 de marzo, sobre Relaciones de
Trabajo.

»*e)*   De los pactos o acuerdos concertados por las Administraciones públicas con
arreglo a lo previsto en la Ley 7/2007, de 12 de abril, del Estatuto Básico del Empleado Público, que sean de aplicación al personal funcionario o estatutario de los
servicios de salud, ya sea de manera exclusiva o conjunta con el personal laboral; y
sobre la composición de las Mesas de negociación sobre las condiciones de trabajo
comunes al personal de relación administrativa y laboral.

»*f)*   De las impugnaciones de los actos administrativos en materia de Seguridad
Social relativos a inscripción de empresas, formalización de la protección frente
a riesgos profesionales, tarificación, afiliación, alta, baja y variaciones de datos de
trabajadores, así como en materia de liquidación de cuotas, actas de liquidación
y actas de infracción vinculadas con dicha liquidación de cuotas y con respecto a
los actos de gestión recaudatoria, incluidas las resoluciones dictadas en esta materia por su respectiva entidad gestora, en el supuesto de cuotas de recaudación
conjunta con las cuotas de Seguridad Social y, en general, los demás actos administrativos conexos a los anteriores dictados por la Tesorería General de la Seguridad Social; así como de los actos administrativos sobre asistencia y protección
social públicas en materias que no se encuentren comprendidas en las letras *o)* y
s) del artículo 2.

»*g)*   De las reclamaciones sobre responsabilidad patrimonial de las Entidades
Gestoras y Servicios Comunes de la Seguridad Social, así como de las demás entidades, servicios y organismos del Sistema Nacional de Salud y de los centros sani-

derecho a huelga relativa a los funcionarios públicos y al personal a que se refiere el artículo 1.3.a) del texto refundido de la Ley del Estatuto de los Trabajadores.

b) De las resoluciones dictadas por la Tesorería General de la Seguridad Social en materia de gestión recaudatoria o, en su caso, por las Entidades Gestoras en el supuesto de cuotas de recaudación conjunta, así como de las relativas a las actas de liquidación y de infracción.

c) De las pretensiones que versen sobre la impugnación de las disposiciones generales y actos de las Administraciones públicas sujetos al Derecho Administrativo en materia laboral, salvo los que se expresan en el apartado siguiente.

2. Los órganos jurisdiccionales del orden social conocerán de las pretensiones sobre:

a) Las resoluciones administrativas relativas a la imposición de cualesquiera sanciones por todo tipo de infracciones de orden social, con las excepciones previstas en la letra b) del apartado 1 de este artículo.

b) Las resoluciones administrativas relativas a regulación de empleo y actuación administrativa en materia de traslados colectivos.

3. En el plazo de nueve meses desde la entrada en vigor de esta Ley, el Gobierno remitirá a las Cortes Generales un proyecto de ley para incorporar a la Ley de Procedimiento Laboral las modalidades y especialidades procesales correspondientes a los supuestos del anterior número 2. Dicha Ley determinará la fecha de entrada en vigor de la atribución a la Jurisdicción del Orden Social de las materias comprendidas en el número 2 de este artículo.»

6.ª Modificación del texto articulado de la Ley de Bases sobre el procedimiento económico-administrativo.—El artículo 40 del texto articulado de la Ley de Bases 39/1980, de 5 de julio, sobre el procedimiento económico-administrativo, aprobado por Real Decreto legislativo 2.795/1980, de 12 de diciembre, queda redactado como sigue:

---

tarios concertados con ellas, sean estatales o autonómicos, por los daños y perjuicios causados por o con ocasión de la asistencia sanitaria, y las correspondientes reclamaciones, aun cuando en la producción del daño concurran con particulares o cuenten con un seguro de responsabilidad.

»*h*) De las pretensiones cuyo conocimiento y decisión esté reservado por la Ley Concursal a la jurisdicción exclusiva y excluyente del juez del concurso.»

Disp. Adic. 6.ª: La Ley 39/1980, de 5 de julio, de Bases sobre Procedimiento Económico-Administrativo, fue derogada por la Disp. Derog. única.1.*d*) de la Ley 58/2003,

«1. Las resoluciones del Ministro de Economía y Hacienda y del Tribunal Económico-Administrativo Central serán recurribles por vía contencioso-administrativa ante la Audiencia Nacional, salvo las resoluciones dictadas por el Tribunal Económico-Administrativo Central en materia de tributos cedidos, que serán recurribles ante el Tribunal Superior de Justicia competente.

2. Las resoluciones dictadas por los Tribunales Económico-Administrativos Regionales y Locales que pongan fin a la vía económico-administrativa serán recurribles ante el Tribunal Superior de Justicia competente.»

7.ª Los juzgados y tribunales del orden contencioso-administrativo también conocerán de las cuestiones que se promuevan entre Sociedad Estatal Correos y Telégrafos, S.A., y los empleados de ésta que conserven la condición de funcionarios y presten servicios en la misma, en los mismos términos en que conocen las cuestiones que se plantean entre los organismos públicos y su personal funcionario, atendiendo a la naturaleza específica de esta relación.

8.ª *Referencias al recurso de súplica.*—Las referencias en el articulado de esta Ley al recurso de súplica se entenderán hechas al recurso de reposición.

9.ª *Incidencia de las competencias de la Unión Europea en el proceso contencioso-administrativo tributario.*—1. De conformidad con lo dispuesto en el artículo 1 de esta Ley, cuando el recurso contencioso-administrativo tenga por objeto un acto administrativo que, relativo a una deuda aduanera, esté vinculado a una decisión adoptada por las instituciones de la Unión Europea, la revisión no podrá extenderse al contenido de dicha decisión.

De no proceder la anulación del acto administrativo recurrido en base al resto de alegacio-

---

de 17 de diciembre, General Tributaria (*BOE* del 18). Vid. de esta última Ley los arts. 226 a 249 del Capítulo IV («Reclamaciones económico-administrativas») del Título V («Revisión en vía administrativa»).

Disp. Adic. 7.ª: Añadida por la Disp. Adic. 14.ª9 de la LO 19/2003, de 23 de diciembre (*BOE* del 26), de modificación de la Ley Orgánica del Poder Judicial.

Disp. Adic. 8.ª: Añadida por el art. 14.67 de la Ley 13/2009, de 3 de noviembre (*BOE* del 4), de reforma de la legislación procesal para la implantación de la nueva Oficina judicial.

Disp. Adic. 9.ª: Añadida por la Disp. Final 3.ªuno de la Ley 34/2015, de 21 de septiembre (*BOE* del 22), de modificación parcial de la Ley 58/2003, de 17 de diciembre, General Tributaria.

nes del demandante, en el supuesto de que la normativa de la Unión Europea haga depender la no contracción *a posteriori*, la condonación o la devolución de la deuda aduanera de una Decisión de la Comisión Europea, y el acto objeto de recurso haya sido dictado sin someter dicha cuestión a la Comisión, el órgano jurisdiccional deberá pronunciarse sobre si, conforme a lo dispuesto en la normativa de la Unión Europea, procede tal sometimiento. Si el órgano jurisdiccional entiende que dicho sometimiento es procedente, suspenderá el procedimiento e instará a la Administración Tributaria para que someta el asunto a la Comisión en el plazo máximo de dos meses.

2. Cuando el acto relativo a la liquidación de una deuda aduanera objeto de recurso, haya sido sometido a una decisión de las instituciones de la Unión Europea que haya de pronunciarse sobre la no contracción *a posteriori*, la devolución o la condonación de dicha deuda, se suspenderá el curso de los autos desde que esa circunstancia se ponga en conocimiento del órgano jurisdiccional y hasta que sea firme la resolución adoptada por dichas instituciones.

Igualmente procederá la suspensión del curso de los autos, exclusivamente respecto de los elementos de la obligación tributaria que sean objeto del procedimiento amistoso, desde que se inicie el procedimiento amistoso en materia de imposición directa a que se refiere la disposición adicional primera del texto refundido de la Ley del Impuesto sobre la Renta de no Residentes, aprobado por Real Decreto Legislativo 5/2004, de 5 de marzo, hasta que finalice dicho procedimiento amistoso.

En los procedimientos tramitados al amparo del Convenio 90/436/CEE y en los casos en los que la existencia de sanciones excluya el acceso a la fase arbitral del procedimiento amistoso, lo establecido en el párrafo anterior no será de aplicación cuando se haya interpuesto cualquier recurso en vía contencioso-administrativa contra las sanciones.

Disp. Adic. 9.ª2: Modificado por el art. 218 del RD-ley 3/2020, de 4 de febrero (*BOE* del 5), de medidas urgentes por el que se incorporan al ordenamiento jurídico español diversas directivas de la Unión Europea en el ámbito de la contratación pública en determinados sectores; de seguros privados; de planes y fondos de pensiones; del ámbito tributario y de litigios fiscales. Conforme a la Disp. Trans. 8.ª, lo dispuesto en el tercer párrafo del apartado modificado, será de aplicación a los procedimientos amistosos iniciados a partir del 12 de octubre de 2015.

10.ª *Delitos contra la Hacienda pública.*—De conformidad con lo dispuesto en el artículo 3.*a*) de esta Ley, no corresponde al orden jurisdiccional contencioso-administrativo conocer de las pretensiones que se deduzcan respecto de las actuaciones tributarias vinculadas a delitos contra la Hacienda Pública que se dicten al amparo del Título VI de la Ley 58/2003, de 17 de diciembre, General Tributaria, salvo lo previsto en los artículos 256 y 258.3 de la misma.

Una vez iniciado el correspondiente proceso penal por delito contra la Hacienda Pública, tampoco corresponderá al orden jurisdiccional contencioso-administrativo conocer de las pretensiones que se deduzcan respecto de las medidas cautelares adoptadas al amparo del artículo 81 de la Ley 58/2003, de 17 de diciembre, General Tributaria.

11.ª *Referencias al expediente administrativo contenidas en la Ley 29/1998, de 13 de julio, reguladora de la Jurisdicción Contencioso-administrativa.*— Todas las referencias al expediente administrativo contenidas en la Ley 29/1998, de 13 de julio, reguladora de la Jurisdicción Contencioso-administrativa, se entenderán hechas al expediente administrativo en soporte electrónico.

DISPOSICIONES TRANSITORIAS

1.ª *Asuntos de la competencia de los Juzgados de lo Contencioso-administrativo.*—1. Los procesos pendientes ante las Salas de lo Contencioso-administrativo de los Tribunales Superiores de Justicia cuya competencia corresponda, conforme a esta Ley, a los Juzgados de lo Contencioso-administrativo, continuarán tramitándose ante dichas Salas hasta su conclusión.

2. En tanto no entren en funcionamiento los Juzgados de lo Contencioso-administrativo, las Salas de lo Contencioso-administrativo de los Tribunales Superiores de Jus-

---

Disp. Adic. 10.ª: Añadida por la Disp. Final 3.ªdos de la Ley 34/2015, de 21 de septiembre (*BOE* del 22), de modificación parcial de la Ley 58/2003, de 17 de diciembre, General Tributaria.
Disp. Adic. 11.ª: Añadida por el art. 102.treinta y dos del RD-ley 6/2023, de 19 de diciembre (*BOE* del 20), por el que se aprueban medidas urgentes para la ejecución del Plan de Recuperación, Transformación y Resiliencia en materia de servicio público de justicia, función pública, régimen local y mecenazgo.

ticia ejercerán competencia para conocer de los procesos que, conforme a esta Ley, se hayan atribuido a los Juzgados. En estos casos, el régimen de recursos será el establecido en esta Ley para las sentencias dictadas en segunda instancia por las Salas de lo Contencioso-administrativo de los Tribunales Superiores de Justicia.

2.ª *Procedimiento ordinario.*—1. Los recursos contencioso-administrativos interpuestos con anterioridad a la entrada en vigor de esta Ley continuarán sustanciándose conforme a las normas que regían a la fecha de su iniciación.

2. No obstante, cuando el plazo para dictar sentencia en tales procesos se hubiere iniciado con posterioridad a la entrada en vigor de esta Ley, se hará aplicación en la sentencia de lo dispuesto en la sección 8.ª del capítulo I del Título IV. Si hubiera de aplicarse un precepto que supusiera innovación, se otorgará a las partes un plazo común extraordinario de diez días para oírlas sobre ello.

3. Serán asimismo aplicables las reglas de la sección 9.ª del capítulo I del Título IV a todos los recursos contencioso-administrativos en que no se hubiese dictado sentencia a la entrada en vigor de esta Ley.

3.ª *Recursos de casación.*— 1. El régimen de los distintos recursos de casación regulados en esta Ley será de plena aplicación a las resoluciones de las Salas de lo Contencioso-administrativo de la Audiencia Nacional y de los Tribunales Superiores de Justicia que se dicten con posterioridad a su entrada en vigor y a las de fecha anterior cuando al producirse aquélla no hubieren transcurrido los plazos establecidos en la normativa precedente para preparar o interponer el recurso de casación que procediera. En este último caso, el plazo para preparar o interponer el recurso de casación que corresponda con arreglo a esta Ley se contará desde la fecha de su entrada en vigor.

2. Los recursos de casación preparados con anterioridad a la entrada en vigor de esta Ley se regirán por la legislación anterior.

4.ª *Ejecución de sentencias.*—La ejecución de las sentencias firmes dictadas después de la entrada en vigor de esta Ley se llevará a cabo según lo dispuesto en ella. Las dictadas con anterioridad de las que no constare en autos su total ejecución se ejecutarán en lo pendiente con arreglo a la misma.

5.ª *Procedimiento especial para la protección de los dere-*

chos fundamentales de la persona.—Los recursos interpuestos en materia de protección de los derechos fundamentales de la persona con anterioridad a la entrada en vigor de esta Ley continuarán sustanciándose por las normas que regían a la fecha de su iniciación.

6.ª *Cuestión de ilegalidad.*—La cuestión de ilegalidad sólo podrá plantearse en todos los procedimientos cuya sentencia adquiera firmeza desde la entrada en vigor de esta Ley.

7.ª *Procedimiento especial en materia de suspensión administrativa de acuerdos.*—El régimen del procedimiento especial en los casos de suspensión administrativa de acuerdos regu-

lado en el artículo 127 será de aplicación a las impugnaciones y traslados de actos suspendidos que tengan lugar con posterioridad a su entrada en vigor, aunque dichos actos hubieran sido dictados antes de esa fecha.

8.ª *Medidas cautelares.*—En los procedimientos pendientes a la entrada en vigor de esta Ley podrán solicitarse y acordarse las medidas cautelares previstas en el capítulo II del Título VI.

9.ª *Costas procesales.*—El régimen de costas procesales establecido en esta Ley será aplicable a los procesos y a los recursos que se inicien o promuevan con posterioridad a su entrada en vigor.

DISPOSICIONES DEROGATORIAS

1.ª *Cláusula general de derogación.*—Quedan derogadas todas las normas de igual o inferior rango en lo que se opongan a la presente Ley.

2.ª *Derogación de normas.*—Quedan derogadas las siguientes disposiciones:

a) La Ley reguladora de la Jurisdicción Contencioso-administrativa, de 27 de diciembre de 1956.

b) Los artículos 114 y 249 de la Ley 118/1973, de 12 de enero, texto refundido de la Ley de Reforma y Desarrollo Agrario.

c) Los artículos 6, 7, 8, 9 y 10 de la Ley 62/1978, de 26 de diciembre, de Protección Jurisdiccional de los Derechos Fundamentales de la Persona.

d) El apartado 3 del artículo 110 de la Ley 30/1992, de 26 de noviembre, de Régimen Jurídico de las Administraciones Públicas y del Procedimiento Administrativo Común.

DISPOSICIONES FINALES

1.ª *Supletoriedad de la Ley de Enjuiciamiento Civil.*—En lo no previsto por esta Ley, regirá como supletoria la de Enjuiciamiento Civil.

2.ª *Desarrollo de la Ley.*— Se autoriza al Gobierno a dictar cuantas disposiciones de aplicación y desarrollo de la presente Ley sean necesarias. En concreto, en el plazo de un año a partir de la entrada en vigor de esta Ley, el Gobierno, a propuesta del Consejo General del Poder Judicial, regulará la organización y régimen de acceso al Registro previsto en la disposición adicional tercera. Al mismo tiempo, el Gobierno elaborará los programas

necesarios para la instauración de los órganos unipersonales de lo contencioso-administrativo en el período comprendido entre 1998 y 2000, correspondiendo al Consejo General del Poder Judicial y al Ministerio de Justicia o, en su caso, al órgano competente de la Comunidad Autónoma el desarrollo y ejecución, dentro del ámbito de sus respectivas competencias.

3.ª *Entrada en vigor.*—La presente Ley entrará en vigor a los cinco meses de su publicación en el *Boletín Oficial del Estado*, sin perjuicio de lo establecido en la Disposición Adicional Quinta.

Disp. Final 1.ª: V. art. 4.º de la Ley 1/2000, de 7 de enero (*BOE* del 8), de Enjuiciamiento Civil.

Disp. Final 3.ª: Redactada por la Disp. Adic. 24.ª3 de la Ley 50/1998, de 30 de diciembre (*BOE* del 31), de Medidas Fiscales, Administrativas y del Orden Social.

MODIFICACIONES A LA LEY REGULADORA DE LA JURISDICCIÓN CONTENCIOSO-ADMINISTRATIVA

LEY 50/1998, DE 30 DE DICIEMBRE, DE MEDIDAS FISCALES, ADMINISTRATIVAS Y DEL ORDEN SOCIAL

(*BOE* n.º 313, de 31 diciembre de 1998)

....

DISPOSICIONES ADICIONALES

....

24.ª *Modificación de la Ley 29/1998, de 13 de julio, reguladora de la Jurisdicción Contencioso-administrativa.*—Uno. Se adiciona un sexto párrafo a la Disposición Adicional Cuarta,

«Recursos contra determinados actos, resoluciones y disposiciones», redactado en los siguientes términos:

....

Dos. La disposición adicional quinta tendrá la redacción siguiente:

....

Tres. La disposición final tendrá la redacción siguiente:

....

LEY 41/1999, DE 12 DE NOVIEMBRE, SOBRE SISTEMAS DE PAGOS Y DE LIQUIDACIÓN DE VALORES

(*BOE* n.º 272, de 13 de noviembre de 1999)

....

DISPOSICIONES ADICIONALES

....

7.ª Se modifica la disposición adicional cuarta de la Ley

29/1998, de 13 de julio, reguladora de la Jurisdicción Contencioso-administrativa, incorporando un punto 6 a su actual redacción:

....

LEY 1/2000, DE 7 DE ENERO, DE ENJUICIAMIENTO CIVIL

(*BOE* n.º 7, de 8 de enero de 2000; corrección de errores en *BOE* n.º 90, de 14 de abril, y n.º 180, de 28 de julio de 2001)

....

DISPOSICIONES FINALES

....

14.ª *Reforma de la Ley Reguladora de la Jurisdicción Contencioso-administrativa.—* 1. Se añade un segundo párrafo al apartado quinto del artículo 8 de la Ley 29/1998, de 13 de julio, Reguladora de la Jurisdicción Contencioso-administrativa, con la siguiente redacción:

....

2. El apartado tercero del artículo 87 de la Ley 29/1998, de 13 de julio, Reguladora de la Jurisdicción Contencioso-administrativa, quedará redactado en los siguientes términos:

....

LEY ORGÁNICA 4/2003, DE 21 DE MAYO, COMPLEMENTARIA DE LA LEY DE PREVENCIÓN Y BLOQUEO DE LA FINANCIACIÓN DEL TERRORISMO, POR LA QUE SE MODIFICAN LA LEY ORGÁNICA 6/1985, DE 1 DE JULIO, DEL PODER JUDICIAL, Y LA LEY 29/1998, DE 13 DE JULIO, REGULADORA DE LA JURISDICCIÓN CONTENCIOSO-ADMINISTRATIVA

(*BOE* n.º 122, de 22 de mayo de 2003)

....

Art. 2.º *Modificación de la Ley reguladora de la Jurisdicción Contencioso-administrativa.*—Se añade un párrafo *e*) al artículo 11.1 de la Ley 29/1998, de 13 de julio, reguladora de la Jurisdicción Contencioso-administrativa, con el siguiente texto:

....

LEY ORGÁNICA 19/2003, DE 23 DE DICIEMBRE, DE MODIFICACIÓN DE LA LEY ORGÁNICA 6/1985, DE 1 DE JULIO, DEL PODER JUDICIAL

(*BOE* n.º 309, de 26 de diciembre de 2003)

....

DISPOSICIONES ADICIONALES

....

14.ª *Reforma de la Ley 29/1998, de 13 de julio, reguladora de la Jurisdicción Contencioso-administrativa.*—Se introducen las siguientes modificaciones en la Ley 29/1998, de 13 de julio, reguladora de la Jurisdicción Contencioso-administrativa:

Uno. El artículo 2.*e*) queda redactado de la siguiente forma:

....

Dos. El artículo 8 pasa a tener la siguiente redacción:

....

Tres. El artículo 9 pasa a tener la siguiente redacción:

....

Cuatro. El artículo 21.1 queda redactado de la siguiente forma:

....

Cinco. El artículo 37 pasa a tener la siguiente redacción:

....

Seis. El artículo 78.1 queda redactado de la siguiente forma:

....

Siete. El artículo 80.2 queda redactado de la siguiente forma:

....

Ocho. El artículo 110 queda redactado de la siguiente forma:

....

Nueve. Se añade una nueva disposición adicional séptima, con el siguiente texto:

....

LEY 62/2003, DE 30 DE DICIEMBRE, DE MEDIDAS FISCALES, ADMINISTRATIVAS Y DEL ORDEN SOCIAL

(*BOE* n.º 313, de 31 de diciembre de 2003; corrección de errores en *BOE* n.º 79, de 1 de abril de 2004)

....

CAPÍTULO IV

DEL PROCEDIMIENTO
CONTENCIOSO-ADMINISTRATIVO

Art. 86. *Modificación de la Ley 29/1998, de 13 de julio, reguladora de la Jurisdicción Contencioso-administrativa.*—Se modifican los siguientes preceptos de la Ley 29/1998, de 13 de julio, reguladora de la Jurisdicción Contencioso-administrativa.

Uno. Se modifican los apartados 7 y 8 del artículo 48 de la Ley reguladora de la Jurisdicción Contencioso-administrativa, que quedarán redactados como sigue:

....

Dos. Se modifica el artículo 112 de la Ley reguladora de la Jurisdicción Contencioso-administrativa, que quedará redactado como sigue:

....

LEY ORGÁNICA 7/2006, DE 21 DE NOVIEMBRE, DE PROTECCIÓN DE LA SALUD Y DE LUCHA CONTRA EL DOPAJE EN EL DEPORTE

(*BOE* n.º 279, de 22 de noviembre de 2006)

....

DISPOSICIONES FINALES

....

2.ª *Modificaciones de la Ley 29/1998, de 13 de julio, reguladora de la Jurisdicción Contencioso-administrativa.*—Uno. Se adiciona una letra *f*) en el artículo 9 de la Ley 29/1998, de 13 de julio, Reguladora de la Jurisdicción Contencioso-administrativa.

....

Dos. Se introduce una nueva redacción al apartado primero del artículo 78 de la Ley 29/1998, de 13 de julio, reguladora de la Jurisdicción Contencioso-administrativa.

....

LEY ORGÁNICA 3/2007, DE 22 DE MARZO, PARA LA IGUALDAD EFECTIVA DE MUJERES Y HOMBRES

(*BOE* n.º 71, de 23 de marzo de 2007)

....

DISPOSICIONES ADICIONALES

....

6.ª *Modificaciones de la Ley reguladora de la Jurisdicción Contencioso Administrativa.—* Se modifica la Ley 29/1998, de 13 de julio, reguladora de la Jurisdicción Contencioso-administrativa en los siguientes términos:

Uno. Se añade una letra *i)* al apartado 1 del artículo 19, con la siguiente redacción:

....

Dos. Se añade un nuevo apartado 7 al artículo 60, con la siguiente redacción:

....

LEY 15/2007, DE 3 DE JULIO, DE DEFENSA DE LA COMPETENCIA

(*BOE* n.º 159, de 4 de julio de 2007)

....

DISPOSICIONES ADICIONALES

....

7.ª *Modificación de la Ley 29/1998, de 13 de julio, reguladora de la Jurisdicción Contencioso-administrativa.*—Uno. Se da nueva redacción al artículo 8.6 de la Ley 29/1998, de 13 de julio, reguladora de la Jurisdicción Contencioso-administrativa, en los términos siguientes:

....

Dos. Se da nueva redacción al artículo 10.1 de la Ley 29/1998, de 13 de julio, reguladora de la Jurisdicción Contencioso-administrativa, en los términos siguientes:

....

Tres. Se modifica el apartado 3 de la disposición adicional cuarta de la Ley 29/1998, de 13 de julio, reguladora de la Jurisdicción Contencioso-administrativa, con la siguiente redacción:

....

LEY 13/2009, DE 3 DE NOVIEMBRE, DE REFORMA DE LA LEGISLACIÓN PROCESAL PARA LA IMPLANTACIÓN DE LA NUEVA OFICINA JUDICIAL

(*BOE* n.º 266, de 4 de noviembre de 2009)

....

Art. 14. *Modificación de la Ley 29/1998, de 13 de julio, reguladora de la Jurisdicción Contencioso-administrativa.*—Se modifica la Ley 29/1998, de 13 de julio, reguladora de la Jurisdicción Contencioso-administrativa, en los siguientes términos:

Uno. Se añade un párrafo segundo a la regla segunda del apartado 1 del artículo 14, con la siguiente redacción:

....

Dos. El apartado 2 del artículo 35 queda redactado como sigue:

....

Tres. El apartado 2 del artículo 36 queda redactado como sigue:

....

Cuatro. Los apartados 2 y 3 del artículo 37 quedan redactados como sigue:

....

Cinco. El apartado 2 del artículo 38 queda redactado como sigue:

....

Seis. El artículo 40 queda redactado como sigue:

....

Siete. El apartado 2 del artículo 42 se modifica en los siguientes términos:

....

Ocho. El apartado 3 del artículo 45 queda redactado como sigue:

....

Nueve. El artículo 47 queda redactado como sigue:

....

Diez. Los apartados 1, 5 y 7 del artículo 48 quedan redactados como sigue:

....

Once. Los apartados 3 y 4 del artículo 49 quedan redactados como sigue:

....

Doce. El inciso primero del apartado 1 del artículo 51 queda redactado como sigue:

....

Trece. El apartado 1 del artículo 52 queda redactado como sigue:

....

Catorce. El artículo 53 queda redactado como sigue:

....

Quince. El artículo 54 queda redactado como sigue:

....

Dieciséis. El apartado 3 del artículo 55 queda redactado como sigue:

....

Diecisiete. El apartado 2 del artículo 56 queda redactado como sigue:

....

Dieciocho. El artículo 57 queda redactado como sigue:

....

Diecinueve. Los apartados 1 y 4 del artículo 59 quedan redactados como sigue:

....

Veinte. Los apartados 2 y 6 del artículo 60 quedan redactados como sigue:

....

Veintiuno. El apartado 4 del artículo 61 queda redactado como sigue:

....

Veintidós. Los apartados 2 y 3 del artículo 62 quedan redactados como sigue:

....

Veintitrés. El artículo 63 queda redactado como sigue:

....

Veinticuatro. Los apartados 3, 4 y 8 del artículo 74 quedan redactados como sigue:

....

Veinticinco. El apartado 2 del artículo 76 queda redactado como sigue:

....

Veintiséis. Se modifican los apartados 3, 4, 5, 13, 18, 21 y 22 del artículo 78 que quedan redactados de la siguiente manera:

....

Veintisiete. Se modifica la rúbrica del Capítulo III del Título IV, que queda redactada como sigue:

....

Veintiocho. Se suprime el apartado 5 y se modifican los apartados 2 y 4 del artículo 79, que quedan redactados como sigue:

....

Veintinueve. El apartado 1 del artículo 81 queda redactado como sigue:

....

Treinta. El apartado 4 del artículo 84 queda redactado como sigue:

....

Treinta y uno. Se modifican los apartados 1, 2, 4, 5 y 8 del artículo 85 que quedan redactados como sigue:

....

Treinta y dos. Se modifica la letra b) del apartado 2 del artículo 86, que queda redactada como sigue:

....

Treinta y tres. El apartado 4 del artículo 89 tendrá la siguiente redacción:

....

Treinta y cuatro. El artículo 90 queda redactado como sigue:

....

Treinta y cinco. Los apartados 3 y 4 del artículo 91 quedan redactados como sigue:

....

Treinta y seis. Los apartados 2 y 4 del artículo 92 quedan redactados como sigue:

....

Treinta y siete. El apartado 1 del artículo 93 tendrá la siguiente redacción:

....

Treinta y ocho. Los apartados 1 y 2 del artículo 94 quedan redactados como sigue:

....

Treinta y nueve. El apartado 3 del artículo 96 queda redactado como sigue:

....

Cuarenta. Los apartados 2, 3, 4 y 6 del artículo 97 quedan redactados como sigue:

....

Cuarenta y uno. El apartado 2 del artículo 99 queda redactado como sigue:

....

Cuarenta y dos. Los apartados 3, 4 y 5 del artículo 100 quedan redactados como sigue:

....

Cuarenta y tres. Se modifica la rúbrica de la Sección 6.ª del Capítulo III del Título IV, que queda redactada como sigue:

....

Cuarenta y cuatro. Los apartados 2 y 3 del artículo 102 quedan redactados como sigue:

....

Cuarenta y cinco. Se adiciona una nueva Sección 7.ª al Capítulo III del Título IV, con la siguiente redacción:

....

Cuarenta y seis. El apartado 1 del artículo 104 queda redactado como sigue:

....

Cuarenta y siete. El artículo 107 queda redactado como sigue:

....

Cuarenta y ocho. El apartado 2 del artículo 109 queda redactado como sigue:

....

Cuarenta y nueve. El apartado 4 del artículo 110 queda redactado como sigue:

....

Cincuenta. El artículo 111 queda redactado como sigue:

....

Cincuenta y uno. Se modifica el párrafo segundo del artículo 112, que queda redactado como sigue:

....

Cincuenta y dos. Los apartados 1 y 5 del artículo 116 quedan redactados como sigue:

....

Cincuenta y tres. Los apartados 1 y 2 del artículo 117 quedan redactados como sigue:

....

Cincuenta y cuatro. El artículo 118 queda redactado como sigue:

....

Cincuenta y cinco. El artículo 119 queda redactado como sigue:

....

Cincuenta y seis. El apartado 2 del artículo 122 queda redactado como sigue:

....

Cincuenta y siete. El artículo 124 queda redactado como sigue:

....

Cincuenta y ocho. Los apartados 2 y 3 del artículo 125 quedan redactados como sigue:

....

Cincuenta y nueve. El apartado 3 del artículo 126 queda redactado como sigue:

....

Sesenta. Los apartados 3 y 4 del artículo 127 quedan redactados como sigue:

....

Sesenta y uno. El apartado 1 del artículo 128 queda redactado como sigue:

....

Sesenta y dos. El artículo 131 queda redactado como sigue:

....

Sesenta y tres. Se añade un párrafo segundo al artículo 135, con la siguiente redacción:

....

Sesenta y cuatro. El apartado 2 del artículo 136 queda redactado como sigue:

....

Sesenta y cinco. El apartado 2 del artículo 138 queda redactado como sigue:

....

Sesenta y seis. Los apartados 5 y 7 de la disposición adicional cuarta quedan redactados como sigue:

....

Sesenta y siete. Se introduce una disposición adicional octava con el siguiente contenido:

....

LEY ORGÁNICA 1/2010, DE 19 DE FEBRERO, DE MODIFICACIÓN DE LAS LEYES ORGÁNICAS DEL TRIBUNAL CONSTITUCIONAL Y DEL PODER JUDICIAL

(*BOE* n.º 45, de 20 de febrero de 2010)

....

DISPOSICIÓN ADICIONAL

Única. *Modificación de la Ley 29/1998, de 13 de julio, re-* *guladora de la Jurisdicción Contencioso-administrativa.—* Se añade una letra *d*) al artículo 3 de esta Ley, que quedará redactado como sigue:

....

LEY 34/2010, DE 5 DE AGOSTO, DE MODIFICACIÓN DE LAS LEYES 30/2007, DE 30 DE OCTUBRE, DE CONTRATOS DEL SECTOR PÚBLICO, 31/2007, DE 30 DE OCTUBRE, SOBRE PROCEDIMIENTOS DE CONTRATACIÓN EN LOS SECTORES DEL AGUA, LA ENERGÍA, LOS TRANSPORTES Y LOS SERVICIOS POSTALES, Y 29/1998, DE 13 DE JULIO, REGULADORA DE LA JURISDICCIÓN CONTENCIOSO-ADMINISTRATIVA PARA ADAPTACIÓN A LA NORMATIVA COMUNITARIA DE LAS DOS PRIMERAS

(*BOE* n.º 192, de 9 de agosto de 2010)

....

Art. 3.º *Modificación de la Ley 29/1998, de 13 de julio, reguladora de la Jurisdicción Contencioso-administrativa.*— Uno.   La letra *k*) del apartado 1 del artículo 10 de la Ley de la Jurisdicción Contencioso-administrativa pasa a ser la letra *m*) y se añaden dos nuevos párrafos *k*) y *l*) a dicho apartado 1 con la siguiente redacción:

....

Dos.   Se añade una nueva letra *f*) al apartado 1 del artículo 11 de la Ley de la Jurisdicción Contencioso-administrativa con la siguiente redacción:

....

Tres.   Se añade un apartado 4 al artículo 19 con la siguiente redacción:

....

Cuatro.   Se añade al artículo 21 un nuevo apartado, el 3, pasando el actual 3 a ser el 4, con la siguiente redacción:

....

Cinco.   Se añade un nuevo párrafo al apartado 1 del artículo 44, del siguiente tenor:

....

Seis.   Se añade un nuevo párrafo al apartado 1 del artículo 49, en los siguientes términos:

....

LEY 2/2011, DE 4 DE MARZO, DE ECONOMÍA SOSTENIBLE

(*BOE* n.º 55, de 5 de marzo de 2011)

....

DISPOSICIONES FINALES

....

43.ª *Modificación de la Ley 34/2002, de 11 de julio, de Servicios de la Sociedad de la Información y de Comercio Electrónico, el Real Decreto legislativo 1/1996, de 12 de abril, por el que se aprueba el Texto Refundido de la Ley de Propiedad Intelectual y la Ley 29/1998, de 13 de julio, reguladora de la Jurisdicción Contencioso-administrativa, para la protección de la propiedad intelectual en el ámbito de la sociedad de la información y de comercio electrónico.—* [...] Cinco. Se modifica el artículo 9 de la Ley 29/1998, de 13 de julio, reguladora de la Jurisdicción Contencioso-administrativa, numerando su texto actual como apartado 1 y añadiendo un apartado 2, con el contenido siguiente:

....

Seis. Se modifica la letra *d*) del apartado 1 del artículo 80 de la Ley 29/1998, de 13 de julio, reguladora de la Jurisdic-

ción Contencioso-administrativa, con el siguiente tenor:

....

Siete. Se introduce un nuevo artículo 122 bis en la Ley 29/1998, de 13 de abril, reguladora de la Jurisdicción Contencioso-administrativa, con el siguiente tenor:

....

Ocho. Se modifica el apartado 5 de la disposición adicional cuarta de la Ley 29/1998, de 13 de julio, reguladora de la Jurisdicción Contencioso-administrativa, con el siguiente tenor:

....

Nueve. Se suprime el apartado 6 de la disposición adicional cuarta de la Ley 29/1998, de 13 de julio, reguladora de la Jurisdicción Contencioso-administrativa, que se añadió por la disposición adicional vigésima cuarta, punto 1, de la Ley 50/1998, de 30 de diciembre, de Medidas Fiscales, Administrativas y del Orden Social.

....

_____

Disp. Final 43.ªsiete: Debería decir «13 de julio».

REAL DECRETO-LEY 11/2011, DE 26 DE AGOSTO, POR EL QUE SE CREA LA COMISIÓN DE REGULACIÓN ECONÓMICA AEROPORTUARIA, SE REGULA SU COMPOSICIÓN Y FUNCIONES, Y SE MODIFICA EL RÉGIMEN JURÍDICO DEL PERSONAL LABORAL DE AENA

(*BOE* n.º 208, de 30 de agosto de 2011)

....

DISPOSICIONES FINALES

....

2.ª *Modificación de la Ley 29/1998, de 13 de julio, reguladora de la Jurisdicción Contencioso-administrativa.*—Se modifica la disposición adicional cuarta, apartado 5, de la Ley 29/1998, de 13 de julio, reguladora de la Jurisdicción Contencioso-administrativa, que pasa a tener la siguiente redacción:

....

7.ª *Entrada en vigor.*—Este real decreto-ley entrará en vigor el día siguiente al de su publicación en el *Boletín Oficial del Estado*.

LEY 37/2011, DE 10 DE OCTUBRE, DE MEDIDAS DE AGILIZACIÓN PROCESAL

(*BOE* n.º 245, de 11 de octubre de 2011)

....

Art. 3.º *Modificación de la Ley 29/1998, de 13 de julio, reguladora de la Jurisdicción Contencioso-administrativa.*— Se modifica la Ley 29/1998, de 13 de julio, reguladora de la Jurisdicción Contencioso-administrativa, en los siguientes términos:

Uno. El apartado 4 del artículo 8 queda redactado en los siguientes términos:

....

Dos. El apartado 1, regla segunda, del artículo 14 queda redactado en los siguientes términos:

....

Tres. Los apartados 1, 2 y 4 del artículo 60 quedan redactados en los siguientes términos:

....

Cuatro. Se da una nueva redacción al apartado 1 y se añade un tercer párrafo al apartado 3, del artículo 78, que quedan redactados como sigue:

....

Cinco. El apartado 1.*a*) del artículo 81 queda redactado en los siguientes términos:

....

Seis. El apartado 2.*b*) del artículo 86 queda redactado en los siguientes términos:

....

Siete. El apartado 3 del artículo 96 queda redactado en los siguientes términos:

....

Ocho. El apartado 2 del artículo 99 queda redactado en los siguientes términos:

....

Nueve. El artículo 104 queda redactado en los siguientes términos:

....

Diez. El artículo 135 queda redactado en los siguientes términos:

....

Once. Se da una nueva redacción al apartado 1 del artículo 139, que queda redactado en los siguientes términos:

....

DISPOSICIÓN TRANSITORIA

Única. *Procesos en trámite.*—Los procesos que estuvieren en trámite en cualquiera de sus instancias a la entrada en vigor de la presente Ley, continuarán sustanciándose hasta que recaiga sentencia en dicha instancia conforme a la legislación procesal anterior.

....

DISPOSICIONES FINALES

....

3.ª *Entrada en vigor.*—La presente Ley entrará en vigor a los veinte días de su publicación oficial en el *Boletín Oficial del Estado*.

REAL DECRETO-LEY 24/2012, DE 31 DE AGOSTO, DE REESTRUCTURACIÓN Y RESOLUCIÓN DE ENTIDADES DE CRÉDITO

(*BOE* n.º 210, de 31 de agosto de 2012; corrección de errores en *BOE* n.º 221, de 13 de septiembre)

....

DISPOSICIONES FINALES

....

5.ª *Modificación de la Ley 29/1998, de 13 de julio, reguladora de la Jurisdicción Contencioso-administrativa.*—Se añade una nueva letra *g*) al apartado 1 del artículo 11 de la Ley 29/1998, de 13 de julio, reguladora de la Jurisdicción Contencioso-administrativa, con la siguiente redacción:

....

16.ª *Entrada en vigor.*— Este real decreto-ley entrará en vigor desde el momento de su publicación en el *Boletín Oficial del Estado.*

LEY 9/2012, DE 14 DE NOVIEMBRE, DE REESTRUCTURACIÓN Y RESOLUCIÓN DE ENTIDADES DE CRÉDITO

(*BOE* n.º 275, de 15 de noviembre de 2012)

....

DISPOSICIONES FINALES

....

5.ª *Modificación de la Ley 29/1998, de 13 de julio, reguladora de la Jurisdicción Contencioso-administrativa.*—Se añade una nueva letra g) al apartado 1 del artículo 11 de la Ley 29/1998, de 13 de julio, reguladora de la Jurisdicción Contencioso-administrativa, con la siguiente redacción:

....

22.ª *Entrada en vigor.*— Esta Ley entrará en vigor desde el momento de su publicación en el *Boletín Oficial del Estado*.

LEY 10/2012, DE 20 DE NOVIEMBRE, POR LA QUE SE REGULAN DETERMINADAS TASAS EN EL ÁMBITO DE LA ADMINISTRACIÓN DE JUSTICIA Y DEL INSTITUTO NACIONAL DE TOXICOLOGÍA Y CIENCIAS FORENSES

(*BOE* n.º 280, de 21 de noviembre de 2012)

PREÁMBULO

I

La Ley 53/2002, de 30 de diciembre, de Medidas Fiscales, Administrativas y del Orden Social, recuperó en el ámbito de la Administración de Justicia la tasa por el ejercicio de la potestad jurisdiccional. Este modelo ha sido objeto de alguna modificación reciente, en particular por la Ley 4/2011, de 24 de marzo, de modificación de la Ley 1/2000, de 7 de enero, de Enjuiciamiento Civil, para facilitar la aplicación en España de los procesos europeos monitorio y de escasa cuantía, que extendió el pago de la tasa a los procesos monitorios, ante las distorsiones que entonces se detectaron. Poco después la Ley 37/2011, de 10 de octubre, de Medidas de Agilización Procesal, también introdujo algún ajuste, matizando la reforma anterior.

A pesar de esas reformas parciales, subsisten desajustes en este ámbito que justifican la adopción de una nueva normativa que permita profundizar en determinados aspectos de las tasas judiciales, en especial los que el Tribunal Constitucional declaró conformes a nuestra norma fundamental en su sentencia 20/2012, de 16 de febrero de 2012.

El derecho a la tutela judicial efectiva no debe ser confundido con el derecho a la justicia gratuita. Se trata de dos realidades jurídicas diferentes. Desde el momento en que la Constitución encomienda al legislador la regulación del alcance de esta última, está reconociendo que el ciudadano puede pagar por los servicios que recibe de la Administración de Justicia. Sólo en aquellos supuestos en los que se acredite «insuficiencia de recursos para litigar» es la propia Constitución la que consagra la gratuidad de la justicia.

La Ley pone todo el cuidado en que la regulación de la «tasa por el ejercicio de la potestad jurisdiccional en los órdenes civil, contencioso-administrativo y social» no afecte al derecho a acceder a la justicia como componente básico del derecho fundamental a la tutela judicial efectiva proclamado por el artículo 24 de la Constitución, de acuerdo con la jurisprudencia a este respecto del Tribunal Constitucional.

La reciente sentencia del Tribunal Constitucional no sólo ha venido a confirmar la constitucionalidad de las tasas, sino que además expresamente reconoce la viabilidad de un modelo en el que parte del coste de la Administración de Justicia sea soportado por quienes más se benefician de ella.

Con esta asunción por los ciudadanos que recurren a los tribunales de parte del coste que ello implica se pretende racionalizar el ejercicio de la potestad jurisdiccional, al mismo tiempo que la tasa aportará unos mayores recursos que permitirán una mejora en la financiación del sistema judicial y, en particular, de la asistencia jurídica gratuita, dentro del régimen general establecido en el artículo 27 de la Ley 47/2003, de 26 de noviembre, General Presupuestaria.

II

El recurso económico a la tasa en el ámbito de la Admi-

nistración de Justicia parte de su concepto en el Derecho tributario, en el que su hecho imponible está constituido, entre otros supuestos, por la prestación de servicios en régimen de Derecho público que afecten o beneficien al obligado tributario. Asimismo, la determinación de la carga tributaria no se hace a partir de la capacidad económica del contribuyente, sino del coste del servicio prestado, que nunca puede superarse.

El nuevo régimen efectúa una ampliación sustancial tanto de los hechos imponibles como de los sujetos pasivos, que ahora alcanzan no sólo a las personas jurídicas, sino también a las personas físicas. Al mismo tiempo, se prevé la exención subjetiva de aquellos a quienes se reconozca el derecho a la asistencia jurídica gratuita, al igual que se prevé para el deudor que solicita su concurso, el Ministerio Fiscal, las Administraciones Públicas y las Cortes Generales y las Asambleas Legislativas de las Comunidades Autónomas.

También esta Ley amplía su aplicación al orden social, pero sólo en lo que a los recursos de suplicación y casación se refiere y de una manera proporcionada a los intereses que se tutelan en el mismo, en atención a los derechos e intereses en juego en este orden jurisdiccional, lo que también lleva a prever una tasa de menor cuantía cuando el demandante que presente aquellos recursos sea el trabajador tanto por cuenta ajena como autónomo. Por sus características especiales de acceso a la justicia tan sólo se excepciona del ámbito de la tasa el orden penal.

La Ley mantiene diversos aspectos de la regulación que se incorporó en el artículo 35 de la Ley 53/2002, de 30 de diciembre. Es el caso del mantenimiento del criterio de la cuantía de la tasa con arreglo a dos factores: una cantidad variable, en atención a la cuantía del proceso judicial, y otra fija, en función del tipo de proceso.

E incorpora novedades que facilitan su aplicación. Tal es el caso de los extranjeros o residentes fuera de nuestro país personados en un pleito en España, que hasta ahora para el pago de la tasa debían aportar muchos documentos que ni siquiera son necesarios para el proceso. Cuando sucedía en actos procesales como la contestación a la demanda y la reconvención o la interposición de recursos ni siquiera daba tiempo a legalizar todos los documentos precisos (estatutos, poderes, traducciones juradas y apostillas o legalizaciones consulares). Ello explica la nueva

solución que permite que, con carácter general, sea el abogado o procurador del sujeto pasivo el que pague la tasa que permita los actos procesales correspondientes.

III

La regulación de la tasa judicial no es sólo, como ya se ha dicho, una cuestión meramente tributaria, sino también procesal. El nuevo marco de la tasa parte, por un lado, de que su gestión económica corresponde al Ministerio de Hacienda y Administraciones Públicas. Pero, por otro, se tiene en cuenta la puesta en marcha de la Oficina Judicial y las competencias del Secretario judicial, que comprobará en cada caso si efectivamente se ha producido el pago de la tasa, previéndose para el caso de que no se haya efectuado que no dé curso a la actuación procesal que se solicite.

La Ley desarrolla las diversas cuestiones que puede suscitar la liquidación de la tasa y, en especial, las que se refieren a la variación del pago de la tasa, la cual se verá afectada, por ejemplo, por el paso de un proceso monitorio a otro ordinario. Con la finalidad básica de incentivar la solución de los litigios por medios extrajudiciales, se establece una devolución de la cuota de la tasa, en todos los procesos objeto de la misma, cuando se alcance una terminación extrajudicial que ahorre parte de los costes de la prestación de servicios. Se trata de una devolución de la cuota de la tasa que se efectuará después de que el Secretario judicial competente certifique que se ha terminado el proceso por dicha vía extrajudicial. También la acumulación de procesos dará lugar a una devolución de la tasa abonada por cada una de las demandas que originaron aquellos procesos cuya tramitación unificada se acuerda.

La presente Ley deroga también el apartado 3 del artículo 23 de la Ley 29/1998, de 13 de julio, de la Jurisdicción Contencioso-administrativa, en cuanto que la excepción de postulación para los funcionarios públicos en las cuestiones de personal que no impliquen su separación carece ya de sentido. La práctica demuestra como esa falta de representación técnica acaba siendo un obstáculo a un desenvolvimiento del proceso más ágil y eficaz. En relación con los funcionarios públicos se ha de destacar también la exención de la tasa en los procesos contencioso-administrativos que inicien en defensa de sus derechos estatu-

tarios, equiparándose su posición a la de los trabajadores en general en el orden social.

Asimismo, se recuerda que la Ley 37/2011, de 10 de octubre, de Medidas de Agilización Procesal, incorporó en el artículo 241 de la Ley 1/2000, de 7 de enero, de Enjuiciamiento Civil, un nuevo número 7 que incluye dentro de las costas la tasa por el ejercicio de la potestad jurisdiccional. De esta forma, el vencimiento en un proceso y la condena en costas a la otra parte trasladarán el pago de la tasa a la parte demandada.

IV

Por otra parte, la presente Ley regula la tasa por el alta y la modificación de fichas toxicológicas en el registro de productos químicos del Servicio de Información Toxicológica del Instituto Nacional de Toxicología y Ciencias Forenses. Este servicio dispone de la información pertinente para la formulación de medidas preventivas y curativas y para proporcionar la respuesta sanitaria en caso de urgencia.

Desde el año 1971, el Servicio de Información Toxicológica del Instituto Nacional de Toxicología y Ciencias Forenses actúa como centro antitóxico asumiendo las funciones de prevención y asesoramiento de intoxicaciones y exposición a sustancias tóxicas, en colaboración con el Centro de Emergencias de Protección Civil y con las autoridades competentes en materia de sanidad para supuestos de alertas sanitarias, y atendiendo vía telefónica consultas de particulares y de profesionales sanitarios, procedentes de toda la geografía española.

Esta función de contribuir a la prevención de intoxicaciones, expresamente recogida en el artículo 480 de la Ley Orgánica 6/1985, de 1 de julio, del Poder Judicial, y en los artículos 1 y 2 del Real Decreto 862/1998, de 8 de mayo, por el que se aprueba el Reglamento del Instituto de Toxicología, ha obligado al Ministerio de Justicia a la adecuación de los medios personales y materiales necesarios para garantizar la calidad del servicio que se presta, asegurando que la respuesta sanitaria se ajusta a los avances científicos y médicos.

Hasta el año 2010, la normativa nacional y comunitaria obligaba únicamente a las empresas comercializadoras de detergentes, productos de limpieza y lejías a facilitar al Instituto la información necesaria sobre su composición para permitir la adecuada respuesta sanitaria.

No obstante lo anterior, en aras a garantizar un nivel elevado de protección de la salud humana y del medio ambiente, la normativa comunitaria y, en concreto, el Reglamento (CE) número 1272/2008 del Parlamento Europeo y del Consejo, de 16 de diciembre de 2008, sobre clasificación, etiquetado y envasado de sustancias y mezclas, establece unos criterios armonizados de clasificación y etiquetado de las sustancias y mezclas químicas. El citado Reglamento (CE) número 1272/2008, que se basa en el principio de precaución, establece cometidos y obligaciones específicos para los fabricantes, importadores y usuarios intermedios a quienes corresponde garantizar una protección apropiada y ofrecer la información esencial a sus destinatarios, por medio de las etiquetas y las fichas de datos de seguridad establecidas en el Reglamento (CE) número 1907/2006, que permitirán al usuario final su utilización en condiciones de seguridad.

Además, el artículo 45 del Reglamento (CE) número 1272/2008 establece la obligación de los Estados miembros de designar un organismo responsable de recibir, de las empresas que comercialicen mezclas clasificadas como peligrosas debido a sus efectos para la salud humana o a sus efectos físicos, la información necesaria para la formulación de la respuesta sanitaria en caso de urgencia, así como la identidad química de las sustancias presentes en mezclas para las que la Agencia Europea de Sustancias y Mezclas Químicas o los Estados miembros hayan aceptado una denominación alternativa. Asimismo, se establecen como obligaciones de los Estados miembros no sólo que se fijen controles para garantizar el cumplimiento de las obligaciones impuestas a las empresas fabricantes y comercializadoras de sustancias y mezclas químicas, sino también que regulen el régimen sancionador aplicable por infracciones a lo dispuesto en el artículo 126 del Reglamento (CE) número 1907/2006 y el artículo 47 del Reglamento (CE) número 1272/2008. En cumplimiento de la citada normativa comunitaria, se aprobó la Ley 8/2010, de 31 de marzo, por la que se establece el régimen sancionador previsto en los Reglamentos (CE) relativos al registro, a la evaluación, a la autorización y a la restricción de las sustancias y mezclas químicas (REACH) y sobre la clasificación, el etiquetado y el envasado de sustancias y mezclas (CLP).

Por ello, y en cumplimiento de esta obligación, todas las empresas que comercialicen mezclas que puedan tener efectos para la salud humana tendrán que facilitar al Instituto Nacional de Toxicología y Ciencias Forenses la composición de los mismos, de manera que el Instituto pueda proporcionar información sanitaria a la ciudadanía en caso de intoxicación, así como detectar alertas toxicológicas cuando de las llamadas recibidas se desprenda la existencia de algún producto químico que incida negativamente en la salud pública. Además, las empresas a las que la Agencia Europea de Sustancias y Mezclas Químicas les haya aceptado la utilización de una denominación química alternativa deben comunicar a este Organismo la identidad química de la sustancia.

Esta obligación, que afecta a las empresas que se benefician de la comercialización de las mezclas químicas clasificadas como peligrosas debido a sus efectos para la salud humana o a sus efectos físicos, impacta de forma directa en la asistencia que presta el Servicio de Información Toxicológica, el cual tiene que adecuar sus medios tecnológicos y personales para garantizar el debido cumplimiento de su función, en aras de la protección de la salud pública.

Esta situación justifica que los sujetos comercializadores

de productos y que se benefician de la atención toxicológica del Instituto Nacional de Toxicología y Ciencias Forenses, bien de forma directa, al minorar los efectos de una posible intoxicación con los productos comercializados, bien de forma indirecta, al proporcionar información sanitaria de urgencia a sus usuarios finales, contribuyan a la financiación del servicio de atención toxicológica, mediante la creación de la correspondiente tasa por la solicitud de alta o modificación del producto en el registro de productos químicos que tiene el Servicio de Información Toxicológica, necesario para proporcionar información sobre la adecuada atención sanitaria.

Por último, se ha establecido una tasa de importe reducido aplicable a las microempresas y a las pequeñas y medianas empresas (PYME) a efectos de la Recomendación 2003/361/CE de la Comisión, de 6 de mayo de 2003, sobre la definición de microempresas, pequeñas y medianas empresas, y una exención temporal con el fin de compensar a aquellas empresas que a través de sus asociaciones han contribuido, incluso económicamente, a la gestión de la actual base de datos del Servicio de Información Toxicológica. A estos efectos se considerarán empresas exoneradas a todas aquellas que a 17 de febrero de 2012 estuvieran asociadas a la Asociación de Empresas de Detergentes y de Productos de Limpieza, Mantenimiento y Afines (ADELMA), a la Federación Nacional de Asociaciones de Fabricantes de Lejías y Derivados (FENALYD), a la Asociación Nacional de Grandes Empresas de Distribución (ANGED), y a la Asociación Española de Distribuidores, Autoservicios y Supermercados (ASEDAS), al ser ésta la fecha en la que las citadas asociaciones y federación cedieron al Ministerio de Justicia de forma gratuita e indefinida el uso del aplicativo de transmisión y carga de datos en la base de datos del Servicio de Información Toxicológica, para que pudiera ser utilizado por todos los sectores de la industria.

V

El objetivo de la disposición final cuarta es permitir la adaptación de la minoración de una paga extraordinaria establecida en el Real Decreto-ley 20/2012 a la realidad de las carreras judicial y fiscal y de los cuerpos de funcionarios al servicio de la Administración de Justicia, de tal forma que la disminución que experimenten estos colectivos en sus retribuciones anuales sea equivalente a la que resulte para los restantes funcionarios públicos.

Esto se debe a que, si bien en el Real Decreto 8/2010 se determinó una disminución de las retribuciones similar para cada Cuerpo de toda la Administración pública, la forma de llevarla a cabo en la Administración de Justicia, como consecuencia de lo establecido en la Ley Orgánica del Poder Judicial, resultó distinta a otros ámbitos del sector público estatal. Dado que la citada Ley Orgánica exigía que, en la Administración de Justicia, las pagas extraordinarias por el concepto de sueldo y trienios fuesen iguales a las de la mensualidad ordinaria, a pesar de que el porcentaje total anual de la reducción fue similar en dicha Administra-

ción al aplicado a la Administración General del Estado la disminución de la cuantía en la paga mensual ordinaria, en el ámbito de la Justicia, fue igual que la que se aplicó a las pagas extraordinarias por los citados conceptos de sueldo y trienios o antigüedad, mientras que en la Administración General del Estado a los funcionarios se les aplicó una mayor reducción en las pagas extraordinarias pero una reducción inferior en las ordinarias.

Además, se clarifica el régimen aplicable a las cuotas de las Mutualidades Generales de Funcionarios y de derechos pasivos del mes de diciembre de 2012, establecido en el artículo 121, apartado Cuatro, de la Ley 2/2012, de 29 de junio, de Presupuestos Generales del Estado para 2012.

TÍTULO PRIMERO

Tasa por el ejercicio de la potestad jurisdiccional en los órdenes civil, contencioso-administrativo y social*

Artículo 1.º *Ámbito de aplicación de la tasa por el ejercicio de la potestad jurisdiccional en* *los órdenes civil, contenciosoadministrativo y social.*—La tasa por el ejercicio de la potestad

---

* La Disp. Trans. 1.ª del RD-ley 3/2013, de 22 de febrero (*BOE* del 23) establece que:

«Las normas de este real decreto-ley serán también de aplicación en relación con el reconocimiento del derecho a la asistencia jurídica gratuita, respecto del pago de la tasa judicial devengada conforme a la Ley 10/2012, de 20 de noviembre.

jurisdiccional en los órdenes civil, contencioso-administrativo y social tiene carácter estatal y será exigible por igual en todo el territorio nacional en los supuestos previstos en esta Ley, sin perjuicio de las tasas y demás tributos que puedan exigir las Comunidades Autónomas en el ejercicio de sus respectivas competencias financieras, los cuales no podrán gravar los mismos hechos imponibles.

Art. 2.º *Hecho imponible de la tasa.*—Constituye el hecho imponible de la tasa el ejercicio de la potestad jurisdiccional originada por el ejercicio de los siguientes actos procesales:

a) La interposición de la demanda en toda clase de procesos declarativos y de ejecución de títulos ejecutivos extrajudiciales en el orden jurisdiccional civil, la formulación de reconvención y la petición inicial del proceso monitorio y del proceso monitorio europeo.

b) La solicitud de concurso necesario y la demanda incidental en procesos concursales.

c) La interposición del recurso contencioso-administrativo.

d) La interposición del recurso extraordinario por infracción procesal en el ámbito civil.

e) La interposición de recursos de apelación contra sen-

»Las cantidades abonadas en concepto de tasas devengadas conforme a la Ley 10/2012, de 20 de noviembre, desde su entrada en vigor, hasta la fecha de entrada en vigor de este real decreto-ley, por quienes hubieran tenido reconocido el derecho a la asistencia jurídica gratuita de acuerdo con los nuevos criterios y umbrales previstos en esta norma podrán ser restituidas, una vez reconocido el beneficio de justicia gratuita, a través de un procedimiento que habrá de iniciarse a instancia de los interesados, de acuerdo con lo previsto en el artículo 221 de la Ley 58/2003, de 17 de diciembre, General Tributaria. A estos efectos, el interesado deberá acreditar tanto el reconocimiento del derecho a la asistencia jurídica gratuita por parte de la Comisión de Asistencia Jurídica Gratuita correspondiente como del abono de la tasa judicial devengada conforme a la Ley 10/2012, de 20 de noviembre.»

Además habrá que tener en cuenta la Orden HAP/2.662/2012, de 13 de diciembre (*BOE* del 15), por la que se aprueba el modelo 696 de autoliquidación, y el modelo 695 de solicitud de devolución por solución extrajudicial del litigio y por acumulación de procesos, de la tasa por el ejercicio de la potestad jurisdiccional en los órdenes civil, contencioso-administrativo y social y se determinan el lugar, forma, plazos y los procedimientos de presentación, y la Orden HAP/490/2013, de 27 de marzo (*BOE* del 30), por la que se modifica la anterior.

Ahora habrá que tener en cuenta la Orden HAP/861/2015, de 7 de mayo (*BOE* del 12), de modificación de la Orden HAP/2.662/2012, en la que se aprueban los modelos 696 y 695.

Art. 2.ºc): Letra modificada por el RD-ley 3/2013, de 22 de febrero (*BOE* del 23), por el que se modifica el régimen de las tasas en el ámbito de la Administración de Justicia y el sistema de asistencia jurídica gratuita.

tencias y de casación en el orden civil y contencioso-administrativo.

f) La interposición de recursos de suplicación y de casación en el orden social.

g) La oposición a la ejecución de títulos judiciales.

Art. 3.º *Sujeto pasivo de la tasa.*—1. Es sujeto pasivo de la tasa quien promueva el ejercicio de la potestad jurisdiccional y realice el hecho imponible de la misma.

A los efectos previstos en el párrafo anterior, se entenderá que se realiza un único hecho imponible cuando en el escrito ejercitando el acto procesal que constituye el hecho imponible se acumulen varias acciones principales, que no provengan de un mismo título. En este caso, para el cálculo del importe de la tasa se sumarán las cuantías de cada una de las acciones objeto de acumulación.

2. El pago de la tasa podrá realizarse por la representación procesal o abogado en nombre y por cuenta del sujeto pasivo, en especial cuando éste no resida en España y sin que sea ne-

cesario que el mismo se provea de un número de identificación fiscal con carácter previo a la autoliquidación. El procurador o el abogado no tendrán responsabilidad tributaria por razón de dicho pago.

Art. 4.º *Exenciones de la tasa.*—1. Las exenciones objetivas de la tasa están constituidas por:

a) La interposición de demanda y la presentación de ulteriores recursos cuando se trate de los procedimientos especialmente establecidos para la protección de los derechos fundamentales y libertades públicas, así como contra la actuación de la Administración electoral.

b) La solicitud de concurso voluntario por el deudor.

c) La presentación de petición inicial del procedimiento monitorio y la demanda de juicio verbal en reclamación de cantidad cuando la cuantía de las mismas no supere dos mil euros. No se aplicará esta exención cuando en estos procedimientos la pretensión ejercitada se funde en un documento

---

Art. 3.º1, párr. 2.º: Modificado por el RD-ley 3/2013, de 22 de febrero (*BOE* del 23), por el que se modifica el régimen de las tasas en el ámbito de la Administración de Justicia y el sistema de asistencia jurídica gratuita.

Art. 4.º: Redactado conforme al art. 10.uno de la Ley 25/2015, de 28 de julio (*BOE* del 29), de mecanismo de segunda oportunidad, reducción de la carga financiera y otras medidas de orden social.

que tenga el carácter de título ejecutivo extrajudicial de conformidad con lo dispuesto en el artículo 517 de la Ley 1/2000, de 7 de enero, de Enjuiciamiento Civil.

d) La interposición de recursos contencioso-administrativos cuando se recurra en casos de silencio administrativo negativo o inactividad de la Administración.

e) La interposición de la demanda de ejecución de laudos dictados por las Juntas Arbitrales de Consumo.

f) Las acciones que, en interés de la masa del concurso y previa autorización del Juez de lo Mercantil, se interpongan por los administradores concursales.

g) Los procedimientos de división judicial de patrimonios, salvo en los supuestos en que se formule oposición o se suscite controversia sobre la inclusión o exclusión de bienes, devengando la tasa por el juicio verbal y por la cuantía que se discuta o la derivada de la impugnación del cuaderno particional a cargo del opositor, y si ambos se opusieren a cargo de cada uno por su respectiva cuantía.

2. Desde el punto de vista subjetivo, están, en todo caso, exentos de esta tasa:

a) Las personas físicas.

b) Las personas jurídicas a las que se les haya reconocido el derecho a la asistencia jurídica gratuita, acreditando que cumplen los requisitos para ello de acuerdo con su normativa reguladora.

c) El Ministerio Fiscal.

d) La Administración General del Estado, las de las Comunidades Autónomas, las Entidades locales y los organismos públicos dependientes de todas ellas.

e) Las Cortes Generales y las Asambleas Legislativas de las Comunidades Autónomas.

Art. 5.º *Devengo de la tasa.*—1. El devengo de la tasa se produce, en el orden jurisdiccional civil, en los siguientes momentos procesales:

a) Interposición del escrito de demanda.

b) Formulación del escrito de reconvención.

c) Presentación de la petición inicial del procedimiento monitorio y del proceso monitorio europeo.

d) Presentación de la solicitud de declaración del concurso por el acreedor y demás legitimados.

e) Presentación de demanda incidental en procesos concursales.

f) Interposición del recurso de apelación.

g) Interposición del recurso extraordinario por infracción procesal.

h) Interposición del recurso de casación.

i) Interposición de la oposición a la ejecución de títulos judiciales.

2. En el orden contencioso-administrativo, el devengo de la tasa se produce en los siguientes momentos procesales:

a) Interposición del recurso contencioso-administrativo, acompañada o no de la formulación de demanda.

b) Interposición del recurso de apelación.

c) Interposición del recurso de casación.

3. En el orden social, el devengo de la tasa se produce en el momento de la interposición del recurso de suplicación o de casación.

Art. 6.º *Base imponible de la tasa.*—1. La base imponible de la tasa coincide con la cuantía del procedimiento judicial o recurso, determinada con arreglo a las normas procesales.

2. Los procedimientos de cuantía indeterminada o aquellos en los que resulte imposible su determinación de acuerdo con las normas de la Ley 1/2000, de 7 de enero, de Enjuiciamiento Civil, se valorarán en dieciocho mil euros de cuantía a los solos efectos de establecer la base imponible de esta tasa.

3. En los supuestos de acumulación de acciones o en los casos en que se reclamen distintas pretensiones en una misma demanda, reconvención o interposición de recurso, para el cálculo de la tasa se tendrá en cuenta la suma de las cuantías correspondientes a las pretensiones ejercitadas o las distintas acciones acumuladas. En el caso de que alguna de las pretensiones o acciones acumuladas no fuera susceptible de valoración económica, se aplicará a ésta la regla señalada en el apartado anterior.

Art. 7.º *Determinación de la cuota tributaria.*—1. Sin perjuicio de su modificación en la forma prevista en el artícu-

---

Art. 6.º2: El párr. 2.º que este apartado tenía ha sido suprimido por el art. 10.dos de la Ley 25/2015, de 28 de julio (*BOE* del 29), de mecanismo de segunda oportunidad, reducción de la carga financiera y otras medidas de orden social.

Art. 7.º: Se ha declarado la inconstitucionalidad y nulidad de las tasas destacadas en letra negrita del apartado 1 y el apartado 2, por la STC 140/2016, de 21 de julio (*BOE* de 15 de agosto), con los efectos indicados en el FJ 15.º, por la STC 227/2016, de 22 de diciembre (*BOE* de 27 de enero de 2017), con los efectos indicados en el FJ 6.º, y la STC 47/2017, de 27 de abril (*BOE* de 27 de mayo), con los efectos indicados en el FJ 3.º*b*).

lo 8, será exigible la cantidad fija que, en función de cada clase de proceso, se determina en la siguiente tabla:

En el orden jurisdiccional civil:

Verbal y cambiario	Ordinario	Monitorio, monitorio europeo y demanda incidental en el proceso concursal	Ejecución extrajudicial y oposición a la ejecución de títulos judiciales	Concurso necesario	Apelación	Casación y extraordinario por infracción procesal
150 €	300 €	100 €	200 €	200 €	**800 €**	**1.200 €**

Cuando después de la oposición del deudor en un monitorio se siga un proceso ordinario se descontará de la tasa la cantidad ya abonada en el proceso monitorio.

En el orden jurisdiccional contencioso-administrativo:

Abreviado	Ordinario	Apelación	Casación
200 €	**350 €**	**800 €**	**1.200 €**

Cuando el recurso contencioso-administrativo tenga por objeto la impugnación de resoluciones sancionadoras, la cuantía de la tasa, incluida la cantidad variable que prevé el apartado siguiente, no podrá exceder del 50 por 100 del importe de la sanción económica impuesta.

En el orden social:

Suplicación	Casación
500 €	**750 €**

2. Deberá satisfacerse, además, la cantidad que resulte de aplicar a la base imponible determinada con arreglo a lo dispuesto en el artículo anterior, el tipo de gravamen que corresponda, según la siguiente escala:

Art. 7.º1, párr. 5.º: Modificado por el RD-ley 3/2013, de 22 de febrero (*BOE* del 23), por el que se modifica el régimen de las tasas en el ámbito de la Administración de Justicia y el sistema de asistencia jurídica gratuita.
Art. 7.º1 y 2: Se declara la inconstitucionalidad y nulidad de las tasas destacadas en negrilla del apartado 1 y de todo el apartado 2, con los efectos indicados en el FJ 15.º, por Sentencia del TC 140/2016, de 21 de julio.

De	A	Tipo — %	Máximo variable
0	1.000.000 € Resto	0,5 0,25	10.000 €

3. [...]

Art. 8.º *Autoliquidación y pago.*—1. Los sujetos pasivos autoliquidarán esta tasa conforme al modelo oficial establecido por el Ministerio de Hacienda y Administraciones Públicas y procederán a su ingreso en el Tesoro Público con arreglo a lo dispuesto en la legislación tributaria general y en las normas reglamentarias de desarrollo de este artículo.

No obstante, no tendrán que presentar autoliquidación los sujetos a los que se refiere el apartado 2 del artículo 4.

2. El justificante del pago de la tasa con arreglo al modelo oficial, debidamente validado, acompañará a todo escrito procesal mediante el que se realice el hecho imponible de este tributo.

En caso de que no se acompañase dicho justificante por no haberse realizado el pago mismo o por haberse omitido su aportación, o cuando la liquidación efectuada fuera errónea, el secretario judicial requerirá al sujeto pasivo para que lo aporte o corrija la liquidación en el plazo de diez días, no dando curso al escrito hasta que tal omisión fuese subsanada. La ausencia de subsanación de tal deficiencia o de corrección de la liquidación, tras el requerimiento del secretario judicial a que se refiere el precepto, dará lugar a la preclusión del acto procesal y a la consiguiente continuación o finalización del procedimiento, según proceda.

3. Si a lo largo de cualquier procedimiento se fijase una cuantía superior a la inicialmente determinada por el sujeto pasivo, éste deberá presentar una declaración-liquidación complementaria en el plazo de un mes a contar desde la firme-

---

Art. 7.º3: Suprimido por el RD-ley 1/2015, de 27 de febrero (*BOE* del 28), de mecanismo de segunda oportunidad, reducción de carga financiera y otras medidas de orden social.

Art. 8.º1, párr. 2.º: Añadido por el art. 10.cuatro de la Ley 25/2015, de 28 de julio (*BOE* del 29), de mecanismo de segunda oportunidad, reducción de la carga financiera y otras medidas de orden social.

Art. 8.º2, párr. 2.º: Redactado conforme a la Disp. Final 9.ª de la Ley 42/2015, de 5 de octubre (*BOE* del 6), de reforma de la Ley 1/2000, de 7 de enero, de Enjuiciamiento Civil.

za de la resolución que determine la cuantía. Lo mismo ocurrirá en el caso en que la cuantía del procedimiento no se hubiese determinado inicialmente por el sujeto pasivo o en los casos de inadecuación del procedimiento.

Si, por el contrario, la cuantía fijada por el órgano competente fuere inferior a la inicialmente determinada por el sujeto pasivo, éste podrá solicitar que se rectifique la autoliquidación presentada y, en su caso, que se devuelva la parte de la cuota tributaria presentada en exceso, de conformidad con lo previsto en la normativa reguladora de las devoluciones de ingresos indebidos de naturaleza tributaria.

4. El Secretario judicial, en el plazo de cinco días desde la notificación de la resolución en la que se determine la cuantía definitiva, comunicará por escrito la modificación de la cuantía a la delegación de la Agencia Estatal de Administración Tributaria en cuya demarcación radique la sede del órgano judicial, a los efectos oportunos.

5. Se efectuará una devolución del 60 por 100 del importe de la cuota de la tasa, que en ningún caso dará lugar al de-

vengo de intereses de demora, cuando, en cualquiera de los procesos cuya iniciación dé lugar al devengo de este tributo, tenga lugar el allanamiento total o se alcance un acuerdo que ponga fin al litigio.

Esta devolución también será aplicable en aquellos supuestos en los que la Administración demandada reconociese totalmente en vía administrativa las pretensiones del demandante.

Se tendrá derecho a esta devolución desde la firmeza de la resolución que ponga fin al proceso y haga constar la forma de terminación.

6. Los sujetos pasivos tendrán derecho a la devolución del 20 por 100 del importe de la cuota de la tasa cuando se acuerde una acumulación de procesos, que en ningún caso dará lugar al devengo de intereses de demora.

Art. 9.º *Gestión de la tasa.*—1. La gestión de la tasa regulada en este artículo corresponde al Ministerio de Hacienda y Administraciones Públicas.

2. Por Orden del Ministro de Hacienda y Administraciones Públicas se regularán los

---

Art. 8.º5, párr. 3.º: Modificado por el RD-ley 3/2013, de 22 de febrero (*BOE* del 23), por el que se modifica el régimen de las tasas en el ámbito de la Administración de Justicia y el sistema de asistencia jurídica gratuita.

procedimientos y los modelos de autoliquidación de la tasa.

Art. 10. *Bonificaciones derivadas de la utilización de medios telemáticos.*—Se establece una bonificación del 10 por 100 sobre la tasa por actividad judicial para los supuestos en que se utilicen medios telemáticos en la presentación de los escritos que originan la exigencia de la misma y en el resto de las comunicaciones con los juzgados y tribunales en los términos

que establezca la ley que regula las mismas.

Art. 11. *Vinculación de la tasa.*—La tasa judicial se considerará vinculada, en el marco de las disposiciones de la Ley 1/1996, de 10 de enero, de Asistencia Jurídica Gratuita, al sistema de justicia gratuita en los términos establecidos en la Ley de Presupuestos Generales del Estado de cada ejercicio.

....

DISPOSICIÓN DEROGATORIA

Única. *Derogación normativa.*—Se deroga el artículo 35 de la Ley 53/2002, de 30 de diciembre, de Medidas Fiscales, Administrativas y del Orden Social.

DISPOSICIONES FINALES

1.ª *Modificación de la Ley 8/1989, de 13 de abril, de Tasas y Precios Públicos.*—Se modifica el párrafo *m*) del artículo 13 de la Ley 8/1989, de 13 de abril, de Tasas y Precios Públicos, que queda redactado como sigue:

....

2.ª *Modificación de la Ley 29/1998, de 13 de julio, de la Jurisdicción Contencioso-administrativa.*—[...]

....

5.ª *Título competencial.*—La presente Ley se dicta al amparo de las competencias del Estado en materia de Administración de Justicia, legislación procesal y Hacienda Pública del artículo 149.1.5.ª, 6.ª y 14.ª de la Constitución.

6.ª *Desarrollo reglamentario.*—El Gobierno, a propuesta conjunta de los Ministros de Justicia y de Hacienda y Administraciones Públicas, dictará las disposiciones reglamentarias complementarias que sean necesarias para la aplicación de las tasas reguladas en esta Ley.

7.ª *Entrada en vigor.*—La presente Ley entrará en vigor el día siguiente al de su publicación en el *Boletín Oficial del Estado*. No obstante lo anterior, el artículo 11 será de aplicación a partir del 1 de enero de 2013.

LEY 3/2013, DE 4 DE JUNIO, DE CREACIÓN DE LA COMISIÓN NACIONAL DE LOS MERCADOS Y LA COMPETENCIA

(*BOE* n.º 134, de 5 de junio de 2013)

....

DISPOSICIÓN DEROGATORIA

Única. Quedan derogadas cuantas disposiciones de igual o inferior rango se opongan a lo establecido en esta Ley y de manera específica:

....

DISPOSICIONES FINALES

....

2.ª *Modificación de la Ley 29/1998, de 13 de julio, reguladora de la Jurisdicción Contencioso-administrativa.*— El apartado 5 de la Disposición adicional cuarta de la Ley 29/1998, de 13 de julio, reguladora de la Jurisdicción Contencioso-administrativa, se modifica en los siguientes términos:

....

11.ª *Entrada en vigor.*— Esta Ley entrará en vigor el día siguiente al de su publicación en el *Boletín Oficial del Estado.*

LEY ORGÁNICA 3/2013, DE 20 DE JUNIO, DE PROTECCIÓN DE LA SALUD DEL DEPORTISTA Y LUCHA CONTRA EL DOPAJE EN LA ACTIVIDAD DEPORTIVA

(*BOE* n.º 148, de 21 de junio de 2013)

....

DISPOSICIONES FINALES

....

5.ª *Modificación de la Ley 29/1998 de 13 de julio, de la Jurisdicción Contencioso-administrativa.*—Se añade un apartado 5 al artículo 19 de la Ley 29/1998, de 13 de julio, de la Jurisdicción Contencioso-administrativa, que queda redactado en los siguientes términos:

....

6.ª *Entrada en vigor.*—La presente Ley entrará en vigor a los veinte días de su publicación en el *Boletín Oficial del Estado.*

LEY 20/2013, DE 9 DE DICIEMBRE, DE GARANTÍA DE LA UNIDAD DE MERCADO

(*BOE* n.º 295, de 10 de diciembre de 2013)

....

DISPOSICIONES FINALES

1.ª   *Modificación de la Ley 29/1998, de 13 de julio, Reguladora de la Jurisdicción Contencioso-administrativa.*—La Ley 29/1998, de 13 de julio, Reguladora de la Jurisdicción Contencioso-administrativa, queda modificada en los siguientes términos:

....

7.ª   *Entrada en vigor.*—1.   Esta Ley entrará en vigor el día siguiente al de su publicación en el *Boletín Oficial del Estado.*

2.   No obstante, el artículo 20, los apartados 2 y 3 del artículo 21 y el artículo 26 entrarán en vigor a los tres meses de la publicación de esta Ley excepto para aquellos servicios regulados en la Ley 17/2009, de 23 de noviembre, sobre el libre acceso a las actividades de servicios y su ejercicio.

LEY ORGÁNICA 3/2015, DE 30 DE MARZO, DE CONTROL DE LA ACTIVIDAD ECONÓMICO-FINANCIERA DE LOS PARTIDOS POLÍTICOS, POR LA QUE SE MODIFICAN LA LEY ORGÁNICA 8/2007, DE 4 DE JULIO, SOBRE FINANCIACIÓN DE LOS PARTIDOS POLÍTICOS, LA LEY ORGÁNICA 6/2002, DE 27 DE JUNIO, DE PARTIDOS POLÍTICOS, Y LA LEY ORGÁNICA 2/1982, DE 12 DE MAYO, DEL TRIBUNAL DE CUENTAS

(*BOE* n.º 77, de 31 de marzo de 2015)

....

DISPOSICIONES FINALES

....

2.ª *Modificación de la Ley 29/1998, de 13 de julio, reguladora de la Jurisdicción Contencioso-administrativa.*—Uno. Se introduce un nuevo apartado 3 en el artículo 9 de la Ley 29/1998, de 13 de julio, Reguladora de la Jurisdicción Contencioso-administrativa:

....

Dos. Se introduce un nuevo Capítulo V en el Título V:

....

10.ª *Entrada en vigor.*— Esta ley entrará en vigor el día siguiente al de su publicación en el *Boletín Oficial del Estado*, salvo en lo relativo al artículo 14 de la Ley Orgánica 8/2007, de 4 de julio, sobre financiación de los partidos políticos, en su redacción dada por el artículo 1.ºDiez, que lo hará el 1 de enero de 2016.

LEY 11/2015, DE 18 DE JUNIO, DE RECUPERACIÓN Y RESOLUCIÓN DE ENTIDADES DE CRÉDITO Y EMPRESAS DE SERVICIOS DE INVERSIÓN

(*BOE* n.º 146, de 19 de junio de 2015; corrección de errores en *BOE* n.º 212, de 4 de septiembre)

....

DISPOSICIONES FINALES

....

3.ª   *Modificación de la Ley 29/1998, de 13 de julio, reguladora de la Jurisdicción Contencioso-administrativa.*—Se modifica la letra *g*) del apartado 1 del artículo 11 de la Ley 29/1998, de 13 de julio, reguladora de la Jurisdicción Conten-

cioso-administrativa, con la siguiente redacción:

....

17.ª   *Entrada en vigor.*— 1.   Esta Ley entrará en vigor el día siguiente al de su publicación en el *Boletín Oficial del Estado.*

....

LEY 22/2015, DE 20 DE JULIO, DE AUDITORÍA DE CUENTAS

(*BOE* n.º 173, de 21 de julio de 2015)

....

DISPOSICIONES FINALES

....

3.ª *Modificación de la Ley 29/1998, de 13 de julio, reguladora de la Jurisdicción Contencioso-administrativa.*—Se añade un nuevo apartado 6 a la disposición adicional cuarta de la Ley 29/1998, de 13 de julio, reguladora de la Jurisdicción Contencioso-administrativa, con la siguiente redacción:

....

14.ª *Entrada en vigor.*—1. Esta Ley entrará en vigor el día 17 de junio de 2016.

....

LEY ORGÁNICA 7/2015, DE 21 DE JULIO, POR LA QUE SE MODIFICA LA LEY ORGÁNICA 6/1985, DE 1 DE JULIO, DEL PODER JUDICIAL

(*BOE* n.º 174, de 22 de julio de 2015)

....

DISPOSICIONES FINALES

3.ª *Modificación de la Ley 29/1998, de 13 de julio, reguladora de la Jurisdicción Contencioso-administrativa.*—La Ley 29/1998, de 13 de julio, reguladora de la Jurisdicción Contencioso-administrativa, queda modificada en los siguientes términos:

Uno. La sección 3.ª del capítulo III del título IV, integrada por los artículos 86 a 93, queda redactada de la siguiente forma, y se suprimen los artículos 94 y 95:

....

Dos. Se suprimen las secciones 4.ª y 5.ª del capítulo III

del título IV, integradas por los artículos 96 a 101.

Tres. Se modifica el artículo 102, que queda redactado como sigue:

....

Cuatro. Se introduce un nuevo apartado 3 en el artículo 108, con la siguiente redacción:

....

Cinco. Se modifica el artículo 139, que queda redactado como sigue:

....

10.ª *Entrada en vigor.*—La presente Ley entrará en vigor el día 1 de octubre de 2015, excepto los apartados uno, dos y cinco de la disposición final tercera, que lo harán al año de su publicación.

LEY 26/2015, DE 28 DE JULIO, DE MODIFICACIÓN DEL SISTEMA DE PROTECCIÓN A LA INFANCIA Y A LA ADOLESCENCIA

(*BOE* n.º 180, de 29 de julio de 2015)

....

DISPOSICIONES FINALES

1.ª *Modificación de la Ley 29/1998, de 13 de julio, reguladora de la Jurisdicción Contencioso-administrativa.*—Se modifica el apartado 6 del artículo 8 de la Ley 29/1998, de 13 de julio, reguladora de la Jurisdicción Contencioso-administrativa, que queda redactado como sigue:

....

21.ª *Entrada en vigor.*—La presente ley entrará en vigor a los veinte días de su publicación en el *Boletín Oficial del Estado.*

LEY 34/2015, DE 21 DE SEPTIEMBRE, DE MODIFICACIÓN PARCIAL DE LA LEY 58/2003, DE 17 DE DICIEMBRE, GENERAL TRIBUTARIA

(*BOE* n.º 227, de 22 de septiembre de 2015; corrección de errores en *BOE* n.º 231, de 26 de septiembre)

....

DISPOSICIONES FINALES

....

3.ª *Modificación de la Ley 29/1998, de 13 de julio, reguladora de la Jurisdicción Contencioso-administrativa.*—Se introducen las siguientes modificaciones en la Ley 29/1998, de 13 de julio, reguladora de la Jurisdicción Contencioso-administrativa:

....

Uno.   Se introduce una nueva disposición adicional novena, con la siguiente redacción:

....

Dos.   Se introduce una nueva disposición adicional décima, con la siguiente redacción:

....

12.ª   *Entrada en vigor.*— Esta Ley entrará en vigor a los veinte días de su publicación en el *Boletín Oficial del Estado*.

....

LEY 42/2015, DE 5 DE OCTUBRE, DE REFORMA DE LA LEY 1/2000, DE 7 DE ENERO, DE ENJUICIAMIENTO CIVIL

(*BOE* n.º 239, de 6 de octubre de 2015)

....

DISPOSICIONES FINALES

....

4.ª *Modificación de la Ley 29/1998, de 13 de julio, reguladora de la Jurisdicción Contencioso-administrativa.*—Se introduce un nuevo apartado 3 al artículo 23 de la Ley 29/1998, de 13 de julio, reguladora de la Jurisdicción Contencioso-administrativa, que queda redactado del siguiente modo:

....

12.ª *Entrada en vigor.*— 1. La presente Ley entrará en vigor el día siguiente al de su publicación en el *Boletín Oficial del Estado.*

....

ACUERDO DE 20 DE ABRIL DE 2016, DE LA SALA DE GOBIERNO DEL TRIBUNAL SUPREMO, SOBRE LA EXTENSIÓN MÁXIMA Y OTRAS CONDICIONES EXTRÍNSECAS DE LOS ESCRITOS PROCESALES REFERIDOS AL RECURSO DE CASACIÓN ANTE LA SALA TERCERA DEL TRIBUNAL SUPREMO (PUBLICADO POR ACUERDO DE 19 DE MAYO DE 2016, DEL CONSEJO GENERAL DEL PODER JUDICIAL)

(*BOE* n.º 162, de 6 de julio de 2016)

La Comisión Permanente del Consejo General del Poder Judicial, en su reunión de 19 de mayo de 2016, acordó hacer público el acuerdo de la Sala de Gobierno del Tribunal Supremo, en su reunión de 20 de abril de 2016, sobre la extensión máxima y otras condiciones extrínsecas de los escritos procesales referidos al Recurso de Casación ante la Sala Tercera de este Tribunal, del siguiente tenor literal:

I. JUSTIFICACIÓN

La Disposición final tercera de la Ley Orgánica 7/2015, de 21 de julio, por la que se modifica la LOPJ, ha introducido modificaciones sustanciales en el recurso de casación contencioso-administrativo, modificando los artículos 86 a 93 de la Ley 29/1998, de 13 de julio, reguladora de la Jurisdicción Contencioso-administrativa.

El nuevo modelo aprobado, que entrará en vigor el 22 julio de 2016, introduce cambios muy relevantes tanto en los asuntos que podrán acceder al recurso de casación como en los criterios de admisión aplicables y en la forma de plantearlos. Entre estas novedades se encuentra la autorización a la Sala de Gobierno del Tribunal Supremo para que apruebe un acuerdo que determine la extensión máxima y otros requisitos extrínsecos que han de tener los escritos de interposición y de oposición de los recursos de casación.

A tal efecto, el artículo 87 bis de la Ley Jurisdicción dispone que «La Sala de Gobierno del

Tribunal Supremo podrá determinar, mediante acuerdo que se publicará en el *Boletín Oficial del Estado*, la extensión máxima y otras condiciones extrínsecas, incluidas las relativas a su presentación por medios telemáticos, de los escritos de interposición y de oposición de los recursos de casación».

Paralelamente, la Ley 18/2011, de 5 de julio, reguladora del uso de las tecnologías de la información y la comunicación en la Administración de Justicia, que tiene entre sus objetivos el generalizar el uso de las nuevas tecnologías para los profesionales de la justicia, y reconoce el derecho de los ciudadanos a relacionarse con la Administración de Justicia utilizando medios electrónicos, prevé la presentación telemática de los escritos por parte de los profesionales o su posterior digitalización (art. 36, apartados 2 y 3) y la necesidad de acompañar a todo escrito iniciador de un procedimiento de un formulario normalizado debidamente cumplimentado (art. 36, apartado 4). Norma desarrollada por el Real Decreto 1.065/ 2015, de 27 de noviembre, sobre comunicaciones electrónicas en la Administración de Justicia en el ámbito territorial del Ministerio de Justicia y por el que se regula el sistema LexNET, en cuyo artículo 5 dispone que «Todos los Abogados, Procuradores, Graduados Sociales, Abogados del Estado, Letrados de las Cortes Generales, de las Asambleas Legislativas y del Servicio Jurídico de la Administración de la Seguridad Social, de las demás Administraciones Públicas, de las Comunidades Autónomas o de los Entes Locales, así como los Colegios de Procuradores y administradores concursales tienen la obligación de utilizar los sistemas electrónicos existentes en la Administración de Justicia para la presentación de escritos y documentos y para la recepción de actos de comunicación», y la remisión de sus escritos y documentos se acompañará de un formulario normalizado que incorporará determinados datos de identificación (art. 9.3)[1].

El establecimiento de normas o instrucciones destinadas a regular la extensión máxima y otros requisitos extrínsecos de los escritos que se presenten ante el Tribunal Supremo cons-

---

[1] Este formulario normalizado se ajustará a las disposiciones del Reglamento 2/2010, sobre criterios generales de homogeneización de las actuaciones de los servicios comunes procesales, aprobado por Acuerdo, de 25 de febrero de 2010, del Pleno del Consejo General del Poder Judicial.

tituye una novedad en nuestro ordenamiento, pero no es desconocida en otros Tribunales de nuestro entorno. Tanto el Tribunal General[2] como el Tribunal de Justicia de la Unión Europea[3] disponen de normas que regulan, de forma muy detallada, la extensión máxima, el formato y estructura de los escritos que se presenten, así como las consecuencias anudadas a su incumplimiento. Asimismo, tanto el Tribunal Europeo de Derechos Humanos[4] como el Tribunal Supremo de los EE.UU.[5] disponen de normas similares. Algunos países

---

[2] El Tribunal General de la Unión Europea en su nuevo Reglamento de Procedimiento de 4 de marzo de 2015 (*DO* n.º L 105, de 23 de abril de 2015) regula las disposiciones que hasta entonces se recogían como instrucciones prácticas a las partes relativas a la longitud de los escritos de alegaciones. Los artículos 75, 189, 212 se refieren a la longitud de los escritos en los recursos directos y recursos de casación entre otros y el artículo 224 se remite a las normas prácticas que se dictarán en desarrollo del Reglamento. Tales normas prácticas se aprobaron el 20 de mayo de 2015, que en su apartado referido a la «presentación de escritos procesales y de sus anexos» (arts. 91 ss.) regula de forma pormenorizada las indicaciones que deben contener, su numeración, formato, tipo de letra, forma de identificación de anexos adjuntos, etc. Y bajo la denominación longitud de los escritos de alegaciones (arts. 114 ss.) regula la extensión máxima de los escritos en número de páginas.

[3] El nuevo Reglamento de Procedimiento del Tribunal de Justicia de la Unión Europea, aprobado en septiembre de 2012 y modificado en junio de 2013, prevé que el Tribunal pueda determinar una longitud máxima para los escritos de alegaciones o de observaciones que se presenten ante él. En el artículo 109.2 ha establecido previsiones para la fase escrita del procedimiento prejudicial de urgencia. Paralelamente ha dictado unas Instrucciones prácticas a las partes, de 31 de enero de 2014, limitando a 20 el número de páginas para un asunto prejudicial, 30 en la demanda y contestación en los recursos directos, 12 en los de réplica y duplica y 25 en el recurso de casación. Tales instrucciones prácticas también recogen la forma y estructura de los escritos procesales para facilitar su lectura y tramitación y su tratamiento informático.

[4] El 1 de enero de 2016 entró en vigor la nueva redacción del artículo 47 del Reglamento de Procedimiento del TEDH (aprobado por el Pleno del TEDH en fechas 1 de junio y 5 de octubre de 2015) que fija las condiciones formales para recurrir ante ese Tribunal, exigiendo que toda demanda se presente en un formulario facilitado por la Secretaría al que se le puede adjuntar un documento con una extensión máxima de 20 páginas, el formato, el tipo de letra, los márgenes y la estructura de este documento adjunto.

[5] Las *Rules of the Supreme Court of United States*, aprobadas el 19 de abril de 2013 y actualmente vigentes, contienen (regla 33) un minucioso régimen de presentación de los escritos procesales, referidos al tamaño y color del papel, tipo de fuente, forma de citar las disposiciones y la jurisprudencia y una severa limitación del número de palabras que se pueden utilizar en relación con cada tipo de escrito (9.000 para demanda y contestación, 3.000 para réplicas y 15.000 para el escrito que contiene las cuestiones de fondo), expresándose la necesidad de que el Abogado certifique el número de palabras del documento. El incumplimiento de estas reglas conlleva la inadmisión de las peticiones o alegaciones.

de la Unión Europea han introducido previsiones para regular la extensión máxima de los escritos que se presenten ante su Tribunal Supremo, este es el caso de Irlanda[6], existiendo otros que han mostrado su interés por introducir este tipo de medidas (p. ej., Bélgica) en sus respectivos ordenamientos jurídicos.

Estas normas tienen una doble finalidad: por un lado facilitar la lectura, análisis y decisión por parte del Tribunal Supremo de los escritos que se presenten; por otro, establecer una estructura y formato uniformes con vistas a su presentación telemática o a su posterior tratamiento digital, permitiendo una rápida localización del propósito del escrito y de los datos de identificación necesarios.

La previsión legal contenida en el artículo 87 bis de la Ley Jurisdicción tan sólo menciona expresamente los escritos de interposición y oposición del recurso de casación, pero no puede desconocerse que las razones que justifican limitar la extensión máxima y fijar la forma y estructura normalizada

de tales escritos, sirven también, si cabe con mayor intensidad, respecto de los escritos de preparación del recurso de casación y de los restantes escritos que se puedan presentar durante la tramitación del mismo. Por ello se considera conveniente fijar, también, a modo de recomendación, los criterios de extensión máxima y otros elementos extrínsecos que deberían tener tales escritos.

La notable ampliación de las resoluciones judiciales que tendrán acceso al recurso de casación, en los términos señalados en el artículo 86 de la LJ, con el previsible aumento del número de recursos que se presentarán por esta vía a la Sala Tercera del Tribunal Supremo exigirá un notable esfuerzo por su parte y la imprescindible colaboración de los profesionales que acudan a este Tribunal. Por eso, la presentación de escritos en los que de forma clara, estructurada y concisa, se identifiquen los requisitos exigidos por la ley para su admisión es en una exigencia del nuevo modelo diseñado por la ley. Especial importancia tienen en este aspecto la perfecta identifica-

---

[6] Una reciente ley aprobada en el 2014 permite establecer instrucciones sobre el límite máximo de palabras (10.000) en los escritos de las partes, debiendo incorporar un contador de palabras, pudiendo obtener una dispensa, previa a la presentación y siempre de carácter excepcional. Se permite que el registro del Tribunal rechace los documentos que excedan de la extensión máxima permitida.

ción y fácil localización de los argumentos en los que el recurrente funda la justificación de la relevancia de las infracciones denunciadas [art. 89.2.*d*) de la LJ], el interés casacional objetivo y la conveniencia de un pronunciamiento de la Sala [art. 89.2.*f*) de la LJ] por tratarse de los pilares claves sobre los que se asienta la admisión en el nuevo modelo de recurso de casación que entrará en vigor en julio de 2016.

II. NORMAS PARA LOS ESCRITOS DE INTERPOSICIÓN Y OPOSICIÓN DE LOS RECURSOS DE CASACIÓN DIRIGIDOS A LA SALA TERCERA DEL TRIBUNAL SUPREMO

1. *Extensión máxima*

Los escritos de interposición y contestación tendrán una extensión máxima de 50.000 «caracteres con espacio», equivalente a 25 folios. El texto figurará en una sola cara de la hoja (anverso) y no en ambas (anverso y reverso).

Esta extensión máxima incluye las notas a pie de página, esquemas o gráficos que eventualmente pudieran incorporarse.

El Abogado, u otra persona que éste designe, deberá certificar al final del mismo el número de caracteres que contiene el escrito que presenta.

2. *Formato*

Se utilizará para el texto como fuente «Times New Roman», con un tamaño de 12 puntos en el texto y de 10 puntos en las notas a pie de página o en la transcripción literal de preceptos o párrafos de sentencias que se incorporen.

El interlineado en el texto será de 1,5.

Los márgenes horizontales y verticales (márgenes superior, inferior, izquierdo y derecho de la página) serán de 2,5 cm.

Todos los folios estarán numerados de forma creciente, empezando por el número 1. Este número figurará en la esquina superior derecha del folio.

Todos los documentos que se aporten con el escrito deberán estar suficientemente identificados y numerados como Documento o Anexo, por ejemplo: Documento o Anexo 1, Documento o Anexo 2, Documento o Anexo 3 y así sucesivamente.

El formato electrónico del folio será A4, sin rayas ni otros elementos que dificulten su lectura o tratamiento informático. Idéntica previsión se aplicará si el documento se presenta en papel.

3. *Estructura*

3.1. Carátula[7]

Los escritos de interposición y oposición presentados por vía telemática o en papel irán precedidos de una carátula o formulario, que generará el sistema o que rellenarán los profesionales que presenten el escrito, y que contendrá, al menos, los siguientes datos:

— Número del recurso de casación.

— Identificación de la Sala y Sección destinataria del escrito.

— Nombre del recurrente o recurrentes ordenados alfabéticamente y el número del DNI, pasaporte, NIE (en el caso de extranjeros) o NIF (en el caso de personas jurídicas). En el caso de tratarse de una Administración pública bastará con la identificación de la misma.

— Nombre del Procurador y número de colegiado.

— Nombre del Letrado/s y número de colegiado.

— Identificación de la sentencia o resolución recurrida en casación, expresando el tribunal, sala y sección de procedencia, la fecha de la resolución y el número del procedimiento. Por ejemplo: sentencia de la Sección Primera del Tribunal Superior de Justicia de Madrid, de 1 de enero de 2016 (procedimiento o recurso 1/2016) (este dato no será necesario cuando se trate del escrito de oposición).

— Identificación del tipo de escrito que se presenta (escrito de interposición o escrito de oposición al recurso presentado por el recurrente).

3.2. Contenido de los escritos

Los escritos de interposición se estructurarán en apartados separados y debidamente numerados que se encabezarán con un epígrafe expresivo de aquello de lo que tratan, en los términos previstos en el artículo 92.3 de la Ley de Jurisdicción Contencioso-administrativa.

---

[7] El apartado cuarto del artículo 36 de la Ley 18/2011, de 5 de julio, establece que «Todo escrito iniciador del procedimiento deberá ir acompañado de un formulario normalizado debidamente cumplimentado en los término que se establezcan reglamentariamente» y el artículo 38.1 de dicha norma dispone que «La presentación de toda clase de escritos, documentos, dictámenes, informes u otros medios o instrumentos se ajustará a lo dispuesto en las leyes procesales, debiendo ir acompañados en todo caso del formulario normalizado a que se refiere el apartado 4 del artículo 36, en el que además se consignará el tipo y número de expediente y año al que se refiera el escrito».

Igual previsión regirá para los escritos de oposición reflejando en el encabezamiento de cada apartado la cuestión que abordarán como respuesta a los contenidos en el escrito de personación o a los diferentes extremos controvertidos.

III. CRITERIOS ORIENTADORES RESPECTO DE LOS ESCRITOS DE PREPARACIÓN (ART. 89.2 DE LA LJ) Y DE OPOSICIÓN A LA ADMISIÓN (ART. 89.6 LJ) DE LOS RECURSOS DE CASACIÓN DIRIGIDOS A LA SALA TERCERA DEL TRIBUNAL SUPREMO

1. *Extensión máxima*

Los escritos de preparación y de oposición deberían tener una extensión máxima de 35.000 «caracteres con espacio», equivalente a 15 folios, escritos sólo por una cara (anverso).

Esta extensión máxima incluye las notas a pie de página, esquemas o gráficos que eventualmente pudieran incluirse en dicho escrito.

2. *Formato*

Será el mismo que el previsto para los escritos de interposición y oposición.

3. *Estructura*

3.1. Carátula

Será la misma que se prevé para los escritos de interposición y oposición, con las siguientes previsiones específicas:

— No es necesario incorporar el número del recurso de casación, dado que todavía se desconoce.

— Identificación del tipo de escrito que se presenta (escrito de preparación, de oposición a la admisión, etc.).

— Se incorporará una ventana con el rótulo «Asunto», «Objeto» o similar, en la que se hará una brevísima descripción de la materia sobre la que verse el litigio, a los simples efectos de su pronta identificación. Por ejemplo: Propiedad Industrial. Patente. Caducidad.

3.2. Contenido de los escritos

El escrito de preparación se estructurará en apartados separados y debidamente numerados que se encabezarán con un epígrafe expresivo de aquello de lo que tratan, destacando especialmente los apartados destinados a justificar que las infracciones imputadas han sido relevantes y determinantes de la decisión adoptada en la resolución que se pretende recurrir y fundamentar, con singular referencia al caso, la concurrencia del interés casacional objetivo y la conveniencia de un pronunciamiento de la Sala de lo Contencioso-Administrativo del Tribunal Supremo, en los términos previstos en el artículo 89.2 de la Ley de Jurisdicción Contencioso-administrativa.

El escrito de oposición a la admisión se estructurará en apartados separados y debidamente numerados que se encabezarán con un epígrafe expresivo de aquello de lo que tratan.

IV. CRITERIOS ORIENTADORES PARA LOS ESCRITOS DE ALEGACIONES (ART. 90.1 DE LA LJ)

Extensión máxima

La extensión máxima del escrito de alegaciones previsto en el artículo 90.1 de la LJ será fijada, en función de las circunstancias del caso, por la Sección de admisión prevista en el apartado segundo de este mismo precepto, sin que, en todo caso, pueda ser superior a la del escrito de preparación correspondiente.

Este Texto fue sometido antes de su aprobación al Consejo General de la Abogacía y a otros operadores jurídicos, oyéndose su parecer.

El presente acuerdo forma parte del conjunto de medidas adoptadas por la Sala de Gobierno para la modernización del Tribunal Supremo.

LEY ORGÁNICA 3/2018, DE 5 DE DICIEMBRE, DE PROTECCIÓN DE DATOS PERSONALES Y GARANTÍA DE LOS DERECHOS DIGITALES

(*BOE* n.º 294, de 6 de diciembre de 2018)

....

DISPOSICIONES FINALES

....

6.ª   *Modificación de la Ley 29/1998, de 13 de julio, reguladora de la Jurisdicción Contencioso-administrativa.*—La Ley 29/1998, de 13 de julio, reguladora de la Jurisdicción Contencioso-administrativa, se modifica en los siguientes términos:

....

16.ª   *Entrada en vigor.*—La presente ley orgánica entrará en vigor el día siguiente al de su publicación en el *Boletín Oficial del Estado.*

....

REAL DECRETO-LEY 3/2020, DE 4 DE FEBRERO, DE MEDIDAS URGENTES POR EL QUE SE INCORPORAN AL ORDENAMIENTO JURÍDICO ESPAÑOL DIVERSAS DIRECTIVAS DE LA UNIÓN EUROPEA EN EL ÁMBITO DE LA CONTRATACIÓN PÚBLICA EN DETERMINADOS SECTORES; DE SEGUROS PRIVADOS; DE PLANES Y FONDOS DE PENSIONES; DEL ÁMBITO TRIBUTARIO Y DE LITIGIOS FISCALES

(*BOE* n.º 31, de 5 de febrero de 2020)

....

Art. 218. *Modificación de la Ley 29/1998, de 13 de julio, reguladora de la Jurisdicción Contencioso-administrativa.*— Se modifica el apartado 2 de la disposición adicional novena de la Ley 29/1998, de 13 de julio, reguladora de la Jurisdicción Contencioso-administrativa, que queda redactado de la siguiente forma:

....

DISPOSICIONES TRANSITORIAS

....

8.ª *Régimen transitorio en materia de procedimientos amistosos.*—[...]

....

DISPOSICIONES FINALES

....

16.ª *Entrada en vigor.*— 1. El presente real decreto-ley entrará en vigor el día siguiente al de su publicación en el *Boletín Oficial del Estado*.

2. No obstante lo anterior, el libro primero, las disposiciones adicionales primera, segunda, tercera, cuarta, quinta, sexta, séptima, octava, novena, décima, decimosexta y decimoséptima; la disposición transitoria primera y el apartado primero de la disposición derogatoria única, entrarán en vigor a los veinte días de su publicación en el *Boletín Oficial del Estado*, a excepción del artículo 126, que lo hará al día siguiente de la referida publicación y del artículo 72.2 que lo hará al mismo tiempo que la dis-

posición reglamentaria a la que se refiere el mismo.

3.   Los apartados dos, tres, cuatro, cinco, seis, siete, ocho y nueve del artículo 214; los apartados dos, tres, cuatro y cinco del artículo 216 y la disposición transitoria séptima, entrarán en vigor el 1 de marzo de 2020.

REAL DECRETO-LEY 25/2020, DE 3 DE JULIO, DE MEDIDAS URGENTES PARA APOYAR LA REACTIVACIÓN ECONÓMICA Y EL EMPLEO

(*BOE* n.º 185, de 6 de julio de 2020)

....

DISPOSICIONES FINALES

....

2.ª *Modificación de la Ley 29/1998, de 13 de julio, reguladora de la Jurisdicción Contencioso-administrativa.*—Se aña-

de un nuevo apartado 7 a la disposición adicional cuarta, con la siguiente redacción:

....

9.ª *Entrada en vigor.*—El presente real decreto-ley entrará en vigor el día siguiente al de su publicación en el *Boletín Oficial del Estado*.

LEY 3/2020, DE 18 DE SEPTIEMBRE, DE MEDIDAS PROCESALES Y ORGANIZATIVAS PARA HACER FRENTE AL COVID-19 EN EL ÁMBITO DE LA ADMINISTRACIÓN DE JUSTICIA

(*BOE* n.º 250, de 19 de septiembre de 2020)

....

DISPOSICIONES FINALES

....

2.ª *Modificación de la Ley 29/1998, de 13 de julio, reguladora de la Jurisdicción Contencioso-administrativa.*—Se modifica la Ley 29/1998, de 13 de julio, reguladora de la Jurisdicción Contencioso-administrativa, en los siguientes términos:

Uno. Se modifica el apartado 6 del artículo 8, que queda redactado de la siguiente manera:

....

Dos. Se modifica el artículo 10, que queda redactado de la siguiente manera:

....

Tres. Se modifica el apartado 1 del artículo 11, que queda redactado de la siguiente manera:

....

Cuatro. Se añade un nuevo artículo 122 quáter, con el siguiente contenido:

....

13.ª *Entrada en vigor.*—Esta Ley entrará en vigor el día siguiente al de su publicación en el *Boletín Oficial del Estado*.

REAL DECRETO-LEY 8/2021, DE 4 DE MAYO, POR EL QUE SE ADOPTAN MEDIDAS URGENTES EN EL ORDEN SANITARIO, SOCIAL Y JURISDICCIONAL, A APLICAR TRAS LA FINALIZACIÓN DE LA VIGENCIA DEL ESTADO DE ALARMA DECLARADO POR EL REAL DECRETO 926/2020, DE 25 DE OCTUBRE, POR EL QUE SE DECLARA EL ESTADO DE ALARMA PARA CONTENER LA PROPAGACIÓN DE INFECCIONES CAUSADAS POR EL SARS-COV-2

(*BOE* n.º 107, de 5 de mayo de 2021; corrección de errores en *BOE* de 8 de mayo)

....

CAPÍTULO VI

MEDIDAS EXTRAORDINARIAS EN EL ORDEN JURISDICCIONAL CONTENCIOSO-ADMINISTRATIVO

Art. 15. *Modificación de la Ley 29/1998, de 13 de julio, reguladora de la Jurisdicción Contencioso-administrativa.*—La Ley 29/1998, de 13 de julio, reguladora de la Jurisdicción Contencioso-administrativa, queda modificada como sigue:

Uno. Se añade un nuevo apartado 1 bis al artículo 87 con el siguiente contenido:

....

Dos. Se modifica el apartado 2 del artículo 87, que queda redactado de la siguiente manera:

....

Tres. Se añade un nuevo artículo 87 ter, con el siguiente contenido:

....

Cuatro. Se modifica el artículo 122 quáter, que queda redactado de la siguiente manera:

....

DISPOSICIONES
FINALES

....

2.ª *Entrada en vigor.*—El presente real decreto-ley entrará en vigor el día 9 de mayo de 2021.

LEY 11/2021, DE 9 DE JULIO, DE MEDIDAS DE PREVENCIÓN Y LUCHA CONTRA EL FRAUDE FISCAL, DE TRANSPOSICIÓN DE LA DIRECTIVA (UE) 2016/1164, DEL CONSEJO, DE 12 DE JULIO DE 2016, POR LA QUE SE ESTABLECEN NORMAS CONTRA LAS PRÁCTICAS DE ELUSIÓN FISCAL QUE INCIDEN DIRECTAMENTE EN EL FUNCIONAMIENTO DEL MERCADO INTERIOR, DE MODIFICACIÓN DE DIVERSAS NORMAS TRIBUTARIAS Y EN MATERIA DE REGULACIÓN DEL JUEGO

(*BOE* n.º 164, de 10 de julio de 2021)

....

Art. 12. *Modificación de la Ley 29/1998, de 13 de julio, reguladora de la Jurisdicción Contencioso-administrativa.*—Se modifica el apartado 6 del artículo 8 de la Ley 29/1998, de 13 de julio, reguladora de la Jurisdicción Contencioso-administrativa, que queda redactado de la siguiente forma:

....

DISPOSICIONES FINALES

....

7.ª *Entrada en vigor.*—La presente Ley entrará en vigor el día siguiente al de su publicación en el *Boletín Oficial del Estado.* No obstante:

a) Los apartados cuatro y veintiuno del artículo decimotercero y la disposición adicional segunda entrarán en vigor transcurrido el plazo de tres meses desde la entrada en vigor de esta Ley.

b) Los apartados uno, tres, cuatro, cinco y siete del artículo primero y el artículo segundo tendrán efectos para los períodos impositivos que se inicien a partir de 1 de enero de 2021.

c) Los apartados cinco y siete del artículo tercero y la disposición adicional primera tendrán efectos desde 1 de enero de 2022.

d) Los apartados uno, dos, tres, cuatro y seis del artículo tercero tendrán efectos desde la entrada en vigor de esta Ley.

e) Los apartados dos y seis del artículo primero tendrán efectos para los períodos impositivos que se inicien a partir de 1 de enero de 2022.

LEY 14/2021, DE 11 DE OCTUBRE, POR LA QUE SE MODIFICA EL REAL DECRETO-LEY 17/2020, DE 5 DE MAYO, POR EL QUE SE APRUEBAN MEDIDAS DE APOYO AL SECTOR CULTURAL Y DE CARÁCTER TRIBUTARIO PARA HACER FRENTE AL IMPACTO ECONÓMICO Y SOCIAL DEL COVID-2019

(*BOE* n.º 244, de 12 de octubre de 2021)

....

Art. 11. Se modifican o añaden las siguientes disposiciones adicionales, transitorias y finales del Real Decreto-ley 17/2020, de 5 de mayo, con el siguiente contenido:

....

Nueve. Se adiciona la siguiente disposición final décima.
«*Disposición final décima. Modificación de la Ley 29/1998, de 13 de julio, reguladora de la Jurisdicción Contencioso-administrativa.*—Se modifica el apartado 2 del artículo 122 bis de la Ley 29/1998, de 13 de julio, reguladora de la Jurisdicción Contencioso-administrativa, que queda redactado de la siguiente forma:

....

DISPOSICIONES FINALES

....

2.ª *Entrada en vigor.*—La presente ley entrará en vigor el día siguiente al de su publicación en el *Boletín Oficial del Estado.*

LEY 16/2022, DE 5 DE SEPTIEMBRE, DE REFORMA DEL TEXTO REFUNDIDO DE LA LEY CONCURSAL, APROBADO POR EL REAL DECRETO LEGISLATIVO 1/2020, DE 5 DE MAYO, PARA LA TRANSPOSICIÓN DE LA DIRECTIVA (UE) 2019/1023 DEL PARLAMENTO EUROPEO Y DEL CONSEJO, DE 20 DE JUNIO DE 2019, SOBRE MARCOS DE REESTRUCTURACIÓN PREVENTIVA, EXONERACIÓN DE DEUDAS E INHABILITACIONES, Y SOBRE MEDIDAS PARA AUMENTAR LA EFICIENCIA DE LOS PROCEDIMIENTOS DE REESTRUCTURACIÓN, INSOLVENCIA Y EXONERACIÓN DE DEUDAS, Y POR LA QUE SE MODIFICA LA DIRECTIVA (UE) 2017/1132 DEL PARLAMENTO EUROPEO Y DEL CONSEJO, SOBRE DETERMINADOS ASPECTOS DEL DERECHO DE SOCIEDADES (DIRECTIVA SOBRE REESTRUCTURACIÓN E INSOLVENCIA)

(*BOE* n.º 214, de 6 de septiembre de 2022)

....

DISPOSICIONES FINALES

....

4.ª *Modificación de la Ley 29/1998, de 13 de julio, reguladora de la Jurisdicción Contencioso-administrativa.*—Se modifica la letra *b*) del apartado 1 del artículo 12 de la Ley reguladora de la Jurisdicción Contencioso-administrativa, que queda redactada como sigue:

....

19.ª *Entrada en vigor.*—La presente ley entrará en vigor a los veinte días de su publicación en el *Boletín Oficial del Estado*, con excepción del libro tercero del texto refundido de la Ley Concursal, que entrará en vigor el 1 de enero de 2023, salvo el apartado 2 del artículo 689, que entrará en vigor cuando se apruebe el reglamento a que se refiere la disposición transitoria segunda de la Ley 17/2014, de 30 de septiembre, por la que se adoptan medidas urgentes en materia de refinanciación y reestructuración de deuda empresarial y la disposición adicional undécima referida a los aplazamientos y fraccionamientos de deudas tributarias por la Agencia Estatal de Administración Tributaria, que entrará en vigor el 1 de enero de 2023.

LEY 18/2022, DE 28 DE SEPTIEMBRE, DE CREACIÓN Y CRECIMIENTO DE EMPRESAS

(*BOE* n.º 234, de 29 de septiembre de 2022)

....

Art. 7.º *Modificación de la Ley 29/1998, de 13 de julio, reguladora de la Jurisdicción Contencioso-administrativa.*— La Ley 29/1998, de 13 de julio, reguladora de la Jurisdicción Contencioso-administrativa, queda modificada en los siguientes términos:

Uno. Se modifica el apartado 6 del artículo 127 ter, que queda redactado como sigue:

....

Dos. Se modifican los apartados 1 y 2 del artículo 127 quáter, que pasa a tener la siguiente redacción:

....

DISPOSICIONES FINALES

....

8.ª *Entrada en vigor.*—La presente ley entrará en vigor a los veinte días de su publicación en el *Boletín Oficial del Estado*, a excepción del capítulo V que entrará en vigor a partir del 10 de noviembre de 2022 y del artículo 12, relativo a la facturación electrónica entre empresarios y profesionales, que producirá efectos, para los empresarios y profesionales cuya facturación anual sea superior a ocho millones de euros, al año de aprobarse el desarrollo reglamentario. Para el resto de los empresarios y profesionales, este artículo producirá efectos a los dos años de aprobarse el desarrollo reglamentario. La entrada en vigor del artículo 12 está supeditada a la obtención de la excepción comunitaria a los artículos 218 y 232 de la Directiva 2006/112/CE del Consejo, de 28 de noviembre de 2006, relativa al sistema común del impuesto sobre el valor añadido.

LEY 2/2023, DE 20 DE FEBRERO, REGULADORA DE LA PROTECCIÓN DE LAS PERSONAS QUE INFORMEN SOBRE INFRACCIONES NORMATIVAS Y DE LUCHA CONTRA LA CORRUPCIÓN

(*BOE* n.º 44, de 21 de febrero de 2023)

....

DISPOSICIONES FINALES

....

2.ª *Modificación de la Ley 29/1998, de 13 de julio, reguladora de la Jurisdicción Contencioso-administrativa.*—La Ley 29/1998, de 13 de julio, reguladora de la Jurisdicción Contencioso-administrativa, queda modificada en los siguientes términos:

Uno. Se modifica la letra *m*) y se añade una nueva letra *n*) en el apartado 1 del artículo 10, con la siguiente redacción:

....

Dos. Se modifica el apartado 5 de la disposición adicional cuarta, que queda redactado como sigue:

....

12.ª *Entrada en vigor.*—La presente ley entrará en vigor a los veinte días de su publicación en el *Boletín Oficial del Estado.*

REAL DECRETO-LEY 5/2023, DE 28 DE JUNIO, POR EL QUE SE ADOPTAN Y PRORROGAN DETERMINADAS MEDIDAS DE RESPUESTA A LAS CONSECUENCIAS ECONÓMICAS Y SOCIALES DE LA GUERRA DE UCRANIA, DE APOYO A LA RECONSTRUCCIÓN DE LA ISLA DE LA PALMA Y A OTRAS SITUACIONES DE VULNERABILIDAD; DE TRANSPOSICIÓN DE DIRECTIVAS DE LA UNIÓN EUROPEA EN MATERIA DE MODIFICACIONES ESTRUCTURALES DE SOCIEDADES MERCANTILES Y CONCILIACIÓN DE LA VIDA FAMILIAR Y LA VIDA PROFESIONAL DE LOS PROGENITORES Y LOS CUIDADORES; Y DE EJECUCIÓN Y CUMPLIMIENTO DEL DERECHO DE LA UNIÓN EUROPEA

(*BOE* n.º 154, de 29 de junio de 2023)

....

CAPÍTULO II

MODIFICACIÓN
DE LA REGULACIÓN
DEL PROCESO CONTENCIOSO-
ADMINISTRATIVO

Art. 224. *Modificación de la Ley 29/1998, de 13 de julio, reguladora de la Jurisdicción Contencioso-administrativa.—* La Ley 29/1998, de 13 de julio, reguladora de la Jurisdicción Contencioso-administrativa, queda modificada como sigue:

Uno. Se modifica el apartado 2 del artículo 37, que queda redactado como sigue:

....

Dos. Se introduce un nuevo apartado 5 en el artículo 56 con la siguiente redacción:

....

Tres. Se modifica la letra *b*) del apartado 3 del artículo 88, que queda redactada como sigue:

....

Cuatro.   Se modifica el apartado 5 del artículo 89, que queda redactado como sigue:

....

Cinco.   Se modifica el apartado 1 y la letra *a*) del apartado 3 del artículo 90, que quedan redactados como sigue:

....

Seis.   Se modifica el artículo 94, que queda redactado como sigue:

....

DISPOSICIONES TRANSITORIAS

....

10.ª   *Régimen transitorio de las medidas de carácter procesal.*—1.   Los recursos de casación penal que se hubieren presentado antes de la entrada en vigor del presente real decreto-ley se continuarán sustanciando conforme a la legislación procesal anterior.

2.   Las modificaciones del apartado 2 del artículo 37 y del apartado 5 del artículo 56 de la Ley 29/1998, de 13 de julio, reguladora de la Jurisdicción Contencioso-administrativa, serán de aplicación a todos los procedimientos en trámite en los que no se haya dictado sentencia a la fecha de entrada en vigor de este real decreto-ley.

3.   El régimen del recurso de casación contencioso-administrativo establecido en este Real Decreto-ley será de aplicación a las resoluciones de los juzgados y tribunales de ese orden que se dicten con posterioridad a su entrada en vigor.

La modificación del artículo 94 de la Ley 29/1998, de 13 de julio, reguladora de la Jurisdicción Contencioso-administrativa, será de aplicación a los recursos de casación que se hubieran preparado y estuvieran pendientes de admisión a la entrada en vigor de este real decreto-ley.

A estos efectos, de oficio o a instancia de parte, se podrá acordar la suspensión del trámite de admisión de estos recursos en atención a cualquiera de los recursos de casación que ya se hubieran admitido antes de la entrada en vigor de este real decreto-ley, que se declararán de tramitación y resolución preferente por concurrir los requisitos del citado artículo 94.

4.   La nueva regulación del recurso de casación civil se aplicará a los recursos que se interpongan contra las resoluciones dictadas a partir de su entrada en vigor, con las excepciones previstas en los apartados siguientes.

Los recursos de casación y extraordinarios por infracción procesal interpuestos contra resoluciones dictadas con anterioridad a esa fecha se regirán por la legislación anterior, cualquiera que sea la fecha en la que dichas resoluciones se notifiquen.

En el caso anterior, si procediera la inadmisión de los recursos por las causas previstas en las normas hasta entonces vigentes, se acordará por providencia sucintamente motivada, previa audiencia de las partes.

En el mismo caso, si concurren los requisitos previstos al efecto en el artículo 487.1 de la Ley de Enjuiciamiento Civil, el recurso de casación y, en su caso, el recurso extraordinario por infracción procesal, podrán resolverse por medio de auto, que casará la sentencia y devolverá el asunto al tribunal de su procedencia para que dicte nueva resolución de acuerdo con la doctrina jurisprudencial existente sobre la cuestión o cuestiones planteadas.

5. El régimen del recurso de casación social establecido en este real decreto-ley será de aplicación a las resoluciones de los juzgados y tribunales de ese orden que se dicten con posterioridad a su entrada en vigor.

La modificación del artículo 225 bis de la Ley 36/2011, de 10 de octubre, reguladora de la jurisdicción social, será de aplicación a los recursos de casación que se hubieran preparado y estuvieran pendientes de admisión a la entrada en vigor de este real decreto-ley.

A estos efectos, de oficio o a instancia de parte, se podrá acordar la suspensión del trámite de admisión de otros recursos en atención a cualquiera de los recursos de casación que ya se hubieran admitido a la entrada en vigor de este real decreto-ley y que se declaren de tramitación y resolución preferente por concurrir los requisitos del citado artículo.

....

DISPOSICIONES FINALES

....

9.ª *Entrada en vigor.*—El presente real decreto-ley entrará en vigor el día siguiente al de su publicación en el *Boletín Oficial del Estado*, excepto las previsiones del libro primero y del título VII del libro quinto, que entrarán en vigor al mes de su publicación en el *Boletín Oficial del Estado*, y las regulaciones del título III del libro tercero, que entrarán en vigor cuando se apruebe su desarrollo reglamentario.

REAL DECRETO-LEY 6/2023, DE 19 DE DICIEMBRE, POR EL QUE SE APRUEBAN MEDIDAS URGENTES PARA LA EJECUCIÓN DEL PLAN DE RECUPERACIÓN, TRANSFORMACIÓN Y RESILIENCIA EN MATERIA DE SERVICIO PÚBLICO DE JUSTICIA, FUNCIÓN PÚBLICA, RÉGIMEN LOCAL Y MECENAZGO

(*BOE* n.º 303, de 20 de diciembre de 2023)

....

LIBRO PRIMERO

Medidas de Eficiencia Digital y Procesal del Servicio Público de Justicia

....

TÍTULO VIII

Medidas de Eficiencia Procesal del Servicio Público de Justicia

....

Art. 102. *Modificación de la Ley 29/1998, de 13 de julio, reguladora de la Jurisdicción Contencioso-administrativa.—* La Ley 29/1998, de 13 de julio, reguladora de la Jurisdicción Contencioso- administrativa, queda modificada como sigue:

Uno. Se modifica el apartado 3 del artículo 5, que queda redactado del siguiente modo:

....

Dos. Se modifica el apartado 3 del artículo 7, que queda redactado del siguiente modo:

....

Tres. Se modifica el apartado 3 y se añade un nuevo apartado 4 al artículo 23, que quedan redactados como sigue:

....

Cuatro. Se modifica el apartado 2 del artículo 36, que queda redactado del siguiente modo:

....

Cinco. Se modifica el artículo 39, que queda redactado del siguiente modo:

....

Seis. Se modifica el apartado 1 del artículo 47, que queda redactado del siguiente modo:

....

Siete. Se modifican los apartados 1, 4, 5, 7 y 8, y se añade un nuevo apartado 11 en el artículo 48, que quedan redactados como sigue:

....

Ocho. Se modifican los apartados 3 y 4 del artículo 49, que quedan redactados del siguiente modo:

....

Nueve. Se modifica el apartado 1 del artículo 52, que

queda redactado del siguiente modo:

....

Diez. Se modifica el apartado 3 del artículo 54, que queda redactado del siguiente modo:

....

Once. Se modifican los apartados 1 y 3 del artículo 55, que quedan redactados del siguiente modo:

....

Doce. Se modifica el apartado 4 del artículo 59, que queda redactado del siguiente modo:

....

Trece. Se añade el apartado 8 al artículo 60 con la siguiente redacción:

....

Catorce. Se modifican los apartados 3 y 4 del artículo 63, que quedan redactados del siguiente modo:

....

Quince. Se modifica el apartado 3 del artículo 74, que

queda redactado del siguiente modo:

....

Dieciséis. Se modifica el apartado 2 del artículo 76, que queda redactado del siguiente modo:

....

Diecisiete. Se añade un nuevo apartado 4 al artículo 77, con el siguiente contenido:

....

Dieciocho. Se modifican los apartados 1 y 3 del artículo 79, que quedan redactados del siguiente modo:

....

Diecinueve. Se modifica el apartado 2 del artículo 81 para introducir una nueva letra e), quedando redactado como sigue:

....

Veinte. Se modifican los apartados 3 y 4 del artículo 85, que quedan redactados del siguiente modo:

....

Veintiuno. Se modifican los apartados 1 y 5 del artícu-

lo 92, que quedan redactados del siguiente modo:

....

Veintidós. Se modifica el apartado 2 del artículo 102 bis, que queda redactado del siguiente modo:

....

Veintitrés. Se modifica la rúbrica del Capítulo IV del Título IV, que queda redactada como sigue:

....

Veinticuatro. Se modifica el apartado 1 del artículo 103, que queda redactado del siguiente modo:

....

Veinticinco. Se modifica el apartado 1 del artículo 104, que queda redactado del siguiente modo:

....

Veintiséis. Se modifican los apartados 1 y 5 del artículo 116, que quedan redactados del siguiente modo:

....

Veintisiete. Se modifica el artículo 119, que queda redactado del siguiente modo:

....

Veintiocho.   Se modifica el apartado 2 del artículo 122, que queda redactado del siguiente modo:

....

Veintinueve.   Se modifican los apartados 3 y 4 del artículo 127, que quedan redactados del siguiente modo:

....

Treinta.   Se modifica el apartado 4 del artículo 139,

que queda redactado del siguiente modo:

....

Treinta y uno.   Se modifica el apartado 5 de la disposición adicional cuarta, que queda redactado del siguiente modo:

....

Treinta y dos.   Se añade la disposición adicional decimoprimera con la siguiente redacción:

....

DISPOSICIONES ADICIONALES

1.ª   *Interoperabilidad entre las aplicaciones de la Administración de Justicia.*—En el plazo de cinco años desde la entrada en vigor del libro primero del presente real decreto-ley, las administraciones públicas con competencias en medios materiales y personales de la Administración de Justicia garantizarán la interoperabilidad entre los sistemas al servicio de la Administración de Justicia, de acuerdo con lo previsto en el presente real decreto-ley, en sus desarrollos reglamentarios y en las especificaciones establecidas por el Comité Técnico

Estatal de Administración Judicial Electrónica en el marco institucional de cooperación en materia de administración electrónica.

2.ª   *Accesibilidad a los servicios electrónicos en el ámbito de la Administración de Justicia.*—Las administraciones con competencias en materia de Justicia garantizarán que todos los ciudadanos y ciudadanas, con especial atención a las personas mayores o personas con algún tipo de discapacidad, que se relacionan con la Administración de Justicia, puedan acceder a los servicios electrónicos en igualdad de condiciones con independencia de sus circunstancias personales, medios o conocimientos.

A tal fin, se ajustarán en lo que sea de aplicación al Real Decreto 1112/2018, de 7 de septiembre, sobre accesibilidad de los sitios web y aplicaciones para dispositivos móviles del sector público y demás regulación estatal y autonómica en materia de igualdad y no discriminación.

3.ª *Dotación de medios e instrumentos electrónicos a la Administración de Justicia.*— Las administraciones públicas competentes en materia de Justicia dotarán a todos los órganos judiciales, oficinas judiciales y oficinas fiscales de los medios e instrumentos electrónicos necesarios y suficientes para poder desarrollar su función eficientemente. Asimismo, formarán a sus integrantes en el uso y utilización de dichos medios e instrumentos.

....

5.ª *Declaración de requerimientos tecnológicos de las reformas en las leyes procesales.*—Todo anteproyecto de ley de reformas de leyes procesales deberá ir acompañado, cuando proceda, de una declaración de requerimientos tecnológicos para su correcta implantación y aplicación.

6.ª *Instrumentos de desarrollo normativo aprobados por el Comité técnico estatal de la Administración judicial electrónica.*—Las guías de interoperabilidad y seguridad de las tecnologías de la información y las comunicaciones que sean aprobadas en el seno del Comité técnico estatal de la Administración judicial electrónica serán obligatorias para cada una de las instituciones y administraciones con competencias en materia de Justicia a través de sus instrumentos normativos, de conformidad con sus competencias, y serán publicadas en sus Boletines o Diarios Oficiales correspondientes para su plena eficacia jurídica.

7.ª *Sistemas de identificación y firma no criptográficos admitidos con anterioridad en el ámbito de la Administración de Justicia.*—1. Seguirán siendo válidos aquellos sistemas de identificación y sistemas de firma no criptográficos que hayan sido admitidos por el Ministerio de la Presidencia, Justicia y Relaciones con las Cortes y por las Comunidades Autónomas con competencias transferidas, y establecidos de acuerdo con la legislación básica estatal, la

Ley 39/2015, de 1 de octubre, o conforme a la misma. Asimismo, seguirán siendo válidos aquellos sistemas establecidos de conformidad con el artículo 14.2.*c*) de la Ley 18/2011, de 5 de julio, reguladora del uso de las tecnologías de la información y la comunicación en la Administración de Justicia, siempre que hayan sido regulados y publicados en los respectivos boletines o diarios oficiales.

2. Será de aplicación lo establecido en la disposición adicional sexta de la Ley 39/2015, de 1 de octubre.

8.ª *Soluciones tecnológicas para garantizar la efectividad de los servicios y sistemas previstos en el libro primero del presente real decreto-ley.*—El Ministerio de la Presidencia, Justicia y Relaciones con las Cortes, las demás administraciones públicas con competencias transferidas de medios materiales y personales de la Administración de Justicia, el Consejo General del Poder Judicial, la fiscalía General del Estado, los Consejos de los Colegios profesionales, y cualesquiera otras administraciones o Instituciones adoptarán todas las medidas necesa-

rias a fin de garantizar la puesta en marcha, para que sean efectivos los servicios y sistemas previstos en el libro primero del presente real decreto-ley.

9.ª *Personal de los Cuerpos Generales y Especiales de la Administración de Justicia.*—En atención a la imprescindible implicación de los profesionales de los Cuerpos Generales y Especiales de la Administración de Justicia en el proceso de transformación comprometido en el Plan Estratégico *Justicia 2030* y en el Plan de Recuperación, Transformación y Resiliencia, y con el objetivo de lograr una mejora de la eficiencia organizativa, procesal y digital en aras de una administración más ágil, eficiente, adaptada a la ciudanía, sostenible y transparente, y puesto que este proceso de transformación tiene una especial incidencia en la adaptación de las funciones que realizan estos profesionales, por el Ministerio de la Presidencia, Justicia y Relaciones con las Cortes se llevarán a cabo las actuaciones precisas para reconocer e identificar esta incidencia.

....

DISPOSICIONES TRANSITORIAS

1.ª *Coexistencia de procedimientos judiciales tramitados en soporte papel y en formato electrónico.*—1. Durante el tiempo en que coexistan procedimientos tramitados en soporte papel con procedimientos tramitados exclusivamente en formato electrónico, los servicios electrónicos de información del estado de la tramitación a que se refiere el libro primero del presente real decreto-ley incluirán respecto a los primeros, al menos, la fase en la que se encuentra el procedimiento y el órgano o unidad responsable de su tramitación.

2. Los registros electrónicos existentes a la entrada en vigor del libro primero del presente real decreto-ley serán considerados registros judiciales electrónicos y se regularán por lo dispuesto en ella.

2.ª *Régimen transitorio aplicable a los procedimientos judiciales.*—Las previsiones recogidas por el libro primero del presente real decreto-ley serán aplicables exclusivamente a los procedimientos judiciales incoados con posterioridad a su entrada en vigor, salvo que en este se disponga otra cosa.

3.ª *Expediente electrónico con valor de copia simple.*—Si el estado de la técnica no hiciera posible remitir el expediente administrativo electrónico con los requisitos establecidos en este real decreto-ley y en la normativa técnica de aplicación, y, en todo caso, hasta el plazo máximo de los cinco años siguientes a la entrada en vigor del libro primero del presente real decreto-ley, será admisible la remisión del expediente en otro formato digital que posibilite su descarga y reutilización por el tribunal, oficina judicial u oficina fiscal. El expediente así remitido tendrá valor de copia simple.

....

DISPOSICIÓN DEROGATORIA

Única. *Derogación normativa.*—Queda derogada la Ley 18/2011, de 5 de julio, reguladora del uso de las tecnologías de la información y la comunicación en la Administración de Justicia, así como todas las normas de igual o inferior rango en lo que contradigan o se opongan a lo dispuesto en el presente real decreto-ley.

DISPOSICIONES FINALES

....

6.ª *Teletrabajo y puesto de trabajo deslocalizado.*—Tras la entrada en vigor del libro primero de este real decreto-ley, en el plazo de doce meses, previa negociación colectiva, se regulará el teletrabajo y el puesto de trabajo deslocalizado como modalidades de prestación de servicios a distancia en el ámbito de la Administración de Justicia. El desarrollo reglamentario de dicha modalidad de trabajo se efectuará por las administraciones competentes en materia de medios personales y materiales.

7.ª *Títulos competenciales.*—1. El libro primero, las disposiciones adicionales primera, segunda, tercera, cuarta, quinta, sexta, séptima, octava y novena, las disposiciones transitorias primera, segunda y tercera, y las disposiciones finales primera y sexta del presente real decreto-ley se dictan al amparo de lo dispuesto en el artículo 149.1.1.ª de la Constitución, que atribuye al Estado la competencia exclusiva para la regulación de las condiciones básicas que garanticen la igualdad de todos los españoles en el ejercicio de los derechos y en el cumplimiento de los deberes constitucionales; en el artículo 149.1.5.ª de la Constitución, que atribuye al Estado la competencia exclusiva en materia de Administración de Justicia; y en el artículo 149.1.6.ª de la Constitución, que atribuye al Estado la competencia exclusiva en materia de legislación procesal.

2. El libro segundo, las disposiciones adicionales décima, undécima, duodécima, decimotercera, decimocuarta y decimoquinta, y las disposiciones transitorias cuarta, quinta, sexta, séptima y octava del presente real decreto-ley no tienen carácter básico, aplicándose exclusivamente a la Administración del Estado como norma de desarrollo del texto refundido de la Ley del Estatuto Básico del Empleado Público.

3. El libro tercero y las disposiciones transitorias novena, décima y undécima del presente real decreto-ley se dictan al amparo de lo contemplado en el artículo 149.1.18.ª de la Constitución Española, que atribuye al Estado competencia exclusiva sobre las bases régimen jurídico de las Administraciones Públicas.

4. El libro cuarto y la disposición adicional decimosexta del presente real decreto- ley se dictan al amparo de lo contem-

plado en el artículo 149.1.14.ª de la Constitución Española, que atribuye al Estado competencia exclusiva sobre Hacienda general y Deuda del Estado.

8.ª *Desarrollo normativo.—* Corresponde al Gobierno y a las Comunidades Autónomas, en el ámbito de sus respectivas competencias, dictar las disposiciones necesarias para el desarrollo y aplicación del presente real decreto-ley.

9.ª *Entrada en vigor.—*1. El presente real decreto-ley entrará en vigor el día siguiente al de su publicación en el *Boletín Oficial del Estado.*

2. El libro primero, las disposiciones adicionales primera a novena, y las disposiciones transitorias primera a tercera entrarán en vigor a los veinte días de su publicación en el *Boletín Oficial del Estado.*

No obstante, las previsiones contenidas en el título VIII del libro primero y en las disposiciones finales primera, segunda y cuarta, entrarán en vigor a los tres meses de su publicación en el *Boletín Oficial del Estado.*

3. El libro cuarto entrará en vigor el 1 de enero del año 2024.

4. Desde la entrada en vigor del libro primero del presente real decreto-ley, los servicios y sistemas tecnológicos previstos en el mismo o que sean necesarios para la plena operatividad de sus preceptos, serán plenamente aplicables en todas las Comunidades Autónomas que ya cuenten con los mismos.

5. Las Comunidades Autónomas que aún no cuenten con tales sistemas o servicios, o que, contando con los mismos, aún no hayan operado su plena integración con los nodos, servicios o sistemas comunes del Ministerio de la Presidencia, Justicia y Relaciones con las Cortes deberán, en todo caso, llevar a cabo su plena aplicación e integración el 30 de noviembre de 2025.

A tal fin, desarrollarán todas las actuaciones necesarias para disponer de los mismos y su plena integración, en los plazos convenidos en el marco de la Conferencia Sectorial de Justicia para la distribución y reparto del crédito asignado en el Mecanismo de Recuperación y Resiliencia.

En concreto, deberán realizar estas actuaciones de conformidad con los acuerdos publicados por Resolución de 14 de junio de 2022, de la Secretaría de Estado de Justicia, por la que se publica el Acuerdo de la Conferencia Sectorial de Administración de Justicia, por el que se formalizan los criterios de distribución y el reparto resultante para las Comunidades Autónomas, del crédito asignado en el año 2022 y en el año 2023 por el Mecanismo de Recuperación y Resiliencia, y se formalizan los compromisos financieros resultantes, y por Resolución de 27 de marzo de 2023, de la Secretaría de Estado de Justicia, por la que se publica el Acuerdo de la Conferencia Sectorial de Administración de Justicia, por el que se modifica el reparto resultante para las Comunidades Autónomas del crédito asignado para el año 2023 del Mecanismo de Recuperación y Resiliencia y se formalizan los compromisos financieros resultantes.

....

LEY ORGÁNICA 1/2025, DE 2 DE ENERO, DE MEDIDAS EN MATERIA DE EFICIENCIA DEL SERVICIO PÚBLICO DE JUSTICIA

(*BOE* n.º 3, de 3 enero de 2025)

....

TÍTULO PRIMERO

Medidas en materia de eficiencia organizativa del Servicio Público de Justicia para la implantación de los Tribunales de Instancia y las Oficinas de Justicia en los municipios

....

TÍTULO II

Medidas en materia de eficiencia procesal del Servicio Público de Justicia

....

CAPÍTULO II

MODIFICACIÓN
DE LEYES PROCESALES

....

Art. 21. *Modificación de la Ley 29/1998, de 13 de julio, reguladora de la Jurisdicción Contencioso-administrativa.*—La Ley 29/1998, de 13 de julio, reguladora de la Jurisdicción Contencioso-admi-

nistrativa, queda modificada como sigue:

Uno. Se modifica la letra *a*) del apartado 1 del artículo 11, que queda redactado como sigue:

....

Dos. Se modifica el apartado 1 del artículo 19, para introducir una nueva letra *k*), con la siguiente redacción:

....

Tres. Se modifica el apartado 2 del artículo 45, para introducir una letra *e*), con la siguiente redacción:

....

Cuatro. Se modifica el apartado 8 del artículo 74, que queda redactado como sigue:

....

Cinco. Se modifican los apartados 3, 4, 18, 20 y 22 del artículo 78, que quedan redactados como sigue:

....

Penal, de Menores, de Vigilancia Penitenciaria, de lo Contencioso-Administrativo, de lo Social se entenderán referidas a las Secciones del orden jurisdiccional correspondiente de los Tribunales de Instancia, de conformidad con lo previsto en esta ley. La misma consideración tendrán las referencias a los Juzgados Centrales respecto de las correspondientes Secciones del Tribunal Central de Instancia.

....

DISPOSICIONES ADICIONALES

1.ª Menciones a Juzgados y Tribunales.—Una vez constituidos e implantados de forma efectiva los Tribunales de Instancia, las menciones genéricas que en la Ley Orgánica 6/1985, de 1 de julio, del Poder Judicial, se hacen a los Juzgados y Tribunales, se entenderán referidas a estos últimos o a los jueces, las juezas, los magistrados y las magistradas que sirven en ellos. Las referencias realizadas en las leyes y en el resto de disposiciones de nuestro ordenamiento jurídico a los Juzgados de Primera Instancia e Instrucción, de Primera Instancia, de lo Mercantil, de Instrucción, de Violencia sobre la Mujer, de lo

DISPOSICIONES TRANSITORIAS

1.ª *Constitución de los Tribunales de Instancia.*—Los Tribunales de Instancia se constituirán a través de la transformación de los actuales Juzgados en las Secciones de los Tribunales de Instancia que se correspondan con las materias de las que aquellos estén conociendo. Los jueces, juezas, magistrados y magistradas de dichos Juzgados pasarán a ocupar la plaza en la Sección respectiva con la misma numeración cardinal del Juzgado de procedencia y seguirán conociendo de todas las materias que tuvieran atribuidas en el mismo y de aquellos asuntos que en ellos estuvieren en trámite o no hubieren concluido mediante resolución que implique su archivo definitivo.

Cuando, en el supuesto indicado en el párrafo anterior, la nueva plaza que estos jueces, juezas, magistrados y magistradas ocupen corresponda a una Sección de Familia, Infancia y Capacidad, la numeración cardinal con que se identificará ésta dentro de la misma comenzará por la unidad y seguirá correlativamente, con el mismo orden de los Juzgados de procedencia. La numeración de las plazas de origen quedará sin asignar a otro juez, jueza, magistrado o magistrada hasta que se amplíe el número de estos, y se vayan cubriendo y asignando por el mismo orden.

La constitución de los Tribunales de Instancia se realizará de manera escalonada conforme al siguiente orden:

1.º El día 1 de julio de 2025 los Juzgados de Primera Instancia e Instrucción y los Juzgados de Violencia sobre la Mujer, en aquellos partidos judiciales donde no exista otro tipo de Juzgados, se transformarán, respectivamente, en Secciones Civiles y de Instrucción Únicas y Secciones de Violencia sobre la Mujer.

2.º El día 1 de octubre de 2025, los Juzgados de Primera Instancia, los Juzgados de Instrucción y los Juzgados de Violencia sobre la Mujer, en los partidos judiciales donde no exista otro tipo de Juzgados, se transformarán, respectivamente, en Secciones Civiles, Secciones de Instrucción y Secciones de Violencia sobre la Mujer.

3.º El día 31 de diciembre de 2025, los restantes Juzgados, no comprendidos en los supuestos anteriores, se transformarán en las respectivas Secciones conforme a lo previsto en la presente ley.

Hasta la definitiva implantación de los Tribunales de Instancia en cada uno de los partidos judiciales seguirá vigente en ellos el régimen de organización de los Juzgados y los correspondientes anexos de la Ley 38/1988, de 28 de diciembre, de Demarcación y Planta Judicial, anteriores a la promulgación de la presente ley.

2.ª *Constitución del Tribunal Central de Instancia.*—El día 31 de diciembre de 2025, el Tribunal Central de Instancia se constituirá a través de la trasformación de los actuales Juzgados Centrales en las Secciones del Tribunal Central de Instancia que se correspondan con las materias de las que aquellos estén conociendo. Los jueces, juezas, magistrados y magistradas de dichos Juzgados Centrales pasarán a ocupar la plaza en la Sección respectiva con la misma numeración cardinal del Juzgado de procedencia y seguirán conociendo de todos los asuntos que tuvieran atribuidos en el mismo.

3.ª *Presidencia de los Tribunales de Instancia y Presidencia del Tribunal Central de Instancia.*—En la fecha de constitución prevista para cada Tribunal de Instancia y el Tribunal Central de Instancia, los jueces Decanos y las juezas Decanas pasarán a ostentar, en sus respectivos ámbitos, la Presidencia de los Tribunales de Instancia y del Tribunal Central de Instancia, quienes continuarán en su cargo durante el tiempo que reste al mandato por el que fueron nombrados.

....

5.ª *Implantación de la Oficina Judicial.*—La implantación de la Oficina judicial será simultánea a la de los Tribunales de Instancia, en los términos definidos en esta ley.

Con este fin, el Ministerio de Justicia y las comunidades autónomas con competencias en materia de Justicia, en sus respectivos ámbitos, deberán elaborar las relaciones de puestos de trabajo de cada una de estas Oficinas para su aprobación, previa negociación con las organizaciones sindicales, así como proceder a la posterior provisión de los puestos.

La Conferencia Sectorial de Administración de Justicia podrá elaborar y aprobar modelos de referencia sobre la estructura de la Oficina judicial y de sus relaciones de puestos de trabajo. El acuerdo adoptado habilitará para su desarrollo mediante resolución de la autoridad competente de cada Administración con competencias en materia de Justicia.

La Conferencia Sectorial de Administración de Justicia podrá también aprobar, a propuesta de alguno de sus miembros, una fecha diferente para el establecimiento de alguna de las oficinas judiciales si, a la fecha de constitución de los tribunales de instancia prevista en la disposición transitoria primera concurren circunstancias excepcionales relativas a las infraestructuras o los medios tecnológicos que lo justifiquen. En tales circunstancias, el acuerdo adoptado por la Conferencia Sectorial de Administración de Justicia deberá ser aprobado con el voto afirmativo de, al menos, las cuatro quintas partes +de las Administraciones públicas representadas en ella. En todos estos casos, y hasta la definitiva implantación de las oficinas judiciales en los territorios que se señalen, seguirá vigente el régimen de organización anterior a la promulgación de la presente ley orgánica.

Si, concurriendo las circunstancias previstas en el párrafo anterior, no hubieren sido aprobadas las correspondientes relaciones de puestos de trabajo en alguno de los partidos judiciales donde se hubiere implantado el Tribunal de Instancia, se procederá conforme a las siguientes reglas:

1.ª Si no hubiese en el partido judicial ninguna relación de puestos de trabajo previamente aprobada o con el proceso de acoplamiento finalizado se mantendrá el régimen de organización de las oficinas y de su personal anterior a la promulgación de la presente ley hasta la aprobación de las relaciones de trabajo, que deberá hacerse dentro de los seis meses siguientes.

2.ª Si en el partido judicial hubiese algún servicio común creado conforme a lo previsto en el artículo 438 de la Ley Orgánica 6/1985, de 1 de julio, del Poder Judicial, con la correspondiente relación de puestos de trabajo aprobada y con el proceso de acoplamiento finalizado, coexistiendo los servicios comunes ya creados con los órganos judiciales unipersonales atendidos por personal integrado en plantillas orgánicas, los funcionarios y funcionarias destinados en los servicios comunes continuarán prestando sus servicios en los términos que lo venían haciendo. El personal de plantilla orgánica también seguirá prestando sus servicios conforme a lo previsto en la regla anterior, sin perjuicio de la necesaria aprobación de las relaciones de puestos de trabajo en el mismo plazo de seis meses.

3.ª Si todos los funcionarios y funcionarias destinados en el partido judicial ya estuviesen integrados en una relación de puestos de trabajo se mantendrá su adscripción en las mismas condiciones que tuviesen hasta ese momento, manteniéndose la misma diferenciación de puestos hasta la correspondiente modificación de la relación de puestos de trabajo para su adaptación a la nueva organización judicial, que también deberá hacerse en el mismo plazo de seis meses que prevén los anteriores párrafos.

6.ª *Implantación de las Oficinas de Justicia en los municipios.*—1. En la fecha de constitución prevista para cada Tribunal de Instancia, los Juzgados de Paz se transformarán en Oficinas de Justicia en los municipios. Cuando estuvieren constituidas agrupaciones de secretarías de juzgados de paz, estas se transformarán en las agrupaciones Oficinas de Justicia en los municipios a que hace referencia el apartado 3 del artículo 439 quinquies de la Ley Orgánica 6/1985, de 1 de julio, del Poder Judicial. El juez o la jueza de paz de cada municipio ejercerán las funciones que les atribuyen las leyes con la asistencia de la Oficina de Justicia correspondiente.

2. Todo el personal que se encuentre prestando servicios en los referidos juzgados, ya fuera como plantilla orgánica o incluidos en la correspondiente relación de puestos de trabajo de la Oficina judicial de apoyo directo al Juzgado de Paz, se integrará en la relación de puestos de trabajo de la respectiva Oficina de Justicia en el municipio, que deberá ser aprobada, previa negociación sindical, en el plazo máximo de tres meses contados desde la entrada en vigor de esta ley orgánica.

3. Hasta que se elabore la relación de puestos de trabajo de cada Oficina de Justicia en el municipio, la Secretaría de esta Oficina corresponderá a quienes, al tiempo de su constitución, estuvieren ocupando la Secretaría del Juzgado de Paz o Agrupación de Secretarías, produciéndose el inmediato acoplamiento de toda la plantilla a los restantes puestos de trabajo genéricos.

4. La Conferencia Sectorial de Administración de Justicia podrá elaborar y aprobar modelos de referencia sobre Oficinas de Justicia en los municipios y de sus relaciones de puestos de trabajo. El acuerdo adoptado habilitará para su desarrollo mediante resolución de la autoridad competente de cada Administración con competencias en materia de Justicia.

....

9.ª *Régimen transitorio aplicable a los procedimientos judiciales.*—1. Las previsiones recogidas por la presente ley serán aplicables exclusivamente a los procedimientos incoados con posterioridad a su entrada en vigor.

2. En los procedimientos judiciales en curso a la entrada en vigor de esta ley, las partes de común acuerdo se podrán someter a cualquier medio adecuado de solución de controversias, de conformidad con lo dispuesto en la Ley 1/2000, de 7 de enero, de Enjuiciamiento Civil.

3. Las modificaciones del apartado 9 del artículo 785 y del apartado 6 del artículo 787 ter de la Ley de Enjuiciamiento Criminal, serán de aplicación a los procedimientos en los que no se haya celebrado juicio oral a la entrada en vigor de esta ley.

4. Las modificaciones de los apartados 3 y 4 del artículo 210 de la Ley 1/2000, de 7 de enero, de Enjuiciamiento Civil, serán de aplicación a los juicios verbales en los que no se haya celebrado vista a la entrada en vigor de esta ley.

5. La modificación del apartado 1 del artículo 11 de la Ley 29/1998, de 13 de julio, reguladora de la Jurisdicción Contencioso-administrativa, será de aplicación a los recursos contencioso-administrativos que se interpondrán a partir de la entrada en vigor de esta ley.

6. La modificación del apartado 20 del artículo 78 de la Ley 29/1998, de 13 de julio, reguladora de la Jurisdicción Contencioso-administrativa, será de aplicación a los recursos contencioso-administrativos tramitados por el procedimiento abreviado en los que no se haya celebrado vista a la entrada en vigor de esta ley.

7. La modificación del apartado 1 del artículo 50 de la Ley 36/2011, de 10 de octubre, reguladora de la jurisdicción social, será de aplicación a los procedimientos en los que no se haya celebrado juicio a la entrada en vigor de esta ley.

8. La nueva regulación de los recursos de casación social será de aplicación a los recursos que se formulen contra las resoluciones dictadas a partir de su entrada en vigor. En todo caso, la inadmisión de los recursos de casación para la unificación de doctrina interpuestos contra las resoluciones dictadas con anterioridad a la entrada en vigor de esta norma se acordará, previa audiencia de las partes, por providencia sucintamente motivada que será irrecurrible.

....

DISPOSICIÓN DEROGATORIA

Única. *Derogación normativa.*—A la entrada en vigor de la presente ley quedan derogadas cuantas disposiciones de igual o inferior rango contradigan, se opongan o resulten incompatibles con lo dispuesto en la presente ley, excepto el Real Decreto-ley 1/2017, de 20 de enero, de medidas urgentes de protección de consumidores en materia de cláusulas suelo, que quedará derogado a la entrada en vigor del Título II de la presente ley.

....

DISPOSICIONES FINALES

....

36.ª *Título competencial.—* El título I de esta ley se dicta al amparo de lo dispuesto en el artículo 149.1. 5.ª y 6.ª de la Constitución Española, que atribuye al Estado la competencia exclusiva sobre Administración de Justicia y legislación procesal.

Los capítulos I y II del título II se dictan al amparo de la competencia exclusiva del Estado que emana de los siguientes preceptos de la Constitución española: el artículo 149.1.5.ª, que atribuye al Estado la competencia exclusiva en materia de Administración de Justicia; el artículo 149.1.6.ª, que atribuye al Estado la competencia exclusiva en materia de legislación mercantil y legislación procesal, sin perjuicio de las necesarias especialidades que en este orden se deriven de las particularidades del derecho sustantivo de las Comunidades Autónomas; el artículo 149.1.8.ª, que determina que el Estado tiene competencia exclusiva en materia de legislación civil, sin perjuicio de la conservación, modificación y desarrollo por las Comunidades Autónomas de los derechos civiles, forales o especiales, allí donde existan; y el artículo 149.1.14.ª en materia de Hacienda general,

respecto a la disposición final decimocuarta de la ley.

37.ª *Rango normativo.—* Tienen carácter de ley ordinaria:

a) Los apartados ochenta y ocho, ochenta y nueve y ciento siete del artículo 1, que introducen, respectivamente, un nuevo capítulo IV y un nuevo capítulo V en el título I del libro V, así como una nueva sección 7.ª en el capítulo II del título V del libro VIII, compuesto por el artículo 620 bis, de la Ley Orgánica 6/1985, de 1 de julio, del Poder Judicial.

b) Los artículos 2 a 22 y 24, así como el apartado dos del artículo 23 que modifica el artículo 23.4 de la Ley Orgánica 5/2000, de 12 de enero, reguladora de la responsabilidad penal de los menores.

c) Las disposiciones adicionales segunda, tercera, cuarta, quinta, sexta, séptima y octava.

d) La disposición transitoria decimocuarta.

e) Las disposiciones finales, con excepción de la sexta, la trigésima quinta, la trigésima sexta, la trigésima séptima y la trigésima octava, que tienen carácter orgánico.

38.ª *Entrada en vigor.—* 1. La presente ley entrará en vigor a los tres meses de su publicación en el *Boletín oficial del Estado.*

2. El título I; la disposición adicional primera; las disposiciones transitorias primera a octava, y la disposición final sexta de la presente ley entrarán en vigor a los veinte días de su publicación en el *Boletín Oficial del Estado*.

3. La atribución de competencias en materia de violencia sexual a los Juzgados de Violencia sobre la Mujer, prevista en el apartado veintiocho del artículo 1, así como las modificaciones del artículo 14 de la Ley de Enjuiciamiento Criminal, del apartado uno del artículo veinte de la 50/1981, de 30 de diciembre, por la que se regula el Estatuto Orgánico del Ministerio Fiscal, y de la letra *h*) del artículo 2 de la Ley 1/1996, de 10 de enero, de Asistencia Jurídica Gratuita, entrarán en vigor a los nueve meses de su publicación en el *Boletín Oficial del Estado*.

ÍNDICE ANALÍTICO

A

B

C

D

E

G

I

J

L

R

—Recursos contra providencias y autos: Arts. 79 y 80.
—Recursos de casación en interés de la Ley: Arts. 100 y 101.
—Recursos de casación para la unificación de doctrina: Arts. 96 a 99.
RECURSOS DE CASACIÓN EN INTERÉS DE LA LEY
—Arts. 100 y 101.
RECURSOS DE CASACIÓN PARA LA UNIFICACIÓN DE DOCTRINA
—Arts. 96 a 99.

REGISTRO DE SENTENCIAS
—Disp. Adic. 3.ª
REPRESENTACIÓN Y DEFENSA DE LAS PARTES
—Arts. 23 y 24.
RESOLUCIONES
—Recursos contra determinadas: Disp. Adic. 4.ª
REVISIÓN
—Véase «Recurso de revisión».

S

SALA DE LO CONTENCIOSO-ADMINISTRATIVO DE LA AUDIENCIA NACIONAL
—Constitución y actuación de la Sala: Art. 16.1.
—Competencia territorial: Art. 14.
—Competencias: Arts. 7.º, 11 y 13.
—Órgano: Art. 6.ºd).
SALA DE LO CONTENCIOSO-ADMINISTRATIVO DEL TRIBUNAL SUPREMO
—Constitución y actuación de la Sala: Art. 15.
—Competencia territorial: Art. 14.
—Competencias: Arts. 7.º, 11 y 13.
—Órgano: Art. 6.ºe).
SALA DE LO CONTENCIOSO-ADMINISTRATIVO DE LOS TRIBUNALES SUPERIORES DE JUSTICIA
—Constitución y actuación de las Salas: Arts. 16.2 a 14.

—Competencia territorial: Art. 14.
—Competencias: Arts. 7.º, 10 y 13.
—Distribución de asuntos: Art. 17.
—Órgano: Art. 6.ºc).
SENTENCIAS
—Arts. 67 a 73.
—Registro: Disp. Adic. 3.ª
—Véanse «Recursos contra providencias, autos y sentencias» y «Registro de sentencias».
SUSPENSIÓN ADMINISTRATIVA PREVIA DE ACUERDOS
—Procedimiento en esos casos: Art. 127.
—Procedimiento especial: Disp. Trans. 7.ª

T

TERMINACIÓN DEL PROCEDIMIENTO
—Otros modos: Arts. 74 a 77.
TERRITORIOS HISTÓRICOS
—Ámbito: Disp. Adic. 1.ª
TRIBUNAL DE DEFENSA DE LA COMPETENCIA
—Recursos contra determinados actos, resoluciones y disposiciones: Disp. Adic. 4.ª3.

TRIBUNAL SUPREMO
—Véase «Sala de lo Contencioso-administrativo del Tribunal Supremo».
TRIBUNALES
—Competencia territorial: Art. 14.
TRIBUNALES SUPERIORES DE JUSTICIA
—Véase «Salas de lo Contencioso-administrativo de los Tribunales Superiores de Justicia».

U

V